説苑《ぜいえん》

劉　向

池田秀三　訳注

講談社学術文庫

目次

解説

一　はじめに

説苑（ぜいえん）

上代より前漢《ぜんかん》中期までの故事説話《こじせつわ》集。前漢の劉向《りゅうきょう》の編で、『新序《しんじょ》』とともに皇帝の教育用に作られた。もともと『説苑雑事《ぜいえんざつじ》』という書物があったらしいが、劉向はそれをもととして取捨選択し、大幅な増補を加えて内容別に整理したうえ、各篇に序文をつけた。つまりこの書物は劉向自身の見識による編纂物《へんさんぶつ》であって、彼は説話を通して自己の政治的主張を述べようとしたのである。君道《くんどう》・臣術《しんじゅつ》・建《けん》本《ぽん》・立節《りつせつ》・貴徳《きとく》・復恩《ふくおん》・政理《せいり》・尊賢《そんけん》・正諫《せいかん》・敬慎《けいしん》・善説《ぜんせつ》・奉使《ほうし》・権謀《けんぼう》・至公《しこう》・指《しい》武《ぶ》・談叢《だんそう》・雑言《ざつげん》・弁物《べんぶつ》・修文《しゅうぶん》・反質《はんしつ》の二十篇より成《な》り、思想内容はだいたい篇名どおりであるが、全体の基調をなすのは尊賢論と節倹論である。個々の説話は他書と一致するものが多く、諸子百家すべての系統の話が収録されていて、その意味では雑家《ざっか》的であるが、その根底にあって全体を統一しているのは儒家思想である。

右の文章は、数年前、ある辞典（日原利国編『中国思想辞典』、研文出版、一九八四年、一部修正）のために書いたものであるが、私が『説苑』について述べたいことがらは、この文章にほぼつきている。一般の方が『説苑』を読むための予備知識としては、以上のことがら程度のことで十分であるし、またなまじな予断や知識はかえって有害であろう。したがって読者には、とくに説話そのものを楽しもうという方には、以下の解説をとばして直接本文に入っていただくようお勧めしたいが、ただ、劉向がなぜこのような説話集を編んだのか、またどうして『説苑』がそのような特色をもっているのかについては、なんらかの説明をしておくべきかと思う。以下、いまいった二点を中心に解説していきたいが、その前に書名の読み方について一言しておく。

ゼイエンとセツエン

従来、本書はゼイエンと読み習わされてきている。「説」には二音あり、セツと読めば論説・学説の意味で、ゼイと読む場合は、人を説き諭《さと》して自分の考えに誘《いざな》うことをいう。すなわち遊説《ゆうぜい》の説である。したがってゼイエンとは、人を説得するための資料の園という意味になる（『韓非子《かんぴし》』の「内儲説」篇や「説林」篇をそれぞれナイチヨゼイ・ゼイリンと読むのも同様。因みに『淮南子《えなんじ》』の「説林」訓および「説山」訓はセツリン・セツザンと読むのがむしろ一般的）。しかし、『説苑』は諸子百家の説《せつ》を故事を通じて述べるものであり、また純然たる論説の部分も少なくなく、とくに遊説のためのネタ本と限定された性格の書ではない。よって、セツエンと読むほうがよく（『韓非子』等も同じ。ただし、君主への説得の困難さを説く「説難」篇はゼイナンと読むのが正しい）、現に中国では普通に Shuo-yuan と読み、ゼイにあたる Shui の音では読んでいない。ただし、本書では旧来の慣習もあるので、しばらくゼイエンという読みに従っておくこととする。

二　劉向の学問

劉向《りゅうきょう》（*1）、字《あざな》は子政《しせい》（*2）、初名を更生《こうせい》といい、のちに向と改名した。前漢昭帝《しょうてい》の元鳳《げんほう》二年（前七九）に生まれ、成帝《せいてい》の綏和《すいわ》元年（前八）に卒《しゅっ》した（劉向の生卒については数説あり、中でも前七七〜前六とする説が有力であるが、いまは銭大昕《せんたいきん》や銭穆《せんぼく》『劉向父子年譜《りゅうきょうふしねんぷ》』の説による）。

劉向は董仲舒《とうちゅうじょ》・司馬遷《しばせん》・揚雄《ようゆう》と並称される前漢の大儒《たいじゅ》である。ただ他の三人に比べれば、かなり地味な存在といえよう。独創的な哲学や史学を打ち立てたわけでもなければ（劉向は董仲舒を非常に高く評価しており、思想的には董仲舒の路線をほぼ継承している）、絢爛《けんらん》たる文学的才能を発揮したというのでもない。だが、その学問の幅広さは比類なきものであり、博識という点では、漢代はもとより、中国史全体を通じても疑いなくトップクラスに属している。

では、劉向の価値・功績はたんに学術上のことに止《とど》まり、思想史的な意義はまったくないかというと、決してそうではない。いまもいったように、劉向に独創的な哲学はないし、また体系的・抽象的な宇宙観や存在論もみいだせない。もし独創性や抽象的思弁性にのみ思想史的意義を与えようとするなら、劉向に思想史的意義はほとんどない。しかしながら、中国思想においては、独創性や思弁性は唯一絶対の価値規準ではない。中国にも、体系的な宇宙観や存在論をもった独創的哲学者はむろん少なからず存在した。それらの人たちが思想史上に多大な意義を有していることはいうまでもない。だが、悠久なる中国思想史の本流を担ってきたのは、実はその何倍にものぼる学者たちであった。中国においては、思想家は同時に学者、というより、まず第一に学者であったのである。

「作《さく》」と「述《じゅつ》」

中国哲学の用語では、オリジナルの思想や考え方を提出するのを「作《さく》」といい、先人の説を祖述敷衍《そじゅつふえん》することを「述《じゅつ》」という。もちろん「作」のほうが高い価値を有している。ところがその実、知識人に要求されたのは「作」ではなくて「述」のほうであった。なんとなれば、「作」は聖人にのみ許された事業であり、普通人がそれをなすのは僭越《せんえつ》の沙汰《さた》とみなされたからである。いや、それ以前に、「作」はすでに必要ではなくなっていたのである。真理＝道《みち》は古代の聖人（堯《ぎょう》・舜《しゅん》・文王《ぶんおう》・周公《しゅうこう》・孔子ら）によってすでにくまなく究めつくされているのであって、もはや加えるべき何物もないのである。そこへあえてなお新たに自説を提唱するのは異端邪説にほかならない。かくして一般知識人は、独行の道を閉ざされる。彼らに残された唯一の出路《しゅつろ》は、聖人の道を「述」べること、具体的にいえば、聖人の言行を記した古典を祖述し解釈すること、すなわち学問以外にはないのであった（中国の思想・学問が基本的に保守的である理由はここにある。ただし、祖述といっても、そこに各自の個性が入りこむことは避けられないのであって、その個性の違いが徐々《じょじょ》に旧説を変化分岐させていくことになる。後世では、むしろ積極的に独自の解釈を導入していく傾向が強まってくる）。こういうわけで、中国では、とりわけ儒教が国教化された前漢中期以降においては、思想の営みは主として学問という形式によって行われたのである。思想と学問がこのような関係にあるとすれば、屈指の碩学《せきがく》たる劉向を大思想家の列に加えたとしても、あながち不当ではないであろう。

漢代の経学と劉向の役割

漢代の学問といえば儒教の経典《けいてん》を学ぶこと、すなわち経学《けいがく》のことである。劉向の修めた学問も、その主たるものはむろん経学であって、その点では当時の一般知識人と変りはない。ただ特筆すべきはその博学ぶりであって、該博《がいはく》という点では、前述のように、凡百《ぼんぴやく》の学者とは比較を絶している。易《えき》・書《しょ》・詩《し》・礼《れい》・楽《がく》・春秋《しゅんじゅう》の六経《りくけい》（六《りく》芸《げい》）をあまねく修めたばかりでなく、それぞれの経においても、詩では魯《ろ》・斉《せい》・韓《かん》の三家《さんか》、春秋では公羊《くよう》・穀梁《こくりょう》・左氏《さし》の三伝《さんでん》というように、ほとんどすべての学派の説に通じていた（従来、劉向の詩学は魯詩、春秋学は穀梁とされてきたが、それに限定するのは誤りである。上奏文《じょうそうぶん》や『説苑』等を検討してみると、春秋ではむしろ公羊説が主であり、また詩では斉・韓詩説と一致するものが多く、魯詩説中心とはいえない)。前漢の経学は師法《しほう》(師説をいっさい変更しないで忠実に伝承すること)を尊ぶ一経一派の専門の学が普通であり、それからみれば、劉向の博学はまさに突出している。また劉向以前の学問がほとんど今文学《きんぶんがく》(漢代通行の文字である隷書《れいしょ》を用いて書かれたテキストをもとにする学派や学説)オンリーであるのに対し、彼は今文学をなお主とはしているものの、『左伝《さでん》』に精通し、また古文『尚書』のテキストの優秀性を認めるなど、古文学《こぶんがく》(先秦時期の古い文字で書かれたテキストにもとづく学問)にも少なからぬ造詣《ぞうけい》を有していた(この古文学の顕彰は子の劉歆《りゅうきん》によってさらに本格的に進められることになる)。

後漢《ごかん》に入ると、経学の様相は一変する。六経の兼修が常態となり、また今古文《きんこぶん》についても、その融合・折衷が行われていくが、劉向の六経兼修・古文評価はその端緒を開くもの、すなわち後漢経学の先蹤《せんしょう》だったのである。ここに、経学史における劉向の重要な役割が存する。つまり劉向の博学は、たんに量の拡大化に止まらず、経学の質的変化をもたらしたのである。それは何故かというと、次のような事情によってである。一経専門の学問はいうまでもなく狭いものである。が、狭い分、純粋であるといえる。六経兼修だと、どうしてもその純粋さを失い、雑駁《ざっぱく》になる。また今古文を折衷し、諸学派の説をひろく取り入れようとすると、矛盾があちこちに生じることは避けられない。実際、後漢以後の経学はその矛盾に苦しみ、それをいかに整合させるかに腐心することになるのだが、そういった危険を冒してまで六経兼修を行うには、行うだけの正当な理由を示さなければならない。その理由として劉向が提示したのが、六経はもとより一体のものであるという観念である。

六芸一体観

六経が本来一体のものであるならば、六経全体を学び修めてはじめて個々の経も意味あるものとなるはずである。『漢書《かんじょ》』芸文志《げいもんし》・六芸略叙《りくげいりやくじょ》の「六芸の文、楽は以て神《しん》を和す、仁の表なり。詩は以て言を正す、義の用なり。礼は以て体《たい》を明らかにす、……書は以て聴を広む、知の術なり。春秋は以て事を断ず、信の符《ふ》なり。五（経）者は蓋《けだ》し五常（仁義礼智信）の道にして、相須《ま》ちて備わる。而して易これが原《もと》を為す」という一文は、易という形而上の道に支えられ、その上にたって五経《ごきょう》が人倫すべてを統括するという劉向の世界観・社会観をあますところなく表現している（『漢書』芸文志は劉歆の『七略《しちりやく》』をほぼそのまま転載したものであり、したがってこの文章は直接的には劉歆のものである。が劉歆は、編輯方針・分類理念等は全て父の考え方を忠実に踏襲しているので、右の文章もそのまま劉向自身の説とみなしてよい)。そしてこの世界・社会観の根底にあってそれを支えているものは六芸一体観である。また雑駁ということも、一概に否定し去るべきものでは決してない。「雑」に対する劉向の好感は諸子の雑家に対する評価からもうかがえるが、経学における雑の必要性について、劉歆は「其の過《あやま》ちて廃せん与《よ》りは、寧《むし》ろ過ちて立てよ」(「移《い》して太常博士《たいじょうはくし》を譲《せ》むるの書《てがみ》」)と主張している。劉向の考え方も同じであったとみてよいであろう。以上、六経の兼修と一体化、これが劉向の学問の第一の特色である。

諸子学への傾倒

劉向の学問のもう一つの柱は諸子学《しょしがく》である。儒家はいわずもがな、道家《どうか》・法家《ほうか》・陰陽家《いんようか》・墨家《ぼっか》等々、往《い》くとして可ならざるはなき博識である。董仲舒の「諸《もろ》もろの六芸の科、孔子の術に在らざる者は、みな其の道を絶ち、並び進ましむること勿《な》かれ」という建議によって「百家を罷黜《ひちゅつ》し(退《しりぞ》け)、六経を表章し」て以来、諸子百家の学は思想の表舞台より姿を消した。もっとも一朝一夕に消滅したわけではなく、なおしばらくの間、その学はなお隠然たる勢力を持してはいたのだが、しだいに衰退することは避け得ない時の流れであり、劉向の時代には、道家を除いて、昔日の面影をほとんど失うに至っていた。そのような状況の中で、劉向がかくも諸子学に精通したことは驚異的とさえいえよう。しかもたんに諸子の書を数多く読んだというだけではなく、各家の特質を適確に把握しているのである。そもそも「諸子」という用語や儒家・道家等の名称も彼が定めたものなのである（ただし、すべてが劉向の造語というわけではない。司馬談《しばだん》――司馬遷の父――の「六家要旨《りくかようし》」において「陰陽家」ほか六家の名称が使用されている。いま「定めた」というのは、それら従来より用いられた名称を修訂増補し、学界共通の概念として定着させたという意味である）。

劉向がこのように諸子学に傾倒したのは、後述するごとく職務であったからなのだが、同時に個人的にも興味を感じ、また諸子の学をかなり高く評価するところもあったからに違いない。だが、六芸とは異なり、諸子の学を手放しで賞賛することは許されない。本音はともかく、建前としては儒教儒学のみを尊ぶのが国是《こくぜ》であり、そしてその国是の提案者が劉向の師表たる董仲舒なのであるから。儒教独尊の体制の中において諸子学をいかに正当づけるか、この難問に対して劉向の出した答えがかの「（諸子の）九流は王官より出づ」るの説（『漢書』芸文志）である。諸子の学はすべてもとは王者の官職に由来するというのである。王者の官制はもとより体系的に完備した調和あるものであった。したがって、その官制に本源を有する諸子の学は、本来あい調和するはずのものである。しかるにいま相互に矛盾対立しているのは、後世、不純な要素が入りこみ歪曲されたためである。とすれば、その不純な要素を排除し歪《ゆが》みを正せば、諸子の学は本来の面目を取り戻し、あい調和するはずである。『漢書』芸文志の諸子の部分には、各家についてそれぞれ「しかじかの点はこの流派の長所である。しかし、道理を知らぬ者がこれを修めるとかくかくの誤謬《ごびゅう》が生じる」という形式の批評が附されている。この長所のみを取り、誤謬を捨て去れば、諸子の学は真正なる姿に立ち戻るのである。

古代思想の総合化

劉向はこうして諸子学の長所のみを選び取るという作業によって諸子学の復権を図ったのであるが、では、その取捨選択の規準は何なのであろうか。劉向の用意したその規準とは六経であった。六経の義に合致しているかどうか、またどれだけ合致しているかで、書籍や各家の価値が判定される。こうして判断された諸子の価値は、もはやたんなる是々非々《ぜぜひひ》ではない、貫徹した一つの規準によって秩序づけられ統一された諸子学の体系である。そしてその規準が六経であることによって、経学との総合化も同時に果たされるのである。すなわち、諸子の学は六経を輔翼《ほよく》する（助ける）ものとして意義づけられ、六芸のもとに統一されるのである。『漢書』芸文志にいう、「(諸子に)蔽短《へいたん》有りと雖《いえど》も、其の要帰《ようき》(要点)を合すれば、亦た六経の支与流裔《しよりゆうえい》(枝葉末流)なり。其の人をして明王聖主に遭《あ》い、其の折中《せっちゅう》する所を得《え》しむれば、みな股肱《ここう》の材(天子の輔佐に足る人材)のみ。……若《も》し能《よ》く六芸の術を修め、此の九家の言を観《み》て、短を舎《す》て長を取らば、則ち以て万方《ばんぽう》の略《りゃく》(全世界を経営できる方略)に通ずべし」。

『説苑』は、各篇の序に経典のことばを引いてテーゼを掲げ、その後に諸子の書より説話・言論を抜き出してきてそのテーゼの真理性を証明していく体裁《ていさい》をとっているが、これはまさしくいま引いた芸文志の主張を自《みずか》ら実践したものである。『説苑』は経学と諸子学との総合統一を希求する劉向のモデル作品であったのである。六経と諸子は中国古代思想の二つの大輪《たいりん》の花である。その両者が総合統一されるということは、すなわち古代思想全体が統一体系化されることにほかならない。古代思想の総合統一者、これが中国思想史における劉向の意義である。

劉向の家系

劉向が以上述べたような該博な学識を獲得し得たのは、もとよりその資質が抜群にすぐれていたからであるが、家庭環境や社会的学術事情にも非常に恵まれていたことも見逃せない。以下、その点について若干述べておこう。

劉向の家系は代々好学《こうがく》であった。四世の祖交《こう》（楚《そ》の元王《げんおう》）は高祖《こうそ》劉邦《りゆうほう》の腹違いの弟であったが、『詩経《しきよう》』の伝《でん》（注釈書）を著した一流の学者であり、その伝は「元王詩」と称せられ、広く世に流布《るふ》したという。曾祖父富《ふ》・祖父辟彊《へききよう》もまた『詩経』を学び、とくに辟彊は学識・人物ともにすぐれた宗室きっての知識人であった。父徳《とく》はさらにすぐれた秀才で、「少《わか》くして黄老《こうろう》の術（漢代初中期に流行した老子流の政治・処世術、黄は黄帝《こうてい》）を修め、智略あり」、武帝《ぶてい》より「千里の駒《く》」と称えられた。人柄も寛厚で、余財があれば、喜んで親戚や賓客に分ち与えたという。これは盈満《えいまん》を避け足るを知るという黄老の処世術の実践でもあった。このように好学の家だったので、蔵書も非常に多かったようである。劉向の博学は家学の集積の賜物《たまもの》であり、こうした恵まれた環境があってはじめて達成できたものなのである。なかでも父より受けた影響は甚大なものがあったと思われる。劉向の学問の総合性は、この父なくしてはあり得なかったにちがいない。社会的状況としては次の二つが挙げられる。

石渠閣会議への参加

その一は、宣帝《せんてい》に命ぜられて春秋穀梁学《こくりようがく》を学び、石渠閣《せつきよかく》会議に参加したことである。この石渠閣会議というのは、甘露《かんろ》三年（前五一）宮中の石渠閣に学者を集めて「五経の同異を論」議させたものである。会議の狙いは公羊学《くようがく》を抑えて穀梁学を振興させることにあったとされるが、論議の詳細な内容は不明である。また穀梁派に属していたはずの劉向も、後年はむしろ公羊学に傾いているから、この会議が彼の学問に決定的影響を与えたともいいきれないのだが、ともあれまだ二十九歳の若き劉向にとって、碩学たちの論議を目のあたりにし、学問に専心できたことは大変なプラスであったろうし、また「盛事《せいじ》」と称《たた》えられる同会議に列席し得た栄誉は、終生劉向に誇りと励ましを与えつづけたにちがいない。

校書事業と『別録』『七略』の編纂

もう一つは、晩年の校書《こうしよ》事業である。武帝が儒学振興策を採ってよりこのかた、朝廷では書籍の収集にも力を注いできたので、成帝の時代になると、宮中には山のごとき膨大《ぼうだい》な書物が収蔵されていた。が、十分な整理はできていず、また一部散佚《さんいつ》もしはじめたので、自身も学問好きであった成帝は、謁者《えつしや》（四方に使いする官）の陳農《ちんのう》を派遺して各地をまわらせ書籍の発掘収集にあたらせるとともに、劉向に命じて宮中の蔵書（秘書《ひしょ》あるいは中書《ちゅうしょ》という）の整理・校訂を行わせたのである。時に河平《かへい》三年（前二六）、劉向五十三歳のことである。劉向はただちに事業に着手、兵書・方技《ほうぎ》・数術などの特殊な分野はそれぞれの専門家に校訂を委嘱し、全体を統括するとともに自らは経伝《けいでん》・諸子・詩賦《しふ》を担当した。その校訂の仕方は、異本を集めて照合し、重複を除き、錯簡《さっかん》（文章の順序の乱れ、乱丁）を正し、脱誤を改めるというまことに厳密なもので、現在の校讐学《こうしゅうがく》の立場からみても間然《かんぜん》するところはない。一書の校訂整理が終ると、そのたびごとに新定本を清書し、解題（叙録《じょろく》という。のち、この叙録だけを集めた書物が作られ、それを『別録《べつろく》』と呼ぶ）を附して帝に奏上した。この解題には校訂作業のあらましと内容の要約紹介および批評が記されていたが、注目すべきは、その批評において該書《がいしょ》が六経の義に合うか否かが論じられているということである。先に述べた六経を規準とした価値づけがここでまさしく実行されているのである。経学と諸子学の総合統一という理念がたんなる観念上の構想に止まらず、具体的に現実化されているのである。あるいはまた、かかる具体的作業を通じて、統一の理念が明確に形成されていったともいえよう。この叙録の現存するものは残念ながらわずか数篇にすぎないが、もとはおそらく百を以て数えるほどの量があったものと思われる。劉向はこの仕事に心血を注ぎ、驚くべき精力をもって作業を推進していったのである。この校書の事業が劉向の学問をどれほど深めまた大きくしたか、計りしれない。が、惜しいことに、事業を成し終える前に劉向は病歿し、そのあとを生前より補佐していた子の歆が引き継いで完成させた。その折りに作った目録が『七略』で、それが『漢書』芸文志に転載されたことはすでに述べたとおりである。

中国目録学の鼻祖

さて、右の校書事業および『別録』『七略』の編纂は、どんな目録学の書にも必ず載せられている中国学術史上極めて著名なことがらである。それゆえ、劉向は中国目録学の鼻祖《びそ》と称せられ、またこの仕事が劉向の学術史上の最大の功績とされているのである。学術史上の偉大な功績というのはまことにそのとおりで異論はないのだが、私がここで強調しておきたいのは、その学術的業績なるものが有する思想的意味である。その意味にはいろいろあり、本来ならまず第一に目録自体に内在する思想性を論じなければならないだろうが、いまは紙幅の関係ですべて省略する。ただ一ついっておきたいのは、劉向の校書は単なる校書で終るものではなかったということである。前に叙録が理念の現実化であったと述べたが、現実化といっても、それはなお所詮《しょせん》は机上の設計図においてのことでしかない。理念が真に現実となるためには、その理念が社会生活のなかにおいて実践され効用を発揮しなければならない、すなわち諸子の長を取り短を捨てることが「万方の略に通ずべき」ものであることが証明されなければならない。言い換えれば、長短の判定者たる劉向自身が「股肱の臣」でなければならない。

このように、劉向の目録学は、いやその学問全体が、本質的に政治・社会への志向性をもつ。が、もちろん本当は話が逆で、劉向が政治を志向し、その渦中で生きていたからこそ、このような学問を形成したのである。では、彼の政治生活とはどのようなものであったか、次にそれをみてみよう。

＊1　向は普通コウと読まれるが、これは呉音《ごおん》で、漢音《かんおん》ではキョウ。隋唐ごろにはリュウショウという読み方があったことが、『経典釈文《けいてんしやくもん》』や『漢書』顔師古《がんしこ》注によって知られるが、顔師古は「本字に依《よ》るを勝《まさ》れりと為《な》す」、すなわちキョウと読むのがよいとしている。顔師古はリュウショウと読んだという謬説《びゆうせつ》が何故か流布《るふ》しているので、蛇足《だそく》ながら一言。

＊2　名と字の間には「名字相応」といって、関係ある字を用いることになっている。たとえば諸《しよ》葛亮《かつりよう》の字が孔明《こうめい》（大いに明らかの意）のごとくである。劉向の字が子政であるのは、恐らく

『論語』為政篇の「為政以徳、譬如北辰居其所、而衆星共之（政を為《い》すに徳を以てするは、譬えば北辰《ほくしん》の其の所に居て衆星之に共《む》かうが如し）」に拠るものであろう。「共」を「向」と訓ずるのは朱子の新注であるが、漢代にも同様の訓詁があったのであろう。鄭玄《じょうげん》は「共」を「拱《きょう》」（手を胸の前で合わせて敬礼する）と解したようであるが、敬礼するときには当然、相手に向き合うことになる。なお、初名の更生には別の字があったはずであるが、残念ながら不明である。

三　劉向の一生

劉向の伝記は『漢書』巻三六列伝第六楚元王《そげんおう》伝に附載されている。以下、その本伝に主として拠りつつ、その生涯を逐《お》うこととしよう。

劉向（正確には、改名までは劉更生と称すべきであるが、便宜上、劉向で統一する）がはじめて出仕したのは、宣帝の地節《ちせつ》二年（前六八）、十二歳で父の任《にん》（恩蔭《おんいん》）によって輦郎《れんろう》（天子の御車役）に任ぜられたときのことであった。元服ののち、品行優良なるをもって諫大夫《かんたいふ》（論議を掌《つかさど》る、秩《ちつ》〔俸給〕比《ひ》八百石《せき》）に抜擢された。当時、宣帝は武帝の例にならい、秀才を選抜して側近に用いていたが、劉向は「通達にして能《よ》く文章を属《つづ》る」と認められ、王褒《おうほう》や張子僑《ちょうしきょう》らとともに謁見にあずかり、御下問に答えるという栄誉を得て、賦頌《ふしょう》（天子を頌《たた》える長歌）数十篇を作り献上した（芸文志・詩賦略《しふりゃく》に「劉向賦」三十三篇を著録する）。いかに劉向の才能・学識が評判高いものであったか知られよう。劉向自身もまた得意の絶頂にあったに違いないが、好事《こうじ》魔多し、若気の至りでとんだ勇み足をしてしまう。五鳳《ごほう》二年（前五六）、二十四歳の劉向は、幼いころ読んだ『淮南枕中鴻宝苑秘書《わいなんちんちゅうこうほうえんぴしょ》』を奇書として献上し、書中に記する錬金術によって「黄金成《な》る可《べ》し」と申し出てしまったのである。この書物は淮南王劉安《わいなんおうりゅうあん》の食客たちによって作られたもので、王の謀反事件の治獄（年代的に無理なので、虚偽とする意見が強いが、いまは本伝に従う。一説に、昭帝の世の劉沢《りゅうたく》の獄の誤りとする）の際、父の徳がたまたま入手した稀覯書《きこうしょ》であった。その内容は錬金術や延命法を述べた神僊道《しんせんどう》であったという。当時、宣帝は神僊方術《ほうじゅつ》にこっていたから、劉向はその意を迎え、帝を喜ばせようとしたわけである。案の定、帝はさっそく尚方《しょうほう》（天子の御物を作る官）に命じて黄金鋳作にかからせたが、もとより黄金のできようはずはなく、ただ費用がかさむばかりであった。劉向はその責任を問われて獄に下され偽金作《にせがね》りの罪で死罪と定められた。しかし、兄の陽城侯安民《ようじょうこうあんみん》が領地の租税の半ばで罪を贖《あがな》ってくれたうえ（＊3）、また帝自《みずか》らも向の才能を惜しんだので、なんとか死一等を減じられたのである。

この事件は、劉向が神僊方術に深い興味をもっていたことを示している。その興味は、また淮南《わいなん》を中心とする南方文化への関心にも繋《つな》がるものである（神僊思想はもと斉《せい》の地に発展したが、漢代では老荘思想と結びつき、淮南地方でも盛んになっていた）。賦頌もまた南方の文学であり、それを得意としたことも、劉向の南方文化に対する関心と造詣の深さを物語っていよう。この南方文化に対する関心は後々まで継続している。ただし、神僊道に関しては、どうだかわからない。あやうく死にかけたその原因が神僊道にあったとすれば、当然、神僊道をいまいましく思ったに違いない。実際、劉向の後半生をみるに、神僊道に熱心だった形迹《けいせき》はほとんどないし、また芸文志などから察するに、神僊家に対し批判的ないし冷淡な感がある。もっとも、後年に著した『九歎《きゅうたん》』においては神仙世界を描いているので、一概に神僊思想を否定しさったとまではいえないのであるが、少なくとも『列仙伝《れっせんでん》』が劉向の著作とは考えにくい。

さて、劉向伝に戻ろう。こうして劉向は手ひどい挫折を味わった。それは終生、彼の心に傷となって残ったようである。が、幸いにも、出獄後すぐに再起の機会が与えられた（ここに劉向の漢室に対する報恩の念の基礎がある）。前節で述べたように、『穀梁伝《こくりょうでん》』修習を命ぜられ、そして四年後、選ばれて石渠閣論議に列席を許されたのである。学者として最高の勲章であり、また内容的にも、彼の学問はこの期間に飛躍的に伸長充実したものと思われる。加えて官職の面でも、郎中《ろうちゅう》給事黄門《きゅうじこうもん》（郎中は宮殿の門を宿衛する官、比《ひ》三百石。給事黄門は宮中への出入りを監視する役）に任ぜられて官界に復帰、すぐに散騎《さんき》諫大夫《かんたいふ》給事中《きゅうじちゅう》（散騎は本官の上に加えられる加官《かかん》で、定員外の侍従武官。給事中も同じく加官で、天子の左右に常侍して奏聞応対にあたる）に昇り、さらに宣帝にかわって即位した元帝《げんてい》の初元《しょげん》元年（前四八）には九卿《きゅうけい》（三公や大将軍に次ぐ高官）の一たる散騎宗正《そうせい》給事中（宗正は天子の宗室を掌る官、いまの宮内庁長官にあたる、中二千石）に栄進する。いよいよ政界の表舞台への登場である。

外戚・宦官との政治抗争

ここまでの劉向は学者としての面が主であったが、元帝期には一転、政治活動に明け暮れる。その政治活動とは、外戚《がいせき》・宦官《かんがん》の実権派との抗争である。中国において政争・混乱とくれば、決まって宦官・外戚がからんでいるが、劉向の場合も例に漏れず、当面の敵は外戚の許氏・史氏、宦官の弘恭《こうきょう》・石顕《せきけん》らであり、わけても憎むべきは、刑余（前科）の人でありながら権力を弄断《ろうだん》する中書《ちゅうしょ》（文書・詔勅を掌る）の宦者であった。なぜ中書宦官がそのような強大な権勢を手にし得たかというと、一般的状況として政治の実権が外朝（一般政務を行う丞相以下の正規の官僚）より内朝（側近、側用人）へ移行しつつあったこと、また特殊事情としては、元帝が極めて優柔不断で軟弱な性格であったためである。だが、硬骨官僚がいなかったわけではない。劉向の同志は前将軍（前軍の将）蕭望之《しょうぼうし》・諸吏《しょり》光禄大夫周堪《こうろくたいふしゅうかん》・侍中金敞《じちゅうきんしょう》であり、四人は「心を同じゅうして政を輔《たす》け」あった。蕭と周は劉向より年長であったが、劉向をとても高く買ってくれ、宗正に引き立ててくれた恩人でもあった。彼らの目的は邪僻《じゃへき》な佞人《ねいじん》による側近政治を廃し、賢臣が英主を輔佐し善政を行うという王道の実現にあった。だが、外戚宦官追い落しの画策は事前に漏れ、手を握った彼らから逆に中傷を受け、蕭望之は罷免、劉向と周堪は投獄される。劉向らの完敗である。ただ、たびたび天変が起こり、元帝は怖れて四人を許したので、いったんは復権し、劉向は中郎《ちゅうろう》（宿衛侍直の官、比六百石）となる。かくして抗争は再燃するが、勝敗の帰趨《きすう》はすでに定まっていた。天も彼らに味方せず、再び地震が起こったので、その地震が自分たちのせいにされることを恐れた劉向は封事《ふうじ》（機密を守るため密封して天子に上奏する意見書）をたてまつり、「地の動くは殆《ほと》んど恭らの為《ため》なり」と決めつけたうえ、「宜しく恭・顕を退《しりぞ》けて以て善を蔽《おお》うの罰を明らかにし、望之らを進めて以て賢者の路を通ずべし」と訴えた。しかしこれは逆効果で、恭・顕らに劉向の仕業《しわざ》と察知され、誣告《ぶこく》罪で告発を受け、三たび投獄される。取調べの結果、劉向は不忠不道と断罪され、免官されて庶人に落され、また関与を追及された蕭望之は自殺に追いこまれてしまった。初元《しょげん》三年（前四六）十二月のことである。最悪の結末になったわけだが、抗争はなおつづいた。太子時代の守役《もりやく》の蕭望之を殺してしまった元帝は深く悼《いた》み、周堪とその弟子張猛《ちょうもう》を重用し大いに信任した。恭・顕らはむろん二人を妨害し讒言《ざんげん》する。周堪・張猛の行末を案じた劉向は、永光《えいこう》元年（前四三）ふたたび封事をたてまつった。この封事は長大なものだが、内容は全篇災異《さいい》を論じたものである。春秋の災異より説き起こし、現在の災異と比較してその類似を証明し、しかも現在の災異のほうがより頻繁なのは、現在の状況のほうがより危機的だからだと結論する。その原因は讒邪《ざんじゃ》の人が高位にいて、賢人の路を妨害することにある。故《ゆえ》に天子は優柔不断を止め、正邪賢愚の別を明らかにして決断せよ。これが封事の要旨である。しかし、劉向の熱意にもかかわらず、元帝の優柔不断はなおらなかった。結局、劉向の案じたとおり、永光四年（前四〇）左遷と復権をくりかえした周堪は志を果たせぬまま病死し、後楯《うしろだて》を失った張猛は誣告されて自殺する。劉向は彼らの死を悼み、「疾讒《しつざん》・摘要・救危および世頌《せいしょう》」八篇を著した。以後、劉向は雌伏を余儀なくされ、沈黙する。いま『楚辞《そじ》』中に収められる『九歎《きゅうたん》』はこの間に書かれたものであろうと考えられている。

ここで災異思想について簡単にふれておこう。災異思想とは、天子が悪政を行うと、天はそれを憎んで天災地異を起こし天子に警告する。その警告によって天子が改悟し、怖れつつしんで善政を行えば、災異は消滅し、さらに善政をつづけると祥瑞《しょうずい》が現れる。ところが悔い改めず、なお悪政を行いつづけると、くりかえし災異が起こり、ついには滅亡に至るというものである。この災異思想の創始者は董仲舒であるが（ただしその萌芽《ほうが》は戦国末にすでにみられる）、董仲舒の説の特徴は、災異の原因としてはあくまで天子の行動のみが問題とされ、しかもその結果としてのみ現れるとされていることである。ところが、時代の降るにつれて災異思想は変質し、災異の原因がもっぱら臣下の非に帰せられ、また将来のより大きな変事の前兆とみなされるようになってくる。さらに進むと、災異にもとづく予言が行われるようになる。劉向においても、災異はおおむね政敵の専横によるものとされている。つまり政争の道具として用いられているのである。また災異を前兆として扱う傾向も強い。しかし、いまだ予言には進んでおらず、また最終責任は邪佞《じゃねい》を用いる天子にあることは忘れられておらず、人為によって災異を消去できるという視点も確保されている。したがって劉向の災異思想は、全体としてなお原形に近いものといってよい。

やがて時移り、元帝をついだ成帝が即位するや、情勢は一変する。石顕らは罪に伏《ふく》し（石顕は左遷されて失脚、故郷へ帰る途上、憤悶《ふんもん》のうちに病死、一味の者はみな罷免された）、劉向は十余年ぶりに登用されて中郎となり、三輔都水《さんぽとすい》（京兆尹《けいちょういん》・左馮《さひょう》翊《よく》・右扶風《ゆうふふう》〔長安の三つの地区〕の川沢《せんたく》水利を掌る官。『説苑』叙録には「護左都水《ごさとすい》使者《ししゃ》」と称する）を領護《りょうご》（統括）し、まもなく光禄大夫《こうろくたいふ》（顧問応対の官、比二千石）に遷《うつ》る。劉向にとっては、まことに待望久しい復帰であった。それがいかに心躍るものであったかは、名を向と改め心機一転を図っていることからも想見できよう。新しく生まれ変った劉向は、積年の思いを晴らすべく、さっそく矢つぎばやに封事をたてまつり、自らの建策を帝に上申する。だが、ことは彼の思いどおりには運ばなかった。新たな敵がその行手に立ちふさがったのである。その敵とは、帝の元舅《げんきゅう》（母方のおじ）王鳳《おうほう》を中心とする王氏一族であった。

成帝の即位と同時に大司馬《だいしば》大将軍となった王鳳はただちに実権を掌握し、国政を牛耳った。河平《かへい》中（前二七～前二四）には、その兄弟七人がみな列侯に封ぜられるなど、王氏の権勢は並びなきものとなっていた（王鳳の死後、音・商・根・莽《もう》と大司馬を引き継いだ）。当時、日食などの大きな異変がしばしば起こった。劉向はその原因を「外戚貴盛にして、鳳兄弟　事を用うるの咎《とが》」と考え、王氏排斥を決意する。ちょうどそのころ、成帝は『詩』『書』等の古典に心を寄せて精《くわ》しく学んでおり、また劉向も例の校書の事業を進行し始めていたところであった。そこで、それらの古典に材《ざい》を取って、「上古以来、春秋六国を歴《へ》て秦漢に至るまでの符瑞《ふずい》災異の記を集合し」、それを『尚書《しょうしょ》』洪範五行伝《こうはんごぎょうでん》（伏生《ふくせい》や夏侯始昌《かこうししょう》ら尚書学者の作った洪範の解説書。五行説により災異咎徴《きゅうちょう》を説く）にもとづいて分類整理した十一篇の書、その名『洪範五行伝論』（芸文志は『五行伝記』とする）を奏呈し、帝の覚悟を促した。

この『洪範五行伝論』は前漢災異説の集大成といえるもので、災異思想研究には極めて重要な文献である。原書は亡佚《ぼういつ》して伝わらないが、『漢書』の五行志《ごぎょうし》がこの書にもとづくものであるので、その内容はほぼすべて知ることができる。詳しく紹介する余裕がないのが残念であるが、一言でいえば、災異の原因の解釈集である。その解釈には実に様々の理論が駆使されているが、実をいえば、理論はどうでもいいのである。より重要なのはその目的、すなわち春秋の災異にことよせて、現在の災異の責めを王氏に負わすことなのである。いかにも客観的に災異分析をしているようにみえるが、実は専権の臣下が災異の原因という結論が先に決まっていて、その結論に合うように理論があてはめられているにすぎない。ここにおいて、劉向の学問が政治目的のために奉仕するものであることが明瞭に看取されるであろう。しかし、劉向自身においては、それは無意識の意識でしかない。彼はあくまで純粋に理論的に考察して、かかる結論に到達したのである。だからこそ、災異怖《おそ》るべしなのである。いまや、天の警告の意味は明々白々である。このまま放置すればいかなる結果を招くか、火をみるより明らかである。彼は後年たてまつった「延陵《えんりょう》を起こすを諫《いさ》むるの疏《そ》」において、「天命の授くる所の者は博く、独《ひと》り一姓のみに非《あら》ざるなり。古《いにし》えより今に及ぶまで、未だ亡びざるの国有らざるなり」と述べている。この冷酷な事実を知る劉向にとって、手を拱《こまぬ》いて傍観することは、自身決して許せぬことだったのである。

　さて、話をもとに戻そう。成帝は、「心に向の忠精にして、故《ことさら》に鳳《ほう》兄弟の為《ため》に此の（五行伝）論を起こせるを知るも、然れども終《つい》に王氏の権を奪う能《あた》わず」。しかし、こんなことでめげる劉向ではなかった。彼はあくことなく、機会をとらえては上奏し、王氏を抑制し排除せよと説きつづける。その引用は煩《はん》を避け省略するが、要旨は、災異を亡国の前兆として怖れつつしむべきこと、および災異の原因は外戚の権臣たる王氏にあるから、王氏を抑退《よくたい》すべきことの二点であって、前に紹介した弘恭・石顕弾劾の封事と趣旨・表現ともあまり違いはない。ただ恭・顕が王氏にかわっただけである。ただ、災異の前兆性が強まっているのは、災異思想上、注目すべき変化であるが、これはそれだけ危機意識が深まった現れである。また劉向は、召見されるたびに、「公族なる者は国の枝葉なり。枝葉落つれば則ち本根庇《お》蔭《お》わるる所無し。方今《いま》同姓疏遠にして、母党専政し、禄　公室を去り、権　外家《がいか》に在り。漢の宗《そう》を彊《つよ》め、私門《しもん》を卑《ひく》くし、社稷《しゃしょく》を保守し、後嗣《こうし》を安固する所以《ゆえん》に非ず」と直言した。が、結果はいつも同じであった。劉向の直言はついに用いられることはなかったのである。

成帝が暗愚だったわけではない。帝も劉向の意図は十二分にわかっていたのである。上奏文を読み、劉向を召見した帝は、悲しげにため息をつき、「君且《しばら》く休め、吾れ将《まさ》にこれを思わんとす」といったと伝えられる。そして劉向に活動の場を与えるべく、彼を中塁校尉《ちゅうるいこうい》（北軍塁門を守る、二千石）に任じ（陽朔《ようさく》二年〔前二三〕）向五十七歳。劉向を劉中塁と称することがあるのはこのため）、さらに九卿に挙用しようとしばしば試みたが、いつも王氏一派にはばまれて果たせなかった。天子の力をもってしても、王氏の意向には背けなかったのである。

王氏の権勢が天子をしのぐものであること、いや、そんな生《なま》やさしいことではなく、漢家の命運すでに尽き、王氏が遠からず取って替るに違いないことは、もう誰の目にも明らかであったのである。「三七の節紀《せっき》（漢家の命数が二百十年で尽きる）」を説く谷永《こくえい》の暦運説《れきうん》が流行し、甘忠可《かんちゅうか》や夏賀良《かがりょう》らが公然と「漢暦中ごろ衰う、当《まさ》に更《あらた》めて命を受くべし」（『漢書』李尋伝《りじん》）と漢再受命説を唱えるまでに至っていたのである。甘忠可を「鬼神を仮《か》りて、上を罔《な》みし衆を惑わす」ものと断罪した劉向ではあるが、これは社会の風潮を苦々しく思い抑圧しようとしてのことであって、その実、漢家の衰退の深刻さは、誰にも増して彼自身がよくわかっていたのである。わかってはいても、いやわかっていればこそ、「懐《おも》い已《や》む能わず」、じっとしていられないのであった。では、彼をこうした行為に駆りたてた「懐い」とは何であったのだろうか。それは次の二つ、と私は思う。

劉向の真情

その一つは、宗室の一員としての忠誠心ないしは皇室より受けた恩徳への報恩の念である。劉向はその熱情を親友の陳湯《ちんとう》に次のように語っている。「災異此《か》くの如くにして、而《しか》も外家日《ひ》びに盛んなり、其の漸《ぜん》必ず劉氏を危《あやう》くせん。吾れ幸いに同姓の末属なるを得て、累世《るいせい》漢の厚恩を蒙り、身は宗室の遺老たりて、三主に歴事せり。上《しょう》我の先帝の旧臣なるを以て、進見する毎《ごと》に常に優礼を加う。吾れにして言わずんば、孰《たれ》か当《まさ》に言うべき者ぞ」。同様のことばは、上奏文のはしばしにもみえている。もう一つは、聖人の道を奉ずる士大夫《したいふ》としての義務感である。士たる者は聖人の道を学び、その道を行わねばならぬという中国知識人に共有の理想主義的義務感は、当然ながら政治への参画を志向する。その志向力の根強さは、私ごとき非政治的人間の理解の範囲をはるかに越え、しばしばうんざりさせられるほどである。劉向はもともと「簡易にして威儀なく、廉靖《れんせい》にして道を楽しみ、世俗に交接せず。専《もっぱ》ら思いを経術に積み、昼は書伝を誦《しょう》し、夜は星宿を観《み》て、或いは寐《い》ねずして旦《あさ》に達す」という学者タイプの人がらである。しかも当時は校書の事業に邁進《まいしん》していたわけだから、世の動向に無関心に学問に専心没頭したとしてもおかしくはない。いや、できうるならば、彼もそうしたかったに違いない。それを、かくも熱心に王氏に戦いを挑んだのは、やはりかの士大夫としての自意識が作用していたから、とみるべきであろう。

『説苑』編纂の目的

『説苑』の編纂もまたそうした意識のなせる業《わざ》であり、一連の政治活動の一環であることはいうまでもない。『説苑』の縁起《えんぎ》を、本伝は次のように記している。

向《きょう》 俗の弥《いよ》いよ奢淫《しゃいん》にして、趙《ちょう》・衛の属微賤より起こりて礼制を踰《こ》ゆるを睹《み》る。向以為《おも》えらく、王教は内より外に及《およ》ぼし、近き者より始む、と。故に『詩』『書』載する所の賢妃貞婦の国を興《おこ》し家を顕《あらわ》し法則とす可きもの、及び孼嬖《げっぺい》（災いをもたらす愛妾）の乱亡せし者を採取し、序次して『列女伝《れつじょでん》』凡《すべ》て八篇を為《つく》り、以て天子を戒《いまし》む。及《ま》た伝記行事《こうじ》を采《と》りて、『新序』『説苑』凡て五十篇を著し、これを奏す。

劉向の著作意図は、一読、明瞭であろう。趙・衛の属というのは、趙飛燕《ひえん》姉妹（姉は永始《えいし》元年〔前一六〕、皇后となり、妹もまた昭儀《しょうぎ》〔女官の長、実質的には妃嬪《きひん》〕となった）と衛婕妤《えいしょうよ》（婕妤は昭儀に次ぐ女官の名）のこと。いずれも卑賤の出で（衛婕妤はもと成帝の寵姫であった班婕妤の侍婢）、とくに趙飛燕姉妹は成帝がお忍び歩きの遊楽の折り見いだした舞妓であった。彼女らは帝の寵愛をほしいままにして、奢侈《しゃし》専横の限りを尽くしていたのである。中でも趙昭儀は成帝のお気に入りで、帝を意のままに操ったが、姉ともども子には恵まれなかった。そこで趙昭儀は自分たちの権貴を保持するために、他の妃嬪を遠ざけ、また他の妃嬪が生んだ子を殺害するなど、策謀の限りを尽くした。ために成帝はついに後嗣を得られなかった。

劉向は王教のもとは後宮《こうきゅう》を正すことにあると考え、彼らの僭越《せんえつ》を抑制しようとしたのである。もっとも、彼の狙いは単に趙・衛の属にのみあったわけではないであろう。後宮を正すことは、同時に後宮につながる外戚を正すことにもなるはずだからである。『列女伝』は趙・衛指弾《しだん》を主たる目的とするであろうが、『新序』と『説苑』は内容的にも婦人道徳を中心とはしておらず、むしろやはり主として王氏に目標を定めているとみるべきであろう（本伝の「及た」という言い方はその辺の事情を示唆するものかもしれない）。

このように漢王朝の永続を願い、王氏打倒を夢みた劉向であったが、その夢を果たさぬまま、ついに綏和元年、七十二年の生涯を閉じる。そして劉向の危惧どおり、平《へい》帝《てい》の死後、王莽《おうもう》は摂皇帝《せっこうてい》（仮《か》皇帝）となり、漢の天下を奪ったのであった。それは劉向の没後十三年目のことであった。子の劉歆《きん》がその簒奪《さんだつ》の協力者となることを知らなかったのは、せめての幸いであったかもしれない。

＊3　効果があったとは思われないが、父の劉徳もこの時、向を助けようとしてその無実を訴え出ている。劉徳伝に「徳上書訟罪（徳上書して罪を訟《うった》う）」とあるので、ある論者は、父が自ら進んで子を告発し、敢えて酷薄の汚名を着ることによって息子の助命を図ろうとした、と解しているが、誤り。ここの「訟罪」は『康熙字典《こうきじてん》』に「上書して人の為に冤を雪《すす》ぐを訟と曰う」とある「訟」の用法で、冤罪を申し立てる意。しかればこそ、劉徳自身が「大臣の体を失えり」として咎めを受けたのである。

四　『説苑』について

成立年代

『説苑』の成立年代について、『漢書』には明確な記述はないが、『列女伝』が趙皇后や衛婕妤が全盛を極めていたころ、すなわち陽朔《ようさく》から永始中にかけての時期に書かれたことは動かせないから、『新序』『説苑』の成立もおおよそのあたりとみてよい。銭穆《せんぼく》氏は永始元年（前一六）に三書が同時に上《たてまつ》られたと定めているが、年代的にはまず妥当なところかと思う。ただし、三書同時とするのは速断にすぎる嫌いがある。本伝の記述の仕方はかなり曖昧《あいまい》で、三書同時とは断言できない。一見、同時成立のように書かれている『新序』と『説苑』でさえ、実は同時成立かどうか甚だ疑わしい。北宋の晁公武《ちょうこうぶ》の『郡斎読書志《ぐんさいどくしょし》』および南宋末の王応麟《おうおうりん》の『漢書芸文志攷証《かんじょげいもんしこうしょう》』に、『新序』は陽朔元年（前二四）に、『説苑』は鴻嘉《こうか》四年（前一七）に上ったとあり、もしこの記事が正しければ、『新序』は校書を始めて間もなく、『説苑』はそれに後《おく》れること七年にして成立したことになる。この記事は、百パーセントの信頼を置くことはできないものの（唐代の『意林《いりん》』に、『新序』は河平四年〈前二五〉に上ったとあり、上引の書と合わない）、宋代に伝わった旧本にはおそらく年代が明記してあったものと思われ（宋本《そうほん》の巻頭には「鴻嘉四年三月己亥護左都水使者光禄大夫臣劉向上」の一行が刻されている）、また『説苑』が『新序』の後であることは、『説苑』叙録に「『新序』と復重《ふくちょう》する者を除去す」とあることからも明らかであって、一応信用してもいいように思う。とすれば、『説苑』に校書の成果が十分反映されているとみることもまた肯定されるであろう。

篇数

次に篇数であるが、これは二十篇で問題ない。『漢書』では、本伝に「『新序』『説苑』（合わせて）凡《すべ》て五十篇」、芸文志・諸子略・儒家に「劉向序する所六十七篇」（原注「『新序』『説苑』『世説《せせつ》』『列女伝・頌《しょう》・図《ず》』なり」）とあり、ともに『説苑』自体の篇数を明示しないが、叙録に「凡て二十篇」といい、また『隋書《ずいしょ》』経籍志《けいせきし》・『郡斎読書志』・『直斎書録解題《ちょくさいしょろくかいだい》』などの書目もみな二十巻と著録するから（新旧の『唐書』はともに三十巻に作るが、盧文弨《ろぶんしょう》もいうように、三はおそらく二の転写の誤りであろう）、二十篇であることに疑いはない（篇と巻には本来区別があるが、後世では混同される）。つまり今本《きんぽん》と同じである。

しかし、篇数は同じでも、今本は原本のままではなく、内容に一部欠落がある。欠落が生じたのは、他の多くの典籍と同様、唐末五代《とうまつごだい》の乱においてであって、宋初には、『崇文総目《すうぶんそうもく》』に「今存する者五篇、余は皆亡ぶ」とあるように、宮中の図書館でもわずか五篇しか残っていなかったのである。だが幸いなことに、曾鞏《そうきょう》が士大夫の家から亡んだ十五篇を発見し、残存の五篇と合わせて校定し、二十篇の旧に復した。今本はこの曾鞏本を祖としたものである。ただ、曾鞏の復原も最初は完全なものではなかったようで、第二十反質篇を欠く十九巻本をかつて所蔵していた晁公武の言によれば、曾鞏本も実際には第二十篇を欠く十九巻本で、第十九修文篇を上下二つに分けて二十の数に合わせたものらしい。もっとも、この闕《けつ》一巻は後に高麗《こうらい》からの献上で補われたとも伝えられ（陸游《りくゆう》「跋《ばつ》説苑」ならびに『漢書芸文志攷証』に引く李徳芻《りとくすう》の説）、もしその伝承が正しければ、最終的には篇はすべて備わったことになる。今本の反質篇は内容よりみて修文下篇とは考えられず、したがって闕巻補足説は事実とみてよい。よって、今本は篇目的には原本の体裁をそのまま伝えるものと認められる。

しかし、内容的にはなお完全には復原できておらず、一部欠けたままであったことは、今本にみえない文章が『芸文類聚《げいもんるいじゆう》』などの類書《るいしよ》や『後漢書《ごかんじよ》』注に散見されることからも明らかである。では欠けた分量はどれくらいであるかというと、叙録に全部で七百八十四章とあり、今本は六百九十八章（四部叢刊本《しぶそうかん》による）であるから、約八割九分を存している計算になる。もっとも、今本はもともと別の章を誤って一章にまとめてしまっているものが多く、それらを細かく分けるともう少し章数が増すから、実際には九割以上、ことによると九割七、八分までいくかもしれない（私がみたなかで最も細かく区分しているのは『説苑疏証《そしよう》』で、その総章数は八百四十五、なんと原本を超過してしまっている)。したがって原本そのままではないとしても、実質的にはほぼその全容を知るに足るものといえよう。

二、三の疑義

以上、『説苑』の文献学的説明をし終えた。次はその思想内容を論ずる番であるが、それは本文各篇の解説に譲り、ここでは歴代の『説苑』に対するこれまでの批評や疑義を紹介して、この項を閉じたく思う。その批評や疑義は、先にその一部を引いた『説苑』叙録をめぐってのものであるので、まず改めて叙録の全文を掲げておく。

護左都水使者光禄大夫臣向言《もう》す。校する所の中書《ちゆうしよ》『説苑雑事《ぜいえんざつじ》』、臣向の書・民間の書と誣(護字の訛か、盧文弨はトモニと読む)校讐す。其の事類衆多にして章句《しようく》(文章の段落・句読)相溷《みだ》れ、或いは上下謬乱して分別次序し難し。『新序』と復重する者を除去し、其の余の浅薄にして義理に中《あた》らざるは、別に集めて以て百家と為す。後《のち》類を以て相従わしめ、一一篇目を条別し、更に以て新事を造《な》す。十万言以上、凡て二十篇、七百八十四章、号《なづ》けて『新苑』と曰《い》う。皆観る可し。臣向味死《まいし》

(「昧死」は昧《おろか》にして死罪を犯す意で、上奏文の常套語)。

原文にはかなり誤脱があるようで、よく読めない、あるいは別の読み方も可能な個所もあるが、一応右のように読んでおく。またこの叙録を偽作と疑う説もあるが、とくに偽と断定できる証拠はなく、劉向の真筆と認めて不可はない。

さて『説苑』に対する批判は、主として話の登場人物に関してのものである。たとえば、時代のはるかに隔たった人同士が対話していたり、行ったはずのない土地に現れたり、あるいはほとんど同じ話なのに人名が異なっていたりするということである。とくに最後の同話異名の問題は『新序』との間にもあるので、叙録の「『新序』と復重する者を除去す」というのと合わず、『説苑』の雑乱を疑う根拠ともなっている。これらの批判は宋の葉大慶《しょうたいけい》・黄朝英《こうちょうえい》・黄震《こうしん》らによってなされたものであるが(宋代に集中しているのはおもしろい現象で、おそらく当時の考証学興隆の気運を反映しているのであろう)、確かに彼らの指摘するとおりである。しかし、それは『説苑』の価値を減ずるものではないし、また雑乱を露呈したものでもない。説話にアナクロニズムはつきものであり、また一つの話が細部を変えて様々に伝承されていくのも普通のことである。劉向は採録の際、もとの資料に忠実に写しただけのことである。同話異名は重複・矛盾といえば確かに重複・矛盾だが、それも劉向の承知でしたことである。意義深い話と思えば、重ねて採用するをいとわなかった、というより、むしろ何度でも採ろうとしたのである。その意図は、『説苑』に類話をつづけて配列してあることからも明白であろう。劉向の判断規準はあくまで「義理に中《あた》る」か否かであり、史実か否かははじめから問題にされていないのである。

『説苑』に対するもう一つの疑義は、叙録に「校する所の中書『説苑雑事』云々」とあるのをもって、『説苑』は劉向の編著ではなく、既成の書を整理・増補したにすぎない、つまりその他の書籍の校訂と基本的に変らないとする説である。これは近人の羅《ら》根沢《こんたく》氏によって主張されたものであるが、非常に大きな問題をはらんでいる。氏のいうとおりとすれば、『説苑』に劉向自身の思想はほとんど反映されていないことになるからである。羅氏説を支持する学者も少なくないが、私は賛成することができない。なぜなら、この書の校訂の仕方は、他書の慎重なのと異なり、極めて主観的なものだからである。「浅薄にして義理に中らざる」ものを除き、残った話を分類し並べ替えて新たに篇目を立て（類を以て相従わしめ、一一篇目を条別し）、さらに増補を加え（更に以て新事を造《な》す）ているが、このような勝手な改竄《かいざん》は他書においてはまったく行っていない。叙録の「十万言以上」は『新苑』の総字数を指すものであろうが、原文は「新事十万言（以上）を造す」と上に属して読めなくもない。もしそう読むのが正しいとすれば、ほとんどすべてが増補部分ということにさえなる（今本の字数は約十一万五千。「以上」の二字、あるいは天子に上呈する意味に解すべきかもしれない。が、その意味であれば文末に置くのが普通であるので、今は文字数に関わる語句として読む。また上呈の意味であったとしても、新事が多いということに変りはない）。このような校訂は、もはや校訂とは呼べない。改編ないし新編と称すべきものである。『説苑雑事』なる書物が存在したことは確かであろうが、いま我々がみている『説苑』は、劉向がそれをもとに全面的に改編したまったく別の書物である。『説苑』には劉向の強い意志が貫かれているのである。『説苑』がたんなる説話集に止まらず、思想の書たり得た所以《ゆえん》はここにあるのである。

五　参考文献

A『説苑』の版本

（1）南宋咸淳《かんじゅん》元年鎮江府学《ちんこうふがく》刊本

（2）明正徳《せいとく》五年楚藩《そはん》刊本

（3）明嘉靖《かせい》二十六年序・何良俊《かりようしゆん》刊本
（4）明万暦《ばんれき》中呉勉学《ごべんがく》刊本
（5）明程栄《ていえい》『漢魏叢書《かんぎそうしよ》』本
（6）明何允中《かいんちゆう》『広《こう》漢魏叢書』本
（7）清王謨《おうぼ》『増訂漢魏叢書』本
（8）清『子書百家《ししよひやつか》』（『百子全書』）本
（9）民国鄭国勲《ていこくくん》『龍谿精舎《りゆうけいせいしや》』本
（10）平湖《へいこ》葛氏《かつし》伝樸堂《でんぼくどう》旧蔵明鈔《みんしよう》本（『四部叢刊《しぶそうかん》』本）

これ以外にもなお多くの異本があるが、今は主要なもののみを挙げる。宋版にはもう一種、南宋浙刻《せつこく》本がある（北宋本ともいわれるが、いまは阿部隆一氏の説による）が、現存していないようである。（1）は盧文弨《ろぶんしよう》いうところの「宋本」で、現在、北京図書館・台湾故宮博物院・中央研究院等に所蔵されている。ただし、いずれも元・明逓修《ていしゆう》本で、完全な宋版本はない。いまだ影印《えいいん》に附されていないが、巻頭巻尾の書影のみ、『宋版書特展目録』（台湾故宮博物院編、一九八六）に収められている。元版も麻沙《まさ》本等いくつかあったようだが、詳細は不明。（2）～（6）は十数種類ある明刊本の中で代表的なもの。中でも（3）の重刊本たる（5）は最もよく知られており、（6）〜（8）はいずれもその重ねての翻刻《ほんこく》にすぎず、また内外の学者の校訂・注釈もほぼ全てこれを底本としている。（9）は、盧文弨の校訂を採用している点に特色がある。（10）は南宋浙刻本に拠るものらしく、また『四部叢刊』に影印されて広く流布《るふ》しているので、内容・便宜の両面よりみて、現在のところの最善本といえる。

B『説苑』の研究・注釈書

（1）清　盧文弨『群書拾補・初篇』
（2）清　兪樾《ゆえつ》『諸子平議補録』
（3）清　孫詒譲《そんいじょう》『札迻《さつい》』
（4）金其源『読書管見』（一九四八年、上海商務印書館）
（5）劉文典『説苑斠補《かくほ》』（雲南大学石印本、未見）
（6）哈仏燕京《ハーバードイエンチン》学社引得編纂処『説苑引得』（一九三一年、北京、同社刊）
（7）金嘉錫『説苑補正』二十巻（一九六一年、台北、国立台湾大学文学院）
（8）左松超『説苑集証』二十巻（一九七三年、台北、文史哲出版社）
（9）趙善詒『説苑疏証』二十巻（一九八五年、上海、華東師範大学出版社）

（10）向宗魯『説苑校証』二十巻（一九八七年、北京、中華書局）
（11）関嘉『説苑纂註』二十巻（寛政六年尾張興芸館刊）
（12）桃源蔵『説苑考』二巻（寛政十二年出雲藩刊）
（13）岡本保孝『説苑考』三巻（写本、未見、ただし、一部〔？〕（8）に引用されている）
（14）盧元駿『説苑今註今訳』（一九七七年、台北、台湾商務印書館）
（15）鍾克昌『説苑─妙語的花園』（一九八三年、台北、時報文化出版、中国歴代経典宝庫）
（16）范能船『説苑選』（一九八六年、福建教育出版社、中国古典文学作品選読叢書）
（17）公田連太郎『訳注劉向説苑』（未見）
（18）高木友之助『説苑』（一九六九年、明徳出版社、中国古典新書）
（19）飯倉照平『説苑（抄）』（一九七四年、平凡社、中国古典文学大系6）

序跋類は省略した。（1）〜（4）はそれぞれ著名な学者による校訂札記《さつき》で、該書中に『説苑』を含む。中でも（1）は非常に詳細な校勘を加えてあり、『説苑』研究史上画期的な業績である。（6）は事項索引で、洪業《こうぎょう》の筆になる序は、例によって有用。（7）は（1）～（5）について改正・補遺を施したもの。（8）はその（7）をさらに詳密にしたもので、先行業績をほぼ網羅し、博捜《はくそう》を極めている。諸本や類書との異同については、これ一冊あれば、大体の用は足りる（ただし、いかなるわけか、処々欠落があり、また引用文や出典にかなり誤記があるので、使用には注意を要する）。（10）は最近出版されたものだが（草稿は一九二一～二三年作という）、これも詳細を尽くした校釈である。詳細さでは（8）に劣るが、重要な部分に遺漏はなく、（8）のほうがかえって余分な考証や引用を羅《ら》列《れつ》している感がある。両書の所見は結論的には一致するものが多く、優劣に差はないが、簡明さという点では（10）が優っている。（8）には先に述べた欠陥もあり、両書を比べると（10）に軍配を挙げざるを得ない。（10）にも誤りや欠点はむろんあるが（とくに程栄本を底本としたのは惜しまれる）、現時点では本書を類書中の最高峰と評価したい。順序が逆になったが、（9）は陳士珂『孔子家語疏証《こうしけごそしょう》』に倣《なら》って採録の資料となった文章を挙げたもので、全文引いてあるので非常に便利である。ただし、出典の指摘自体は、次の（11）の成果の範囲をほとんど出ていない。（11）～（13）は邦儒《ほうじゅ》（日本の儒者）の研究で、中でも（11）はよく利用されてきたものである。もっとも、訓詁《くんこ》考証学の進んだ今の目からみると、疎漏な解釈が随分あり、類書も現れた現在では、率直にいってもはやほとんど価値をもたない。だが、当時の状況下で、中国にもなかった『説苑』の注釈を完成した功績はやはり評価されて然るべきものであろう。（12）は分量は少ないが、校勘・訓詁とも（11）に勝り、随所に鋭いひらめきをみせている。（14）〜（16）は現代中国語による訳注で、（14）は全訳、（15）（16）は抄訳である。（18）（19）は日本語訳で（（18）は原文・訓読を併載）、ともに抄訳である（本書を執筆し始めた当初は、両書にすでに採録してある条はなるべく避けたいと思っていたのだが、興趣をそそられる話は誰しも同じらしく、結局かなりの部分、重複してしまったことをお断りしておく）。

（20）王鍈・王天海『説苑全訳』（一九九二年、貴陽、貴州人民出版社）
（21）左松超『新訳説苑読本』（一九九六年、台北、三民書局）

C『説苑』および劉向に関する研究書・論文

（1）田中麻紗巳「劉向の災異説について―前漢災異思想の一面―」（『集刊東洋学』二四、一九七〇年、のち『両漢思想の研究』一九八六年、研文出版に収

む）
（2）板野長八「災異説より見た劉向と劉歆」（『東方学会創立二十五周年記念　東方学論集』一九七二年、のち『儒教成立史の研究』一九九五年、岩波書店に収む）
（3）野間文史「新序・説苑攷―説話による思想表現の形式―」（『広島大学文学部紀要』三五、一九七六年）
（4）町田三郎「「劉向」覚書」（『日本中国学会報』二八、一九七六年、のち『秦漢思想史の研究』一九八五年、創文社に収む）
（5）池田秀三「劉向の学問と思想」（『東方学報　京都』五〇、一九七八年）
（6）福永光司「劉向と神仙」（『中哲文学会報』四、一九七九年、のち『道教思想史研究』一九八七年、岩波書店に収む）
（7）荒城孝臣『列女伝』（一九六九年、明徳出版社、中国古典新書）
（8）広常人世『新序』（一九七三年、明徳出版社、中国古典新書）
（9）下見隆雄『劉向『列女伝』の研究』（一九八九年、東海大学出版会）
（10）羅根沢「〝新序〟〝説苑〟〝列女伝〟不作始於劉向考」（『図書館学季刊』四―一、一九三〇年、のち『古史弁』第四冊および『諸子考索』一九五八年、北

京、人民出版社に収む)
(11) 銭穆「劉向父子年譜」(『燕京学報』七、一九三〇年、のち『古史弁』第五冊および『両漢経学今古文平議』一九五八年、香港、新亜研究所に収む)
(12) 余嘉錫『四庫提要辨証』「新序」(一九三七年、自家版、現在、北京科学出版社と中華書局刊の増訂版が出ている)
(13) 韓碧琴「劉向学述」(『国立台湾師範大学国文研究所集刊』一八、一九七四年)
(14) 祝瑞開「劉向劉歆的思想」(『中国哲学』一二、一九八四年)
(15) 許素菲『説苑探微』(一九八九年、台北、太屋書屋)
(16) 徐興無『劉向評伝』(二〇〇五年、南京、南京大学出版社、中国思想家評伝叢書21)
(17) 呉全蘭『劉向哲学思想研究』(二〇〇七年、北京、中国科学出版社)
(18) 劉立志・胡蓮玉『劉向　劉歆』(二〇一六年、南京、江蘇人民出版社、江蘇歴代名人伝記叢書)
(19) 左松超「論《儒家者言》及《説苑》的関係」(『香港浸会学院　中文系集刊』一九九二年)

（20）齋木哲郎「劉向の思想とその時代」（『懐徳』六一、のち『秦漢儒教の研究』二〇〇四年、汲古書院に収録）
（21）南部英彦「劉向『説苑』の公私観とその意味」（『山口大学教育学部研究論叢人文科学・社会科学』六一―一、二〇一二年）
（22）山崎純一『列女伝』上・中・下（一九九六〜九七年、明治書院、新編漢文選思想・歴史シリーズ）
（23）中島みどり『列女伝』1〜3（二〇〇一年、平凡社、東洋文庫）

劉向およびその著作に関する研究は、この外にもなおかなりの数あるが、今はとくに重要なもの、あるいは本解説と直接的に関連するもののみ挙げておく。思想史や目録学史の項目として劉向を取り上げているものも少なくないが、それらはいっさい割愛した。

本書執筆に際しては、以上の諸書諸論を参照し、多大の裨益《ひえき》を得た。とくに、本文の校訂においては『説苑校証』より、また訳語については高木・飯倉両氏の訳より教示を得たところが多い。本書の性格上、一一《いちいち》注記はしていないが、この場を借りて著者各位に感謝の意を表したい。

最後に、本訳注の方針を記しておく。

六　訳注の方針

一　底本には『四部叢刊』本を用いた。

一　原文を改めた箇所には「※」印を附して示したが、便宜に従い注記は加えない。専門家の方は参考文献B（1）（8）（10）等を参照していただきたい。

一　漢字はすべて新字体もしくは常用字を用いたが、原文においてのみ、本来別字であるものは旧字体もしくは本字を用いた（例えば、余→餘、弁→辨および修→脩、嘆→歎など）。また覇→霸、弥→彌のごとく、一部、俗字を正字に改めたものもある。なお「修文」篇は、底本はじめ諸本は多く「脩文」に作るが、目録や古書目にはいずれも「修文」と記してあるので、本書では「修文」で統一する。

一　原文に施した句読点は、中国語として読む場合のものであり、訓読文の句読とは必ずしも一致しない。

一　説話の採録については、各篇の特色を典型的に示すものや、興趣深いと思われるものを適宜選択した。とくに各篇の第一章は劉向の自筆と思われるので、なるべく言及するようにつとめた。

一　訳文は原文の意味、ニュアンスを伝えることを旨とし、とくにスタイルを定めていない。また訳語も統一していない。

一　各篇の前言、および各話の後の解説では、劉向の思想を明らかにするとともに、その篇・話の漢代儒教における意義も明らかになるように心掛けた。解説を通覧していただければ、簡単な儒教概説ともなるよう意を用いたつもりである。

説苑

第一篇　君道《くんどう》（君主のあり方）

君主の行うべきことがら、守るべき態度などを様々な角度から取り上げ、理想的君主像を提示しようとする篇である。だが、そこで主張される思想や説話のテーマは、ほとんどすべて後篇で展開されているものであって、本篇独自の説はあまりない。それは、『説苑《ぜいえん》』全体の目的が君主の正しきあり方を示すことにある以上当然のことであろう。したがって本篇は、いわば『説苑』全体を集約した一小『説苑』であり、全書の導入的総論・概説に相当する。

本篇には、第二篇以後にみられる序説がないが、本篇のそういった性格からみれば異《い》とするに足りないであろうし、まして脱落と考える必要はないであろう。

1　人君の道

【現代語訳】

晋《しん》の平公《へいこう》が「人君《じんくん》の道はいかにすべきものか」と師曠《しこう》にたずねた。師曠が答えていうには、「人君の道とは、身を清浄にたもって無用の行動を控え、民衆を博《ひろ》く愛することに努力し、賢人の任用を第一に心掛け、耳と目を大きく開いて世界をくまなく観察し、世俗の流行にまどわされず、側近の者に牽制《けんせい》されず、何物にもさえぎられることなく遠くまではっきり見通し、周囲に抜きんでて高く聳《そび》え立ち、いつも注意深く臣下の成績を検査して彼らを統御すること。これが人君の守るべき志操《しそう》であります」。それを聞いて平公は、「なるほど、よくわかった」といった。

【読み下し】

晋の平公、師曠に問いて曰《いわ》く、「人君の道は如何《いかん》」と。対《こた》えて曰く、「人君の道は、清浄無《む》為《い》にして、務《つと》め博愛に在り、趨《おもむ》き任賢《にんけん》に在り。広く耳目《じもく》を開きて以て万方《ばんぽう》を察し、流俗に固溺《こでき》せず、左右に拘繫《こうけい》せられず、廓然《かくぜん》として遠く見、踔然《たくぜん》として独り立ち、屢《しば》しば省《かえり》みて績《せき》を考え、以て臣下に臨《のぞ》む。此れ人君の操《そう》なり」と。平公曰く、「善《よ》し」と。

【原文】

晋平公問於師曠曰、人君之道如何。対曰、人君之道、清浄無為、務在博愛、趨在任賢。広開耳目、以察万方、不固溺於流俗、不拘繫於左右、廓然遠見、踔然独立、屢省考績、以臨臣下。此人君之操也。平公曰、善。

【注釈】

⦿平公―春秋時代の晋の君主、名は彪《ひょう》、在位前五五七～前五三二。⦿師曠―師は楽師《がくし》（音楽を掌《つかさど》る官）、曠は名で字は子野《しや》。盲目であったが、鋭い聴覚と深い学識を有し、賢人として称揚されている。

【解説】

巻頭の文章であるが、それだけに『説苑』全体の特色を集約した趣きがあり、巻頭を飾るにふさわしい文章といえよう。「清浄無為」は老子、「博愛」と「任賢」は墨《ぼく》家《か》、「広く耳目を開き」や「左右に拘繫せられず」は儒家《じゅか》、「廓然として遠く見」以下は法家、というように、各家の思想が混在している。その中では道家と法家、ないしは君主南面《なんめん》の術（臣下の統治術。君主は南向きに坐す）を説くいわゆる道法《どうほう》思想がやや優勢にあるように思われるが、いずれにしても一家が一元的に現れるのではなく、各家がそれぞれの意義を有しつつ、しかもその各要素が分離することなく、渾然《こんぜん》一体となって期待される君主像を形成しているのである。

2　君子は争わず

【現代語訳】

魯《ろ》の哀公《あいこう》が孔子にたずねた、「私は君子《くんし》は双六《すごろく》をしないと聞いているが、本当だろうか」。孔子が答えた、「そのとおりです」。哀公「どうして双六をしないのかね」。孔子「二つの道があるからです」。哀公「二つの道があれば、なぜ双六をしないことになるのか」。孔子「悪の道を行うことにもなるからです」。哀公はどきりとした様子で、ややあってから、「君子が悪の道を憎むことはこんなにも激しいものなのか」と感嘆した。孔子がそれに答えていった、「悪の道を激しく憎むのでなければ、善の道も真に愛好することができません。善の道を真に愛好することができなければ、民衆も心からなつきはしません。『詩経《しきょう》』に『いまだ君子を見ぬうちは、憂《うれ》いの心深々《ふかぶか》と、すでに君子に会いたれば、喜び躍る我が心』と詠《うた》っておりますが、『詩経』が善の道を愛好することはかくも深いのです」。哀公がいった、「なるほどなあ。私は、君子は人の善行を励まし完成させ、人の悪事は助けないと聞いているが、まったく、あなたがいなければ、このような立派な話は聞けなかったことになるなあ」。

【読み下し】

魯の哀公、孔子に問いて曰く、「吾れ聞く、君子は博《はく》せず、と。これ有りや」と。孔子対《こた》えて曰く、「これ有り」と。哀公曰く、「何為《なんす》れぞ其れ博せざるや」と。孔子対えて曰く、「その二乗《にじょう》有るが為なり」。哀公曰く、「二乗有れば、則ち何為《なんす》れぞ博せざるや」。孔子対えて曰く、「悪道《あくどう》を行うが為《ため》なり」。哀公懼《おそ》る。間《かん》有りて曰く、「是《か》くの若きか、君子の悪道を悪《にく》むの甚だしきこと」。孔子対えて曰く、「悪道を悪むこと甚だしき能《あた》わざれば、則ち其の善道を好むことも亦《ま》た甚だしき能わず。善道を好むこと甚だしき能わざれば、則ち百姓《ひゃくせい》のこれに親しむや、亦た甚だしき能わず。詩に云う、『未だ君子を見ざれば、憂心惙々《てってつ》たり。亦た既に見、亦た既に覯《あ》えば、我が心則ち説《よろこ》ぶ』と。詩の善道を好むの甚だしきや此《か》くの如し」と。哀公曰く、「善き哉《かな》。吾《わ》れ聞く、君子は人の美を成《な》して、人の悪を成さず、と。孔子微《な》かりせば、吾《わ》れ焉《いずく》んぞ斯《こ》の言《げん》を聞かんや」と。

【原文】

魯哀公問於孔子曰、吾聞君子不博、有之乎。孔子対曰、有之。哀公曰、何為其不博也。孔子対曰、為其有二乗。哀公曰、有二乗、則何為不博也。孔子対曰、為行悪道也。哀公懼焉、有間曰、若是乎君子之悪悪道之甚也。孔子対曰、悪悪道不能甚、則其好善道亦不能甚、好善道不能甚、則百姓之親之也亦不能甚。詩云、未見君子、憂心惙惙。亦既見止、亦既覯止、我心則説。詩之好善道之甚也如此。哀公曰、善哉。吾聞君子成人之美、不成人之悪。微孔子、吾焉聞斯言也哉。

【注釈】
◉『孔子家語《こうしけご》』五儀解《ごぎかい》篇にも引く。◉魯の哀公―春秋時代の魯（孔子の生国）の君主。名は将《しょう》。在位は前四九四～前四六八で孔子の晩年にあたり、孔子との対話が『論語』はじめ多くの文献にみえる。◉君子―学識徳行兼備の人。多くは同時に有位の者を指していう。◉博―すごろく。二人が相対して白黒に分かれ、さいころを投げてそれぞれ六個（後世は十五）のこまを相手陣地に進める遊戯。「バク」とも読み、後世は広く賭博一般をいう。◉悪道―相手を負かすために様々な手段・謀略を用いることをいう。◉詩―中国最古の詩集で、孔子の整理編纂したものと伝えられる。後世では『詩経』というが、古くはたんに『詩』という。元来、士大夫《したいふ》の必修知識であったが、儒家においても『書』と並んで重んじられた。内容は風《ふう》（民謡）・雅《が》（宮廷楽歌）・頌《しょう》（神楽《かぐら》歌）の三部に大別されるが、ここの引用は召南《しょうなん》（風の一種）・草虫《そうちゅう》篇。なお「止」は口調を整えるための助字で意味はない。◉君子は人の美を成して、人の悪を成さず――『論語』顔淵《がんえん》篇にみえる孔子のことば。

【解説】

孔子のことばに「飽食して日を終《お》え、心を用うる所なし、難きかな。博弈《はくえき》なる者あらずや。これを為すは、猶《な》お已《や》むに賢《まさ》れり（一日中、何もしないでいる。すごろくや碁があるではないか。それでもしているほうが、まだましだ）」（『論語』陽貨篇）ということばがあるように、儒教では推奨まではしないものの、遊戯や勝負事をまったく認めないわけではない。それどころか、弓射《きゅうしゃ》や投壺《とうこ》（矢投げ）は正式な儀礼の一つとして認められ尊重されているのである。しかしそれは、あくまで礼節をおぼえ、心を高めるためのものであった。その本来の目的を忘れて、ただたんに勝負にのみこだわることは厳《げん》に戒められる。勝負にこだわれば、勝つためには手段を選ばぬようになり、心を腐敗させるからである。「賢者は、很《あらそい》に勝ちを求むることなし」（『礼記《らいき》』曲《きょく》礼《らい》上篇）、「君子は争う所なし、必ずや射《しゃ》か（争うとすれば弓を引くときだ）。揖譲《ゆうじょう》して升《のぼ》り下《くだ》り、而《しこう》して飲む。其の争うや君子なり（争うといっても君子の争いである）」（『論語』八佾《はちいつ》篇）。このような「君子の争い」は理想には違いないが、それが本当に可能か否か、あるいは望ましいことかどうかは、様々な意見のあるところであろう。ただ、現在のスポーツ・体育の世界をみるとき、いまもなおこのような儒教精神が強く残っていることには驚きを禁じ得ないが……。

なお、引用の『詩』は本来、夫婦の間の愛の詩であり、「君子」とは妻が夫をいう語であって、ここは少し意味を変えて用いている。こういう引用法を「断章取義《だんしょうしゅぎ》」というが、『詩』『書』等の経典を援用するのは自分の主張を正当化し権威づけるためであるから、本来の意味はそれほど問題とならないのである。本書の以下の引用にも、同様の事例が多いが、一々は断らないでおく。読者諸賢各自で調べられたらいかがだろうか。いろいろおもしろいことがあると思う。

3　禹《う》　罪人をみて泣くのこと

【現代語訳】

禹《う》が外出中に罪人をみかけた。禹はすぐに馬車を降り、罪人に問いかけて涙を流した。お伴《とも》の者たちが、「そもそも罪人は道を守らなかったからこそ、こんなことになったのです。王者たる我が君が、どうしてかくも嘆かれるのでしょうか」と慰めたところ、禹はいった、「堯《ぎょう》・舜《しゅん》の世の民は、みな堯・舜の心を自分の心としていた。いま私が君主となると、衆民はおのおの自分の心を心としている。それゆえ嘆いたのだ」。『書経』に「衆民に罪があれば、それはすべて予《われ》一人の責任である」という。

【読み下し】

禹出でて罪人を見、車より下《お》り、問いてこれに泣く。左右《さゆう》曰く、「夫《そ》れ罪人は道に順《したが》わず、故に然《しか》らしむ。君王何為《なんす》れぞこれを痛むことここに至るや」と、禹曰く、「堯舜の人は皆《みな》堯舜の心を以て心と為す。今寡人《かじん》の君と為るや、百姓《ひゃくせい》各自に其の心を以て心と為す。是《ここ》を以てこれを痛むなり」と。書に曰く、「百姓に罪有れば、予一人に在り」と。

【原文】

禹出見罪人、下車問而泣之。左右曰、夫罪人不順道、故使然焉。君王何為痛之至於此也。禹曰、堯舜之人、皆以堯舜之心為心。今寡人為君也、百姓各自以其心為心、是以痛之也。書曰、百姓有罪、在予一人。

【注釈】

◎禹―堯・舜をついで夏《か》王朝を創始したとされる伝説上の聖王。◎百姓に罪有れば、予一人に在り――このことばは『墨子《ぼくし》』兼愛《けんあい》篇・『尚書大伝《しょうしょたいでん》』・『韓詩外伝《かんしがいでん》』巻三などにあり、また類似の文章はなお多くの文献にみえているが、発言者は湯《とう》・武《ぶ》王・周公等さまざまである。今本『尚書』では泰誓《たいせい》篇にあるが、これは偽作。なお「予一人」は、後世、天子の自称として用いられる。

4　虞《ぐ》・芮《ぜい》の争訟

【現代語訳】

虞《ぐ》の人と芮《ぜい》の人の間に土地のもめごとがおこり、文王《ぶんおう》にその決裁を仰ぐことになった。文王の領内に入ると、人民たちが士大夫《したいふ》となることを譲り合っているのを目にし、都城に入ると士大夫たちが公卿《こうけい》になることを譲りあっているのを目にした。両国の者は互いに語らっていった、「人民は士大夫になることを譲り合い、士大夫は公卿となることを譲りあっている。とすれば、その君もまた天下を譲って天子の地位にはつくまい」。両国の者は文王に謁見《えっけん》するまでもなく、その争いごとを譲りあって、帰属不定の田として帰国した。孔子はそのことを聞いていった、「文王の治道《ちどう》は何と偉大であることよ。つけ加えるものは何もない、自《みずか》らは動かずして人民を向上させ、何もしないで全《すべ》てを成しとげる。身を慎んでうやうやしくしているだけで、虞と芮の争いは自《おのず》から解決した。『書経』に『文王が徳を敬《うやま》い刑を忌《い》まれたことを惟《おも》え』とあるが、まさしくこのことをいうのである」。

【読み下し】

虞人《ぐひと》と芮人《ぜいひと》と其の成《たいらぎ》を文王に質《ただ》さんとす。文王の境に入れば、則ち其の人民の士大夫と為《な》るを譲るを見、其の国に入れば、則ち其の士大夫の公卿と為るを譲るを見る。二国の者相謂《あいい》いて曰く、「其の人民は士大夫と為るを譲り、其の士大夫は公卿と為るを譲る。然らば則ち此れ其の君も亦《ま》た譲るに天下を以てして居らじ」と。二国の者未《いま》だ文王の身を見ずして、其の争う所を譲り、以て閑田《かんでん》と為して反《かえ》る。孔子曰く、「大なる哉、文王の道や。其れ加うべからず。動かずして変じ、無為にして成り、敬慎もて己《おのれ》を恭《うやうや》しくして、虞・芮自《おのず》から平《たい》らぐ。故に書に曰く、『文王の敬忌《けいき》を惟《おも》え』と。此の謂《いい》なり」。

【原文】

虞人与芮人質其成於文王。入文王之境、則見其人民之譲為士大夫、入其国、則見其士大夫譲為公卿。二国者相謂曰、其人民譲為士大夫、其士大夫譲為公卿。然則此其君亦譲以天下而不居矣。二国者、未見文王之身、而譲其所争、以為閑田而反。孔子曰、大哉文王之道乎、其不可加矣。不動而変、無為而成、敬慎恭己、而虞芮自平。故書曰、惟文王之敬忌。此之謂也。

【注釈】

◉『尚書大伝』にもとづく。また『詩経』大雅《たいが》・緜《めん》篇の毛伝《もうでん》・『史記』周本紀・『孔子家語』好生《こうせい》篇にも類似の話がみえるが、譲る内容に若干の異同がある。◉虞人―虞は今の山西省平陸《へいりく》県の東北あたりにあった国の名。人は民に対して有位者を指していうことが多く、ここも一般人ではなく、おそらくは君主であろう。◉芮―今の陝西《せんせい》省大茘《だいれい》県にあった国の名。◉士大夫・公卿―官位の等級、上より順に公・卿・大夫・士となる。◉譲るに天下を以てして居らじ―周の文王（名は昌）は、当時、西伯《せいはく》として殷《いん》の紂王をしのぐ威勢があったが、ついに天下を奪わなかった。文王は周王朝成立後の追諡《ついし》である。領地の決定権は天子にあるから、天子になる気のない文王に決裁を求めなかったのである。◉己を恭しくす―『論語』衛霊公《えいれいこう》篇に「子曰く、無為にして治まる者は其れ舜なるか。夫《そ》れ何をか為すや。己を恭しくして正しく南面《なんめん》するのみ」とある。◉書―儒教の教典の一つで、古代の聖王たちの誓詞や布告などを記したもの。古くはたんに『書』といった。引用文は周書・康誥《こうこう》篇の一節。なお「惟《こ》れ文王の敬忌」と読むほうがよいかもしれないが、いまは従来の解釈に従っておく。

5　天子に戯言《ぎげん》なし

【現代語訳】

周の成王《せいおう》が幼い弟の唐叔虞《とうしゆくぐ》とくつろいでいたおり、梧桐《きり》の葉を剪《き》って珪《けい》の形になぞらえ、それを唐叔虞に授けて、「この珪をもって汝《なんじ》を封《ほう》ぜん」といった。唐叔虞は喜んで、そのことを周公《しゆうこう》に告げた。周公は成王に目通りしてたずねた、「陛下は虞を諸侯に封ぜられたのでございますか」。成王は「ちょっと虞と戯《たわむ》れただけのこと」と答えた。周公はそれにまた応じていった、「私めはこのように聞いております。天子に戯言《ざれごと》はない。天子がものいえば、史《し》がこれを記し、工が誦《とな》え、士が伝称する、と」。そこで、ことばどおり唐叔虞を晋《しん》に封じた。周公旦《たん》はまことに善く説く者と評せよう。一たび口を開いただけで、成王にますます発言を慎重にするようにさせ、弟を愛するという道義を明らかにし、王室の固めをより強いものにしたのであるから。

【読み下し】

成王　唐叔虞と燕居《えんきょ》せしとき、梧桐《ごとう》の葉を剪《き》りて以て珪と為し、唐叔虞に授けて曰く、「余《われ》此れを以て汝を封ぜん」と。唐叔虞喜び、以て周公に告《つ》ぐ。周公以て請《と》いて曰く、「天子　虞を封ぜしか」と。成王曰く、「余一《ひと》たび虞と戯《たわむ》るるのみ」と。周公対《こた》えて曰く、「臣これを聞けり、天子に戯言《ぎげん》無し、言えば則《すなわ》ち史これを書し、工これを誦《しょう》し、士これを称す、と」と。是《ここ》に於《お》て遂に唐叔虞を晋に封ず。周公旦は善説《ぜんせつ》と謂《い》うべし。一たび称して成王益《ます》ます言を重んじ、愛弟《あいてい》の義を明らかにし、王室の固めを輔《たす》くる有り。

【原文】
成王与唐叔虞燕居、剪梧桐葉以為珪、而授唐叔虞曰、餘以此封汝。唐叔虞喜、以告周公。周公以請曰、天子封虞耶。成王曰、餘一与虞戯也。周公対曰、臣聞之、天子無戯言、言則史書之、工誦之、士称之。於是遂封唐叔虞於晋。周公旦可謂善説矣、一称而成王益重言、明愛弟之義、有輔王室之固。

【注釈】
◉『呂氏春秋《りょししゅんじゅう》』重言篇《じゅうげん》にもとづく。『史記』晋世家《しんせいか》にもみえるが、周公を史佚《しいつ》（周の歴史官）のこととしている。◉成王―周の武王の子で名は誦《しょう》。幼くして即位したので、その成人まで周公が摂政《せっしょう》したという。◉唐叔虞―唐（地名、黄河と汾水《ふんすい》の東方、今の山西省翼城《よくじょう》県）に封ぜられた叔（末弟）の虞（名）の意味。⦿珪―圭に同じ。上が尖って下が方形《ほうけい》の玉。諸侯を封ずるときの信印。⦿周公―武王の弟で成王の叔父。周王朝の基礎を築き、またその礼制を定めた聖人とされる。⦿史―天子の言動を記録する官。⦿工―楽人《がくじん》。

【解説】

いわゆる「綸言《りんげん》汗の如し（天子が一度発したことばは、とり消すことができない）」である。孔子は「民は信《しん》なくんば立たず」（『論語』顔淵《がんえん》篇）といって、人民に信頼されることを政治の最大の要諦としているが、その信頼の基本は、「信」が人と言の会意《かいい》文字（二つ以上の漢字の意味を組み合わせて作られた文字）であることから明らかなように、為政者が食言《しょくげん》を恥じ、自《みずか》らの発言に責任を負うことにある。「誠」もまた言を守ることが原義である。ここに儒教が基本的に責任倫理の立場に立つ理由がうかがえよう。

6　民に利あり

【現代語訳】

邾《ちゅう》の文公が国都を繹《えき》に遷《うつ》そうとして、その可否《かひ》を占った。占い役の史はその結果を「人民には利益がありますが、主君には凶《きょう》と出ています」と報告した。主君がいう、「人民に利益がありさえすれば、それは私の利益にほかならぬ。天が庶民を生み、そしてその君主を立てたのは、庶民に利益を与えようとしてのことである。人民に利益があるからには、必ず私もその余慶《よけい》にあずかれよう」。侍者《じしゃ》が反対していった、「遷都しなければ、お命を延ばすことができます。なぜそうなさいませぬ」。主君が答えていった、「命は人民を養うことにこそあるのだ。死する時期の今か先かは、時節にまかせておけばいい。人民に利益があるならば、これ以上の吉がどこにあろう」。そして予定どおり繹に遷都した。

【読み下し】

邾の文公、繹に徙《うつ》るを卜《うらな》う。史曰く、「民に利あるも、君に利あらず」と。君曰く、「苟《いやし》くも民に利あらば、寡人《かじん》の利なり。天烝民《じょうみん》を生みてこれが君を樹《た》つるは、以てこれを利せんとするなり。民既《すで》に利あれば、孤《こ》も必ず焉《これ》に与《あずか》らん」と。侍者曰く、「命長ずべきなり。君胡《なん》ぞ為《な》さざる」と。君曰く、「命は民を牧《ぼく》するに在り。死の短長は時なり。民苟くも利あり、吉孰《いずれ》か焉より大ならん」と。遂に繹に徙る。

【原文】

邾文公卜徙於繹。史曰、利於民、不利於君。君曰、苟利於民、寡人之利也。天生烝民而樹之君、以利之也。民既利矣、孤必与焉。侍者曰、命可長也、君胡不為。君曰、命在牧民。死之短長、時也。民苟利矣、吉孰大焉。遂徙於繹。


【注釈】

◉『春秋左氏伝《しゅんじゅうさしでん》』文公《ぶんこう》十三年にもとづく。◉邾の文公—邾は今の山東省鄒《すう》県にあった国。文公、名は蘧蒢《きょと》、在位前六六五〜前六一四、占《うらな》いどおり、遷都のあとすぐに死亡した。◉繹—嶧《えき》山の陽《みなみ》にある邑《ゆう》（城市）。◉卜—亀甲《きっこう》を焼いて、その割れ目の形によって判定する占い。◉史—占卜《せんぼく》の官。◉寡人・孤—ともに諸侯の謙称。◉天　烝民を生み—『詩経』大雅・蕩《とう》および烝民《じょうみん》篇の句。◉命—侍者は寿命の意味でいい、文公はそれを承《う》けて、わざと天の命令の意味に替えたのである。


【解説】

来世観念の稀薄だった中国人にとって、長寿は最大の幸福であり、また願望であった。それゆえ、善行に励めば長生きできるという教えが普及していったのである。しかし、現実はそうは問屋が卸《おろ》さない。善人が夭折《ようせつ》し、悪人が長命であることは少なくない。かくして徳と福の不一致が問題となり、永らく彼らを悩ませたのである。儒教は、「死生命《しせいめい》有り、富貴《ふうき》天に在《あ》り」（『論語』顔淵《がんえん》篇）といった孔子以来、おおむね死生を天や時にゆだね、人事を尽くして天命を待つ姿勢を貫いてきた。これが人道を重視する一種の合理主義であることはいうまでもない。劉向《りゅうきょう》もまた、その合理主義の伝統を継承する者である。がしかし、その彼が同時に天神人鬼《てんしんじんき》の祟《たた》りを説き、陰陽災《いんようさい》異《い》を鼓吹しているのである。天の観念にしろ、合理主義にしろ、まことに一筋縄ではいかぬ難物ではある。

第二篇　臣術《しんじゅつ》（臣下の責務）

臣下たる者のあり方、心得を説いた篇で、前の君道篇と一対になる。臣術《しんじゅつ》の「術」は道と同義で、「臣道」と名づけてもいいわけだが、表現上の工夫で術としたもの。もっとも「術」という言い方には、臣下の正道を建前として述べるだけではなく、横暴な君主の逆鱗《げきりん》に触れることなく身を守りつつ、しかも自分の思うままに君主を操っていく技術・知恵をもあわせ説こうとする意図も含まれていよう。

儒教は臣下の君主に対する絶対的かつ一方的服従《じゅうじゅう》を説く教え、と一般には思われているようであるが、それはむしろ法家の思想であって儒教本来のものではない。孔子や孟子等のいわゆる原始儒家思想においては、孝悌《こうてい》、すなわち父子兄弟の道徳が最も重要であり、君臣関係は第二義的なものにすぎなかった。「親親《しんしん》」（肉親に親しむ）が「尊尊《そんそん》」（上《かみ》を尊ぶ）に優先したのである。しかも君臣関係については、「君、君たり」が「臣、臣たり」の条件とされた。つまり君が君主としての責務を果たさないかぎり、臣下は君主に奉仕する義務はないのであり、君と臣とは双務的信頼によって結ばれていると考えられたのである。もし君主が臣下を礼遇《れいぐう》せず、諫言《かんげん》を聞き入れずに非道な行いをなせば、臣下は自分のほうから縁切りし、別の有徳《ゆうとく》の主人を求める自由さえ保証されていたのである。周の封建制が完全に瓦解し、列強の君主権強大化が進んだ戦国末期の荀子《じゅんし》に至ると、現実の君主の独裁的権力を肯定し、臣下の絶対的服従を説くようになってくるが、それでもなお臣下の去就《きょしゅう》の自由は認められている。やがて中央集権専制国家たる漢が成立すると、儒家思想は法家思想と融合して変質し、君臣を父子と一体化、さらには優先し、臣下の君主に対する一方的服従・忠誠を主張することになる（もちろん一方では君主に道義を要求しつづけてはいるが、それは君主の絶対性を前提としたうえでの願望にすぎない）。そしてその忠誠の義務は、時代の降《くだ》るにつれてますます重くなってゆく。しかし、そうした忠義の強化の中にあってもなお、君臣関係はあくまで「義合《ぎごう》」（義理による結びつき）とみなされ、父子の「天合《てんごう》」（生来のもので分離できぬ）と区別されていたことは銘記しておかねばならない。名分上《めいぶんじょう》、臣下の独立自由性はなお一定程度承認されていたのであり、ここにも一筋縄ではいかぬ儒教のキャパシティの大きさが現れているのである。

劉向は漢代の人であるから、むろん臣下の献身的忠節を義務とし、主君を替える自由も原則として認めない（立節《りっせつ》篇にいう、「忠臣は二君に事《つか》えず、貞女は二夫《にふ》を易《か》えず」。―もとは『史記』田単伝《でんたん》にみえる王蠋《おうしょく》のことば―)。本篇の主旨もそこにあることは、いうまでもない。だが、その献身とは、やみくもに君命のままに実行したり命《いのち》を捨てることではない。君主を正道に導きあるいは立ち返らせることこそ、真の忠義なのである。本篇を読めば、臣下の独立自由の精神の伝統の根強さと、その伝統を自《みずか》ら背負って立たんとする劉向の誇りと気概が感じとれよう。

7 正臣と邪臣

【現代語訳】

人臣たる者の本分《ほんぶん》は、君主に従順に仕《つか》えてその命令を忠実に行い報告し、自分勝手な振舞いはせず、道義にかかわることはいい加減に妥協せず、地位は高きを望まず、必ず国家に有益で君主の助けとなるようにとりはからうことである。以上の本分を尽くせばこそ、自《みずか》らは尊貴の身となり、子孫も御蔭《おかげ》を蒙《こうむ》って安養を得るのである。だから、人臣の行いには六つの正道と六つの邪道とがあり、正道を行えば栄誉を得《え》、邪道を行えば恥辱《ちじょく》を受けるというのである。なぜなら、栄誉と恥辱とこそは、(自身や家が繁栄するか滅亡するかという)幸福と災禍《さいか》のそもそもの入り口だからである。では、六つの正道と六つの邪道とは何であるか。六つの正道とは、まず第一には、物事の芽《め》がまだ萌《も》え出《いで》ず、予兆《きざし》もまだ現れないうちに、国家の存亡の機微《きび》と得失利害の鍵となる要点とを独力で明確に見極《みきわ》め、あらかじめ未然に処置し、主君を日の当る誉《ほま》れの場に立たせて天下の人々の賞讃を受けるようにさせる、このようなものは「聖臣《せいしん》」である。第二には、虚心坦懐《たんかい》、ひたすら善道を推し広め、礼義をもって君主を勉励し、良策を教え授け、その長所を伸ばし欠点を匡正《きょうせい》し、事業が成功した暁《あかつき》にはその功績をすべて君主に帰して自らの働きを誇らない、このようなものは「良臣」である。第三には、我が身をへりくだり、朝は早く起き夜は遅く寝て、賢人をたえず推薦し、いつも昔の聖王の行迹《ぎょうせき》をたたえて主君の心を励まし、それによって主君が進歩して国家と社稷《しゃしょく》・宗廟《そうびょう》が安泰であることを切望する、このようなものは「忠臣」である。第四には、表《おもて》にはみえないところまで明察して事の成否を見定め、すばやくその危険に対処して然《しか》るべき状態に引き戻し、間隙《かんげき》をうめて本《もと》を絶ち、禍《わざわ》い転じて福となし、君主に最後まで憂《うれ》いのないようにする、このようなものは「智臣」である。第五には、よく礼法を守り、職務を誠実に果たし、利禄《りろく》や賞賜《しょうし》は辞謝して人に譲り、贈り物は受けず、衣服は端正に整え、飲食はつましくする、このようなものは「貞臣」である。第六には、国家が乱れ、君主はでたらめし放題、それも止《とど》むる者とてなきところに、ただ一人、敢然として君主の怒りをものともせず、面《めん》と向かってその過失を指摘し、誅罰《ちゅうばつ》を恐れない。たとえその身は死するとも、国家が安泰であるならば後悔はしない、このようなものは「直臣《ちょくしん》」である。以上が六つの正道である。

【読み下し】

人臣の術は、順従にして復命し、敢《あえ》て専《もっぱ》らにする所なし。義 苟《いやし》くも合わせず、位 苟くも尊くせず、必ず国に益あり、必ず君に補《おぎな》うことあり。故《ゆえ》に其の身《み》尊くして子孫これを保《やす》んず。故に人臣の行に六正六邪《りくせいりくじゃ》あり、六正を行えば則ち栄え、六邪を犯せば則ち辱《はずか》しめらる。夫《そ》れ栄辱《えいじょく》は禍福の門なり。何をか六正六邪と謂う。六正とは、一に曰く、萌芽《ほうが》未《いま》だ動かず、形兆《けいちょう》未だ見《あらわ》れざるに、昭然《しょうぜん》として独《ひと》り存亡の幾《き》・得失《とくしつ》の要を見て、預《あらかじ》め未然の前に禁じて、主をして超然として顕栄《けんえい》の処に立ち、天下に孝を称せしむ。此《か》くの如《ごと》き者は聖臣なり。二に曰く、虚心白意《はくい》もて善を進め道を通じ、主を勉《つと》むるに礼義を以てし、主を諭《さと》すに長策を以てし、其の美を将順《しょうじゅん》し、其の悪を匡救《きょうきゅう》し、功《こう》成り事《こと》立てば、善を君に帰して敢て独り其の労を伐《ほこ》らず。此くの如き者は良臣なり。三に曰く、身を卑《ひく》うし体を賤《いやし》くし、夙《つと》に興《お》き夜《よわ》に寐《い》ね、賢を進めて解《おこた》らず、数《しば》しば往古の行事《こうじ》を称して以て主の意を厲《はげま》し、益すことありて以て国家・社稷・宗廟を安《やす》んぜんことを庶幾《こいねが》う。此くの如き者は忠臣なり。四に曰く、幽《くら》きを明察して成敗《せいばい》を見、早《つと》に防ぎてこれを救い、引きてこれを復《ふく》し、其の間を塞《ふた》ぎ、其の源を絶《た》ち、禍を転じて以て福と為し、君をして終《つい》に以て憂い無からしむ。此くの如き者は智臣なり。五に曰く、文《ぶん》を守り法を奉じ、官に任じ事を職《つかさど》り、禄《ろく》を辞し賜《し》を譲り、贈遺《ぞうい》を受けず、衣服端斉《たんせい》にして飲食節倹なり。此くの如き者は貞臣なり。六に曰く、国家昏乱《こんらん》して為す所諫《いさ》められず。然《しか》り而《しこう》して敢て主の厳顔を犯し、主の過失を面言《めんげん》し、其の誅を辞せず。身《み》死して国安ければ、行う所を悔《く》いず。此くの如き者は直臣なり。是《こ》れを六正と為す。

【原文】

人臣之術、順従而復命、無所敢専。義不苟合、位不苟尊、必有益於国、必有補於君。故其身尊而子孫保之。故人臣之行有六正六邪、行六正則栄、犯六邪則辱。夫栄辱者、禍福之門也。何謂六正六邪。六正者、一曰、萌芽未動、形兆未見、昭然独見存亡之幾、得失之要、預禁乎※未然之前、使主超然立乎顕栄之処、天下称孝焉。如此者聖臣也。二曰、虚心白意、進善通道、勉主以礼義、諭主以長策、将順其美、匡救其悪、功成事立、帰善於君、不敢独伐其労。如此者良臣也。三曰、卑身賤体、夙興夜寐、進賢不解、数称於往古之※行事、以厲主意、庶幾有益、以安国家社稷宗廟。如此者忠臣也。四曰、明察幽、見成敗、早防而救之、引而復之、塞其間、絶其源、転禍以為福、使君終以無憂。如此者智臣也。五曰、守文奉法、任官職事、辞禄譲賜、不受贈遺、衣服端斉、飲食節倹。如此者貞臣也。六曰、国家昏乱、所為不諫、然而敢犯主之※厳顔、面言主之過失、不辞其誅、身死国安、不悔所行。如此者直臣也。是為六正也。

【注釈】

◎存亡の幾―国家が存続するか滅亡するかを決める最も微妙な瀬戸際。◎天下に孝を称す―国家人民を安泰にし、社稷・宗廟を守ることは、祖先の徳を顕《あらわ》す孝行であるということ。『孝経《こうきょう》』諸侯章に「能《よ》く其の社稷を保《たも》ち、其の民人を和《わ》するは、蓋《けだ》し諸侯の孝なり」とある。◎礼義―人の践《ふ》み行うべき規範。◎其の美を将順し、其の悪を匡救す―『孝経』事君《じくん》章の文。「将順」は従い養う意。◎身を卑うし体を賤くし―東方朔《とうぼうさく》「非有先生論《ひゆうせんせいろん》」にみえる文。下句「夙興夜寐」以下も、同論にほぼ同じ表現がみえる。◎宗廟―（君主の）祖先の神位《しんい》を祭ったみたまや。◎幽きを明察して成敗を見―「成敗を明察幽見し」とも読めるが、いずれにしても難解。おそらく誤脱があるのであろう。◎文―礼楽制度。◎為す所諫められず―漢魏《かんぎ》叢書本等は「為す所道ならず」に作る。そのほうがわかりやすいが、いまは底本原文のままにしておく。なお「諫」を「諛」の誤りとする説もあり、それだと「行為」の主体は臣下ということになるが、文章の流れからすると「行為」の主体は君主とみるほうが自然なので、いまは採らない。

【解説】

臣術篇の序（第一章）の文章で、劉向の臣下論のほぼ全容がうかがえる。『荀子《じゅんし》』臣道篇に「態臣《たいしん》」「簒臣《さんしん》」「功臣《こうしん》」「聖臣《せいしん》」の四つを挙げており、劉向のこの論は、それに基づきさらに詳細を加えたもののようである。引用文のつづきには「六邪」が説かれているが、紙幅の都合で割愛した。以下に簡単に紹介しておく（六正とは逆に、あとになるほど罪が重い）。一「具臣《ぐしん》」（無為無能の禄盗人《ろくぬすびと》）、二「諛臣《ゆしん》」（おべっかつかい）、三「姦臣《かんしん》」（謹厳実直にみえて、その実は嫉妬《しっと》深く陰険）、四「讒臣《ざんしん》」（誹謗《ひぼう》中傷の輩）、五「賊臣」（派閥を作ってえこひいきし、私利私欲に走る）、六「国を亡《ほろ》ぼすの臣」（君を没義道《もぎどう》に耽《ふけ》らせ、悪名を広める）。なお、『貞観政要《じょうがんせいよう》』論択官《ろんたくかん》篇にほぼ全文を引いている。

8　社稷の臣

【現代語訳】
晏子《あんし》が景公《けいこう》のおそばに侍《はべ》っていた。寒い朝のこととて、体の冷えた景公が「何か暖い食べ物を出してくれないか」と頼むと、晏子は「私は殿の御膳役《ごぜんやく》の臣ではございません。お断り申し上げます」と答えた。景公が「服裘《かわごろも》を持ってきてくれ」というと、晏子はまた「私は殿の田沢《でんたく》管理の臣ではございません。お断り申し上げます」と答えた。そこで景公が、「では一体、あなたはそれがしに何をしてくれる臣なのだ」とたずねると、晏子は「私は社稷《しやしよく》の臣でありまする」と答えた。景公が「社稷の臣とは何をいうのか」となお問いただせば、晏子は次のように答えた、「社稷の臣とは、社稷を安泰《あんたい》に存立し、上下の本分をはっきり区分してそれぞれ道理にかなうようにさせ、百官の序列を定めて各自の役割をよく知らしめ、また政事《まつりごと》の内容を公文書に表し、広く四方に伝えさせる、かくのごときものでございます」。このやりとりがあってからのちは、景公は晏子と会見する際、必ず礼節を尽くすようになった。

【読み下し】

晏子　景公に侍《じ》す。朝寒し。公曰く、「請《こ》う、熱食《ねつしよく》を進めよ」と。対《こた》えて曰く、「嬰《えい》は君の厨養《ちゆうよう》の臣に非ざるなり、敢《あえ》て辞《じ》す」と。公曰く、「請う、服裘《ふくきゆう》を進めよ」と。対えて曰く、「嬰は君の田沢の臣に非ざるなり、敢て辞す」と。公曰く、「然《しか》らば夫子《ふうし》は寡人《かじん》に於て奚為《なんす》る者ぞや」と。対えて曰く、「社稷の臣なり」と。公曰く、「何をか社稷の臣と謂《い》う」

と。対えて曰く、「社稷の臣とは、能《よ》く社稷を立て、上下の宜《ぎ》を弁じて其の理《り》を得しめ、百官の序を制して其の宜しきを得しめ、辞令を作為して四方に分布すべくす」と。是れよりの後、君　礼を以てせざれば晏子を見ず。

【原文】

晏子侍於景公、朝寒。※公曰、請進熱食。対曰、嬰非君厨養※之臣也、敢辞。公曰、請進服裘。対曰、嬰非君田沢之臣也、敢辞。公曰、然夫子於寡人奚為者也。対曰、社稷之臣也。公曰、何謂社稷之臣。対曰、社稷之臣、能立社稷、辨上下之宜、使得其理※、制百官之序、使得其宜、作為辞令、可分布於四方。自是之後、君不以礼不見晏子也。

【注釈】

◎『晏子春秋《あんししゅんじゅう》』内篇雑上《ないへんざつじょう》にもとづく。◎晏子—名は嬰《えい》、字は平仲《へいちゅう》。管仲《かんちゅう》と並び称せられる斉《せい》の賢相で、霊公・荘公・景公の三公に事《つか》え、節倹・力行をもって世に知られた。その言行を集録したものに『晏子春秋』がある。◎景公—斉の君主、名は杵臼《しょきゅう》、在位前五四七〜前四九〇。孔子との対話が『論語』にみえる。◎田沢の臣—田地沼沢を管理する役人だが、ここは獣や魚を獲《と》る役人の意味で用いている。あるいは「田漁《でんりょう》の臣」（田は狩をいう）の誤りか。なお『晏子春秋』は「茵席《いんせき》（しとね・しきもの）の臣」に作る。◎社稷—

社は地の神、稷は五穀《ごこく》の神。古代の国家はこの二神を守り神として必ず祭ったので、転じて国家の意味ともなる。

【解説】

晏子に関する記事は全部で三十七条あり、孔子を別格とすれば、晏子は『説苑』における最多登場人物である。晏子（ただし、現実の晏嬰《あんえい》ではなく、理想化された君子としての晏子だが）は政治の要諦として尊賢・節倹・愛民・重礼《ちょうれい》を説いたが、それらの主張は『説苑』の思想と完全に一致する。劉向は彼を心より敬慕《けいぼ》していた。おそらく、漢の晏嬰となることこそ、劉向の秘《ひそ》かな願いであったのだろう。

9 忠臣は君に殉ぜず

【現代語訳】

斉の侯《きみ》（景公）が晏子にたずねた、「忠臣がその主君に仕《つか》えるその仕えぶりはどのようなものであるか」。晏子が答えた、「主君に危難があっても命をささげず、主君が国外に亡命してもお供《とも》致しません」。斉の君はそれを聞いて詰問《きつもん》した、「地を分割して知行《ちぎょう》を与え、爵位《しゃくい》を分与《ぶんよ》して貴《とうと》い身分としているのに、主君の危難に命をささげず、亡命に供しないとは、それでも忠といえるのか」。晏子は答えた、「意見を述べて用いられれば、一生、危難はおこりません。臣が難に死ぬことなど、どうしてありましょうか。謀《はか》りごとを立ててそのとおりに行われるなら、生涯、亡命にお供するわけはありません。臣は誰の供をしましょうや。もし意見が用いられないのに、危難に命を捨てれば、それは犬死《いぬじに》です。諫《いさ》めて聞き入れられないのに、亡命にお供すれば、それは詐偽《いつわり》です。ですから、忠臣というのは、主君に善言を受け入れさせて、決して主君とともに危難に陥らない者のことなのです」。

【読み下し】

斉侯　晏子に問いて曰く、「忠臣の其の君に事《つか》うるは何若《いかん》」と。対《こた》えて曰く、「難《なん》有れども死せず、出亡《しゅつぼう》すれども送らず」と。君曰く、「地を裂《さ》きてこれを封《ほう》じ、爵《しゃく》を疏《わか》ちてこれを貴くせるに、君に難有れども死せず、出亡すれども送らざるは、忠と謂《い》うべけんや」と。対えて曰く、「言いて用いらるれば、終身難無し、臣何ぞ死せん。謀《はか》りて従わるれば、終身亡《ぼう》ぜず、臣何ぞ送らん。若《も》し言いて用いられざるに、難有りてこれに死すれば、是れ妄死《ぼうし》なり。諫めて従われざるに、出亡してこれを送れば、是れ詐為《さぎ》なり。故に忠臣なる者は、能く善を君に納《い》れて、君と難に陥る能《あた》わざる者なり」と。

【原文】
斉侯問於晏子曰、忠臣之事其君何若。対曰、有難不死、出亡不送。君曰、裂地而封之、疏爵而貴之、※君有難不死、出亡不送、可謂忠乎。対曰、言而見用、終身無難、臣何死焉。謀而見従、終身不亡、臣何送焉。若言不見用、有難而死之、是妄死也。諫而不見従、出亡而送之、是詐為也。故忠臣者、能納善於君、而不能与君陥難者也。

【注釈】
⊙『晏子春秋』内篇問上《もんじょう》にもとづく。また『新序《しんじょ》』雑事第五にもみえる。⊙詐為—為は偽に同じ。

【解説】
「社稷の臣」、劉向の臣術はこの一語に集約されるであろう。そしてそれは、君主自身よりも社稷が重いとする（『孟子』尽心《じんしん》下篇）儒教の君臣論の不変の根幹であり、また君主に対する諫争《かんそう》における臣側の理論的切札《きりふだ》であった。だが、このスローガンは臣下にのみ有利に働いたわけではない。漢の高祖《こうそ》の例にも明らかなように、王朝の創業はおおむね君主の私属の家臣および軍団によって成しとげられたのであるが、王朝の基礎が固まると、それらの私臣私軍はしだいに排除されるか、もしくは公臣公軍的性格に変えられる。他の私党を弾圧し、自《みずか》らの正統性を高めるためである。このいわゆる「守成《しゆせい》」の段階においては、抽象的「社稷」の観念はむしろ君主にとって都合よいものであったのである。ここに、一見《いつけん》君主権を抑制するともみえる「社稷の臣」の理念が、君主の承認を受けつづけた理由が存するのである。

10　君主の寵愛を失わないコツ

【現代語訳】

公叔文子《こうしゆくぶんし》が史臾《しゆ》にたずねた、「武子勝《ぶししよう》は長らく趙簡子《ちようかんし》に仕えているが、一向にその寵愛《ちようあい》が衰えないのはなぜであろうか」。史臾が答えた、「武子勝は博識多才ですが位《くらい》は低いままです。主君が親しんで側《そば》に召すと、機敏《きびん》に事《こと》を行い、逆に主君が軽視し疏《うと》んじても、恭《うやうや》しい態度で怨《うら》む素振りもみせません。朝廷に在《あ》っては国事を主君とともに謀りますが、廷外に出たとき、君寵あるを自慢しません。主君が彼に俸禄を与えようとしても、満足することを心得ていて、辞退して受けません。このような態度であるからこそ、いつまでも寵愛が衰えないのです」。

【読み下し】

公叔文子 史臾に問いて曰く、「武子勝の趙簡子に事《つか》うること久し。其の寵の解《と》けざるは奚《なん》ぞや」と。史臾曰く、「武子勝は博聞《はくぶん》多能にして而も位賤《ひく》し。君親しみてこれを近づくれば、敏を致して以て愻《したが》い、藐《かろん》じてこれを疏《うと》めば、則ち恭しくして怨む色無し。入りては与《とも》に国家を謀り、出でては其の寵を見《あらわ》さず。君これに禄を賜《たま》えば、足るを知りて辞す。故に能《よ》く久しきなり」と。

【原文】

公叔文子問於史臾※曰、武子勝事趙簡子久矣、其寵不解奚也。史臾曰、武子勝博聞多能而位賤。君親而近之、致敏以愻、藐而疏之、則恭而無怨色。入与謀国家、出不見其寵、君賜之禄、知足而辞、故能久也。

【注釈】

◉公叔文子――衛《えい》の大夫《たいふ》、献公《けんこう》の孫、名は抜《はつ》。◉趙簡子――晋の大夫、名は鞅《おう》。春秋時代末期に活躍した。

11　臣は私徳を行わず

【現代語訳】

子路《しろ》が蒲《ほ》の長《おさ》となった。ある年の春、彼は水害に備えて民とともに用水路を補修したが、大変きつい工事だったので、人々にそれぞれ一杯の飯と汁とを分け与えた。孔子はその話を聞くと、子貢《しこう》をつかわして、その飯と汁をひっくり返させた。子路は憤然として腹を立て、先生のもとにやってきていった、「私は大雨が降りそうなので、水害があってはと思って、人々と用水路を補修してそれに備えているのです。ところが民はみな食うに事欠《ことか》いていましたから、それで飯と汁を一杯ずつ分け与えたのです。先生はどうして賜《し》にそれをやめさせたのですか。先生は私が仁《じん》を行うのをお止《とど》めになったが、仁を教えておいて仁を行うのをやめさせるなんて、私には納得がいきません」。孔子はいった、「民が飢えていると思ったのなら、おまえはどうして主君にお知らせして、倉庫を開いて食事を与えるようお願いしなかったのだ。それを自分の懐《ふところ》から供給するとは。これではおまえは主君の恩恵を伏せて、自分の徳義だけをみせびらかすことになる。すぐにやめればよし、そうでなければ遠からず処罰されるぞ」。子路は得心《とくしん》して帰っていった。

【読み下し】

子路　蒲の令《れい》と為る。水災に備え、民と春に溝瀆《こうとく》を修む。人の煩苦《はんく》するが為《ため》に、故に人ごとに一簞《いったん》の食《し》・一壺《いっこ》の漿《しょう》を与《あた》う。孔子これを聞き、子貢をしてこれを復《くつがえ》さしむ。子路忿《ふん》然《ぜん》として悦《よろこ》ばず、往《い》きて夫子《ふうし》に見《まみ》えて曰く、「由《ゆう》や暴雨の将《まさ》に至らんとし、恐らくは水災有るを以て、故に人と溝瀆を修めて以てこれに備う。而《しか》るに民多く食《しょく》に匱《とぼ》し、故に人ごとに一簞の食・一壺の漿を与う。而《しか》るに夫子の賜をしてこれを止《とど》めしむるは何ぞや。夫子　由《ゆう》の仁《じん》を行うを止むるなり。夫子　仁を以て教え、而も其の仁を行うを禁ず、由や受けず」と。子曰く、「爾《なんじ》　民を以て餓《う》うと為さば、何ぞ君に告《つ》げ、倉廩《そうりん》を発して以てこれに給食せざる。而るを爾の私《し》を以てこれに饋《おく》る、是れ汝《なんじ》　君の恵みを明らかにせずして、汝の徳義を見《あらわ》すなり。速《すみや》かに已《や》むれば則ち可なり、否《しからざ》れば則ち爾の罪を受くること久しからず」と。子路心服して退《しりぞ》く。

【原文】

子路為蒲令。備水災、与民春脩溝瀆、為人煩苦、故与人一簞食一壺漿。孔子聞之、使子貢復之。子路忿然不悦、往見夫子曰、由也以暴雨将至、恐有水災、故与人脩溝瀆以備之、而民多匱於食、故与人一簞食一壺漿。而夫子使賜止之、何也。夫子止由之行仁也。夫子以仁教、而禁其行仁也、由也不受。子曰、爾以民為餓、何不告於君、発倉廩以給食之。而以爾私饋之、是汝不明君之恵、見汝之徳義也。速已則可矣、否則爾之受罪不久矣。子路心服而退也。

【注釈】

◉『韓非子《かんぴし》』外儲説右上《がいちょせつゆうじょう》にもとづくが、かなり多くの異同がある。また『孔子家語《こうしけご》』致思《ちし》篇に引く。◉子路―前五四三〜前四八〇。孔子の弟子、名は仲由《ちゅうゆう》。勇猛果敢をもって知られる。◉蒲―衛《えい》の邑《ゆう》、今の河北省長垣《ちょうえん》県。◉一簞の食・一壺の漿―わりご一杯の飯と壺（あるいはふくべ）一杯の飲み物で、ささやかな食事をいう。なお「食」は、食物一般のときにはショクで、とくに飯を指す場合にはシと読む。◉子貢―前五二〇〜？。孔子の弟子、姓は端木《たんぼく》、名は賜《し》。弁才豊かであった。◉夫子―男子の尊称。特に師に対して用いる。◉由や―師や君に対しては名をいうのが礼。◉饋―食物をおくる。

第三篇　建本《けんぽん》（土台をしっかり）

物事を正しく完成するためには、発端を慎重にすることと、基礎をしっかり固めておくことが何よりも重要である。人の成長においてもやはり基礎が大事であり、その基礎とは学問である。以上が本篇の主題で、社会生活や人間関係のさまざまな基礎が説かれている。

12　君子は本《もと》を務《つと》む

【現代語訳】

孔子のことばに、「徳のある立派な人物は、ものごとの基本をおさめることに全力をつくす。基本が確立してはじめて、より大いなる道が現れるのだ」とある。いったい基本が正しくなければ、その末《すえ》は必ずいびつになるし、始めが盛《さか》んでなければその終りは必ず衰退してしまう。『詩経《しきょう》』に「（立派な城邑《しろ》ができあがり）原《はら》も隰《さわ》も平《たい》らかに、泉も水も清く澄む」というが、これが基本が確立してはじめて大道が現れるということである。『春秋《しゅんじゅう》』の教義では、一年の初めの春を正しくする者には秋に乱れがなく、国の本《もと》である君主を正しくする者には滅亡の危険のある国はないとされる。『易経《えききょう》』に「その基本をしっかり立てれば万物は治まるが、最初にほんのわずかでも食い違えば、ついには巨大な隔たりを生じてしまう」という。だから徳のある立派な人物は、基本をしっかり立てることを第一とし、始めをきっちりすることを重んじるのである。

【読み下し】
孔子曰く、「君子は本《もと》を務《つと》む。本立ちて道《みち》生ず」と。夫れ本正しからざる者は末必《かなら》ず陭《かたよ》り、始め盛んならざる者は終り必ず衰う。詩に云う、「原隰《げんしゅう》既に平らかに、泉流《せんりゅう》既に清めり」と。本立ちて道生ずるなり。春秋の義に、春を正すこと有る者は乱れる秋無く、君を正すこと有る者は危き国無しと。易《えき》に曰く、「其の本を建てて而《しか》して万物理《おさ》まる。豪釐《ごうり》に失えば、差《たが》うこと千里を以てす」と。是《こ》の故に君子は、本を建つるを貴び、始めを立つるを重んず。

【原文】
孔子曰、君子務本、本立而道生。夫本不正者末必倚、始不盛者終必衰。詩云、原隰既平、泉流既清。本立而道生。春秋之義、有正春者無乱秋、有正君者無危国。易曰、建其本而万物理、失之豪氂、差以千里。是故君子貴建本、而重立始。

【注釈】
◉孔子曰く―『論語』学而《がくじ》篇にみえるが、原典では弟子の有若《ゆうじゃく》の語となっている。◉本立ちて道生ず―『論語』原文の意味は、孝悌《こうてい》が具わってこそ仁という大道が行われるということであるが、ここではより一般的な意味に用いている。なお下文に再出した部分は、あるいは衍文《えんぶん》（文章中に誤って入っている余計な文）かもしれない。◉詩に云う―小雅《しょうが》・黍《しょ》苗《びょう》篇。◉原隰―原は高く平らな所、隰は低湿な地。◉平らか―治まり安定する。◉春秋の義―『春秋』は魯《ろ》の国の歴史を記した年代記で、経学《けいがく》においては、孔子が手を入れて編集しなおし、そこに大義をこめ、ひとつひとつの記事に彼の毀誉褒貶《きよほうへん》の意が示されていると考える。その価値判断の規準・法則を「春秋の義」といい、ことに漢代では重んじられた。◉春を正す―春秋学では、元年・春・即位といったものの始めに関する筆法を重視し、「始めを謹《つつ》しむ」という義を立てる。◉易に曰く―今の『易経』にはみえず、緯書《いしょ》の『易緯通卦験《えきいつうかけん》』にある。ただし『史記』太史公《たいしこう》自序や『礼記《らいき》』経解《けいかい》篇などにも『易』のことばとして引いている。◉豪釐―豪は秋に抜け変った細い獣の毛、転じて一釐《り》の十分の一の量。釐は一尺の千分の一の長さ。ごくわずかのたとえ。

【解説】

儒教では物事の順序を重んじ、階梯《かいてい》に従い、しだいに進歩することを説く。それは本末《ほんまつ》を厳しく分別し、近いものより遠いものへと漸次《ぜんじ》おし広めていこうとする中国の伝統的思考法によるものである。この点で、頓悟《とんご》を説く禅宗などとは根本的に異なっている。

13　孝行のしたいときには親はなし

【現代語訳】

子路《しろ》がいった。「重い荷物を背負って遠い道のりを行く者は、疲れればどこででも休むし、家が貧しく親が年老いている者は、どんな職業でもいとわず勤める。むかし私が両親につかえていたころは、いつも自分はアカザと豆を食べていたが、親にはおいしいものをと思って百里以上も離れたところから米をかついできた。親が亡くなってのちは、南方の楚《そ》にゆき、成功して車を百輛《りょう》従え、穀物を一万鍾《しょう》も積み、しとねを重ねて坐り、鼎《かなえ》を並べて食事するまでになった。そのときになって、もう一度アカザと豆を食べて親のために米をかつぎたいと願っても、もうかなわないのだ。縄に通した干物とて、すぐに虫がつく。両親の長寿とて馬が戸のすきまを過ぎるようなわずかの間。草木は大きく伸びようとするが、霜や露がそれを許さないし、賢者は孝養を尽くしたいと願うが、両親は待ってくれない。だからこそ、家が貧しく親が年老いていれば、どんな職でもいとわず勤める、というのだ」。

【読み下し】

子路曰く、「重きを負いて道遠き者は、地を択《えら》ばずして休み、家貧しく親老ゆる者は、禄《ろく》を択ばずして仕《つか》う。昔者由《むかしゆう》二親に事《つか》うるの時、常に藜藿《れいかく》の実を食《くら》い、而して親の為に米を百里の外に負《お》いき。親没するの後、南のかた楚に遊び、従車百乗、粟《ぞく》を積むこと万鍾《ばんしょう》、茵《しとね》を累《かさ》ねて坐し、鼎を列して食《くら》う。藜藿を食い親の為に米を負うの時を願うも、復《ま》た得《う》べからざるなり。枯魚索《こぎょさく》を銜《ふく》むも、幾何《いくばく》か蠹《むしば》まれざらん。二親の寿、忽《こつ》として隙《げき》を過ぐるが如し。草木長ぜんと欲するも、霜露使《せし》めず、賢者養わんと欲するも、二親待たず。故に曰く、家貧しく親老ゆれば、禄を択ばずして仕う、と」。

【原文】

子路曰、負重道遠者、不択地而休、家貧親老者、不択禄而仕。昔者由事二親之時、常食藜藿之実、而為親負米百里之外。親没之後、南遊於楚、従車百乗、積粟万鍾、累茵而坐、列鼎而食、願食藜藿為親負米之時、不可復得也。枯魚銜索、幾何不蠹、二親之寿、忽如過隙。草木欲長、霜露不使、賢者欲養、二親不待。故曰、家貧親老、不択禄而仕也。


【注釈】

◉『韓詩《かんし》外伝《がいでん》』巻一および巻七に類似の話がみえるが、ともに曾子《そうし》のことばとしている。また『孔子《こうし》家語《けご》』致思《ちし》篇に引く。◉藜藿―アカザと豆、粗末な食事をいう。◉従車百乗―卿大夫《けいたいふ》クラスにあたる。乗は馬車を数える量詞。◉粟を積むこと万鍾―粟《ぞく》は穀物、鍾《しょう》は量の単位で約五十リットル。ここは俸禄の多いことをいう。◉鼎―三足の銅製の器。◉忽として隙を過ぐるが如し―時間の過ぎ去ることの速さの喩《たと》え。『荘子《そうじ》』知北遊《ちほくゆう》篇に「人、天地の間に生まるるは、白駒《はっく》の郤《げき》を過ぐるが若《ごと》く、忽然《こつぜん》たるのみ」とある。

14　孝子の心構え

【現代語訳】
伯兪《はくゆ》が過失を犯し、母が罰として彼を笞打《むちう》ったところ、伯兪は泣いた。母が「これまでおまえを笞打っても泣いたりしなかったのに、いまはどうして泣くのか」とたずねると、彼は「私がこれまでお叱りを受け笞打たれましたときは、いつも痛みを覚えました。がいまは、母上のお力は弱く、痛みを感じませんでした。だから（母上が年寄られたと思って）泣いたのです」と答えた。この話から次のように結論できる。父母に叱られて、不満に思わず、顔色にあらわさず、深刻にその罪を受けとめ、人に憐《れん》憫《びん》の情を起こさせるのが最上である。父母に叱られて、不満に思わず、顔色にあらわさないだけであれば、その次である。父母に叱られて、不満に思い顔色にあらわすのは最低である。

【読み下し】
伯兪　過《あやま》ち有り。其の母これを笞《むち》うつに泣く。其の母曰く、「他日　子《し》を笞うつに、未《いま》だ嘗《かつ》て泣くを見ず。今泣くは何ぞや」と。対《こた》えて曰く、「他日　兪　罪を得て笞うたるるに嘗《つね》に痛し。今　母の力衰え、痛からしむる能《あた》わず。是《ここ》を以て泣くなり」と。故に曰く、父母これを怒るに、意に作《おこ》さず、色に見《あらわ》さず、深く其の罪を受けて、哀憐《あいりん》すべからしむるは上なり。父母これを怒るに、意に作さず、色に見さざるは其の次なり。父母これを怒るに、意に作し色に見すは下なり。

【原文】

伯俞有過、其母笞之、泣。其母曰、他日笞子、未嘗見泣。今泣何也。対曰、他日俞得罪、笞嘗痛。今母之力衰※、不能使痛、是以泣也※。故曰、父母怒之、不作於意、不見於色、深受其罪、使可哀憐、上也。父母怒之、不作於意、不見於色、其次也。父母怒之、作於意、見於色、下也。

【注釈】

◉伯俞―姓は韓《かん》、漢の梁《りょう》（今の河南省臨汝《りんじょ》県）の人。一に「伯瑜」に作る。◉嘗に―常と通ず。そのまま「かつて」と読んでもよい。◉故に曰く―以下は劉向の評語かもしれない。

【解説】

本章は『蒙求《もうぎゅう》』にも載せられている有名な説話である。同じく有名な啄木《たくぼく》の「戯《たわむ》れに母を背負いてそのあまり、軽きに泣きて三歩あゆまず」の歌とあい通ずるものがある。親を思う心は、古今東西等しいのであろう。

15 学問は思索にまさる

【現代語訳】

子思《しし》がいった、「学問は生まれつきの能力を向上させる手段であり、砥石《といし》は刃物を鋭利にする道具である。私は以前、奥深く静かなるところにこもって思索に耽《ふけ》ったことがあるが、学問による進歩の速いのには及ばなかった。また私はつまさきだって遠くを望んだことがあるが、高い場所に登ったときに見える広さには及ばなかった。同様に、風上から叫べば、声を激しくしなくとも聞こえる人は多いし、丘に登って手招きすれば、腕が長くなったわけでもないのに、遠くからも見える。だから魚は水の流れに従って泳ぎ、鳥は風に乗って飛び、草木は時節を利用して成長するのである」。

【読み下し】

子思曰く、「学は才を益す所以《ゆえん》なり。礪《れい》は刃《じん》を致す所以なり。吾《わ》れ嘗て幽処《ゆうしょ》して深く思うも、学の速《すみや》かなるに若《し》かざりき。吾れ嘗て跂《つまだ》ちて望むも、高きに登るの博《ひろ》く見ゆるに若かざりき。故に風に順《したが》いて呼《さけ》べば、声　疾《はや》きを加えずして而《しか》も聞く者衆《おお》く、丘に登りて招けば、臂《ひ》　長きを加えずして而も見る者遠し。故に魚は水に乗じ、鳥は風に乗じ、草木は時に乗ず」と。

【原文】

子思曰、学所以益才也。礪所以致刃也。吾嘗幽処而深思、不若学之速、吾嘗跂而望、不若登高之博見。故順風而呼、声不加疾、而聞者衆、登丘而招、臂不加長、而見者遠。故魚乗於水、鳥乗於風、草木乗於時。

【注釈】

◎子思―孔子の孫。名は伋《きゅう》。曾子《そうし》に学び、『中庸《ちゅうよう》』を著《あらわ》したとされる。

【解説】

『荀子《じゅんし》』勧学《かんがく》篇・『大戴礼《だたいれい》』勧学篇に類似の文章がある。儒教では、『論語』に「学びて思わざれば則ち罔《くら》く、思いて学ばざれば則ち殆《あやう》し」（為政《いせい》篇）とあるごとく、学問と思索の両方が必要とされるが、両者は対等ではなく、まず学問をすることが先決とされる。それは自分で思索するよりも、人の成果を学ぶことのほうが有効だからである。学ぶとは「まねする」意である。つまり先王の道、具体的には『詩経』や『書経』等の古典を学ぶのである。したがって儒教の学問とは、古典の学習を通じて先王の道を体得することである。それは伝統を墨守《ぼくしゅ》するものであり、独創的な思索はむしろ異端として排斥せられる。中国哲学は古典解釈学である、とよくいわれる理由もここにある。

また「学は才を益す所以なり」というのは、人間すべてに学問する能力がある、すなわち人間の向上力を認める思想を示している。この考えはいわゆる性善説を形成するものであるが、実は性悪説をとる荀子においても存在し、広く儒教一般の定理といってよい。そして、この学問能力の是認は、同時に人はみなすべからく学問すべしという学問中心の修養論となるのであるが、その学問観がよくも悪くも中国思想を規定したのである。中国の思想家とは、すなわち読書人にほかならない。

16　学ぶこと遅きに失せず

【現代語訳】

晋《しん》の平公《へいこう》が師曠《しこう》にたずねた、「わしは七十歳になる。今からでも学問したいと思うが、もう暮《おそ》すぎるであろうな」。師曠が答えた、「暮《くれ》たのならば、燭《ともしび》をおつけになればいいではありませんか」。平公が「人臣たる身で、その主君をからかってよいものか」と怒ると、師曠はこういった、「盲目《めしい》の私め、どうして主君をからかいましょうぞ。私はこのように聞いております。若くして学問好きなのは日の出の曙光《しょこう》のようであり、壮年で学問好きなのは真昼のまばゆき光のようであり、年老いて学問好きなのは燭をつけた明るさのようである、と。燭をつけて明るいのと暗闇《くらやみ》の中を行くのと、どちらがまさっておりましょうか」。平公は「なるほど」と感心した。

【読み下し】

晋の平公、師曠に問いて曰く、「吾《わ》れ年七十なり。学ばんと欲するも、恐らくは已《すで》に暮《おそ》からん」と。師曠曰く、「暮《くれ》なば何ぞ燭《しょく》を炳《とも》さざるか」と。平公曰く、「安《いずく》んぞ人臣たりて其の君に戯《たわむ》るること有らんや」と。師曠曰く、「盲臣《もうしん》安んぞ敢《あえ》て其の君に戯れんや。臣これを聞く、少《わか》くして学を好むは、日出づるの陽の如く、壮にして学を好むは、日中《ちゅう》するの光の如く、老にして学を好むは、燭を炳すの明の如し、と。燭を炳すの明は、昧《くら》くして行くに孰与《いずれ》ぞ」と。平公曰く、「善《よ》きかな」と。

【原文】

晋平公問於師曠曰、吾年七十、欲学、恐已暮矣。師曠曰、暮、※何不炳燭乎。平公曰、安有為人臣而戯其君乎。師曠曰、盲臣安敢戯其君乎。臣聞之、少而好学、如日出之陽、壮而好学、如日中之光、老而好学、如炳燭之明。炳燭之明、孰与昧行乎。平公曰、善哉。

【注釈】

⊙『尚書大伝《しょうしょたいでん》』略説《りゃくせつ》にもとづく。また『金楼子《きんろうし》』立言《りつげん》篇・『顔氏家訓《がんしかくん》』勉学篇に引く。⊙暮なば何ぞ燭を炳さざるや―平公がもう「暮《おそ》」いといったのを受けて、「暮《くれ》」たなら、とわざと別意にとって答えたのであり、それで平公が戯《たわむ》れと怒ったのである。⊙盲臣―師曠は盲人であるからこのようにいったのであるが、愚昧《ぐまい》という謙辞でもあろう。⊙昧行―老いて学ばないのを、灯明なしで夜道を行くことに喩《たと》えた。『太平御覧《たいへいぎょらん》』巻八七一の引用では、この句の上に「老いて学ばざるは、昧昧《まいまい》として夜行くが如し」という文がある。

17　継続こそ力

【現代語訳】

梁丘拠《りょうきゅうきょ》が晏子《あんし》にいった、「私は死ぬまであなたにはかなわないでしょう」。晏子がいう、「私はこのように聞いている。為《な》しつづける者は必ず完成し、行きつづける者は必ず到達する、と。私は何も人と異なるところはない。ただ常に為して放置せず、常に行きて休まない。だから人は、なかなか私に及ぶことができないのだ」。

【読み下し】

梁丘拠　晏子に謂《い》いて曰く、「吾れ死に至るまで夫子《ふうし》に及ばじ」と。晏子曰く、「嬰《えい》これを聞く、為す者は常に成り、行く者は常に至る、と。嬰　人に異なること有るに非《あら》ざるなり。常に為して置かず、常に行きて休まざる者なり。故に及び難きなり」と。

【原文】

梁丘拠謂晏子曰、吾至死不及夫子矣。晏子曰、嬰聞之、為者常成、行者常至。嬰非有異於人也、常為而不置、常行而不休者、故難及也。

【注釈】

⊙『晏子春秋《あんししゆんじゆう》』内篇雑下《ないへんざつげ》にもとづく。⊙梁丘拠—斉《せい》の大夫、梁丘が姓で拠が名、字は子猶《しゆう》。梁丘氏は斉の名族であり、この人物もよく晏子の対話者として登場する。

【解説】

孔子のことばに、「力足《た》らざる者は、中道にして廃す。今女《なんじ》は画《かぎ》れり」(『論語』雍也《ようや》篇)というのがある。弟子が、とても先生のようにはできません、といったのに対する答である。本当に力のかぎりやって駄目なら仕方ないが、ほとんどの場合、自分ではじめから見切りをつけているのではあるまいか。私の好きなことばの一つである。

18　人民は君主の天

【現代語訳】

斉《せい》の桓公《かんこう》が管仲《かんちゅう》にたずねた、「王者は何を貴《とうと》ぶか」。管仲が答えた、「天を貴びます」。桓公は仰いで天《そら》を見た。管仲がいった、「いま申し上げました天とは、蒼々《あおあお》と広がる天ではございません。人の君主たる者は、人民をもって天といたします。人民が君主に味方すれば、その君主は安泰であり、助け支えれば強大となりますが、逆に人民がそしるようであれば、その君主は危険であり、背《そむ》くまでになれば滅亡いたします。『詩経《しきょう》』に『人がら悪く、怨《うら》み合い』とありますが、人民に怨まれている統治者で滅亡しなかったものは、いまだかつてございません」。

【読み下し】
斉の桓公　管仲に問いて曰く、「王者は何をか貴ぶ」と。曰く、「天を貴ぶ」と。桓公仰ぎて天を視《み》る。管仲曰く、「所謂《いわゆる》天なる者は、蒼々莽々《そうそうもうもう》たるの天に非ざるなり。人に君たる者は、百姓《ひゃくせい》を以て天と為す。百姓これに与《くみ》せば則ち安く、これを輔《たす》くれば則ち彊《つよ》く、これを非《そし》れば則ち危く、これに背けば則ち亡《ほろ》ぶ。詩に云う、『人にして良《りょう》無く、一方に相怨《あいうら》む』と。民其の上を怨みて、遂《つい》に亡びざる者は、未だこれ有らざるなり」と。

【原文】

斉桓公問管仲曰、王者何貴。曰、貴天。桓公仰而視天。管仲曰、所謂天者、非謂蒼蒼莽莽之天也。君人者以百姓為天、百姓与之則安、輔之則彊、非之則危、背之則亡。詩云、人而無良、相怨一方。民怨其上、不遂亡者、未之有也。


【注釈】

◉『韓詩外伝』巻四にもとづく。◉蒼蒼—天空のあおあおとしたさま。『荘子』逍遥遊篇《しょうようゆう》に「天の蒼蒼たるは其の正色か」とあり、また「蒼天」という呼称もある。◉莽莽—広々としたさま。◉百姓—庶民、人民。◉詩に云う—小雅《しょうが》・角弓篇《かくきゅう》。


【解説】

天という語は、中国思想を研究する者にとって、まことに厄介《やっかい》なしろものである。それは、自然としての青空から絶対神に至るまで、さまざまな概念を有している。本章においてもそのことが窺《うかが》えようが（桓公が仰いだのはもちろん自然としての空であるが、同時に、そこに存在するであろう超越的力をも意識していたであろう）、ほとんどの中国人にとって、天は自己存在の根源ともいうべき至上のものであった。それゆえ、天はまた絶対的権威を有していた。父は子の天、夫は妻の天、といわれるのもその権威を示す。その天に人民をあてるのは、皇帝権力の強大化が進みつつあった当時にあっては（この説話のつくられたのは前漢初めと思われる）、やはりかなり思い切った発言であろう。が、人民こそが国家の基礎、君主は民のためにこそ存在するという、いわゆる「民本主義《みんぽんしゅぎ》」は儒家の伝統であり、その政治思想の中核であった。もちろんそれは、近代の民主主義とはまったく別物であり、現実においては欺瞞《ぎまん》に満ちたものではあったが、理念自体としてはやはり一応の評価を与えてもよいであろう。

第四篇　立節《りっせつ》（節操を重んじる）

戦国末から漢代にかけて、恩義を受ければ、それに対して身命《しんめい》をなげうってでも報いようとする士人《しじん》たちが多数現れてくる。いわゆる「俠《きょう》」である。これは社会史的には、封建宗族制からよりパーソナルな君臣関係への変遷を反映するものであるが、これらの士人たちの間では、富貴《ふうき》を恥ずべきものとし、貧賤《ひんせん》こそが身の潔白の証《あかし》だとする風潮もまた強かった。すなわち清廉・廉潔の尊重であり、以後「清《せい》」と称されることは最高の人物評価となっていく。

しかし、もし個人的な信義のみを重んじ、社会に対する道徳的考慮を欠くならば、それはあしき意味での俠、すなわちやくざとなんら選ぶところはない。過失を犯さず、真の意味で「節《せつ》を立てる」ためには、自己の行動が道にかなっているかどうかを常に検証しなければならない。道義に合致《がっち》するものこそが、正しい節操であり節義である。もし道にかなうなら、富貴を得たとしても少しもかまわない。誇りをもって受ければよいのである。道にはずれた富貴こそ恥ずべきなのだ。また、道義のためには命を惜しんではならない。が、もし道に合わないのに命を捨てるならば、それは犬死《いぬじに》にすぎない。

出処進退《しゅっしょしんたい》をわきまえ道義に殉《じゅん》ずる者、その者こそ「節士《せっし》」と称するに値する。本篇には、そのような節士の逸話を収載する。なお『新序《しんじょ》』にも、同類の節士篇がある。劉向の節士に対する思い入れが知られよう。

19　節義を尊ぶ

【現代語訳】

学徳備わる士で、勇気があって果敢に行動する者が、節義を守り行うことにその力を用いず、かえって道理のないところに無駄死《むだじに》するのは、なんと痛ましいことではないか。士たる者は、身命をなげうっても仁徳《じんとく》を完遂し、危害に跳びこんでも正義を打ち立て、筋道・道理に基づいて、死に場所など考えないものである。だから身体は滅んでも、その名は後世に伝えられるのである。勇気や決断力がなければ、誰がそのようなことを行い得ようか。子路《しろ》はいう、「勤勉困苦に耐えられず、貧窮《ひんきゅう》にも安んじられず、死を恐れていながら、私は正義を行うことができるといったとしても、自分には信用できない」と。むかし申包胥《しんぽうしょ》は秦《しん》の朝廷に立って七日七晩泣きつづけ、かくて（秦の援軍を得て）楚《そ》の国を存続させることができた。勤勉困苦に耐えられない者に、どうしてこのような行いがなし得よう。曾子《そうし》は着物やどてらもまともではなく、糟糠《かすぬか》の飯《めし》、アカザや豆のスープさえ満足に食べられないありさまであったが、道義に合わなければ、上卿《じょうけい》のポストでも辞退した。貧窮に安《やす》んじていられるのでなければ、どうしてこのような行いがなし得よう。比干《ひかん》は殺されようとしてますます忠誠に諫言《かんげん》したし、伯夷《はくい》・叔斉《しゅくせい》は首陽山《しゅようざん》に餓死して、その志《こころざし》はますます世に明らかとなった。死を恐れないのでなければ、どうしてこのような行いがなし得よう。だから、そもそも士たる者が道義を実行しようと思うときは、その行為の難易を論じないでこそはじめてそれが可能であり、また立身出世して名をあらわしたいなら、利害を顧慮《こりょ》しないでこそはじめてそれが獲得できる。『詩経《しきょう》』に「かの人の子ぞ、盛んにして心篤《あつ》し」とあるが、まったく篤厚《とっこう》にしてかつ果断なる立派な人物でなければ、いったい誰がこのような行いをなし得ようか。王子の比干は命を捨てて忠節を成しとげ、尾生高《びせいこう》は命を捨てて約束を守り、伯夷・叔斉は命を捨ててその清廉を貫き通した。この四人の士は、みな天下の通士《つうし》である。だが、彼らとてその身を惜しまなかったわけではない。ただ道義の行われないこと、名のあらわれないことを士の最大の恥と考えたのであって、それゆえ一身をなげうってその行動を完遂《かんすい》したのである。であるとすれば、卑賤や貧窮は士の恥ではない。いったい士が恥とするのは、天下が忠誠なる者を推挙しているのに自分がその中に入らないこと、天下が信義に厚い者を推挙しているのに自分がその中に入らないこと、天下が清廉なる者を推挙しているのに自分がその中に入らないこと、の三つである。この忠《ちゅう》・信《しん》・廉《れん》の三つが身に備わっていれば、その名は後世に伝えられて、日月のごとく永遠に朽《く》ちないし、無道の世でもその人格を汚されることはない。だとすれば、死を好んで生を嫌うのではないし、富貴を嫌って貧賤を楽しむわけでもない。もし正しい道理に従って尊貴が自分のものになるのならば、士はそれを辞退しはしないのである。孔子は「富というものが求めて得られるものならば、たとえ御者《ぎょしゃ》をしてでも求めよう。が、富が求めて得られぬものならば、自分の好むところの道に従おう」といわれた。これが偉大な聖人の節操なのである。『詩経』に「我が心石《いし》にあらねば、転《まろ》ぶことなし。我が心席《むしろ》にあらねば、たたむことなし」とあるが、これは自己を失わないという意味である。自己を見失わないでいてこそ、はじめて困難を乗り切れるのである。以上が、学徳備わる士が一般人よりすぐれている理由である。

【読み下し】

士君子の勇《ゆう》有りて行いに果《か》なる者、節を立て義を行うを以てせずして、非名《ひめい》に妄死《ぼうし》するを以てするは、豈《あ》に痛ましからずや。士　身を殺して以て仁を成し、害に触《ふ》れて以て義を立て、節理《せつり》に倚《よ》りて死地を議せざる有り。故に能く身《み》死して、名　来世に流る。勇断有るに非《あら》ざれば、孰《たれ》か能《よ》くこれを行わん。子路曰く、「勤苦《きんく》する能《あた》わず、貧窮に恬《てん》たる能わず、死亡を軽んずる能わずして、而も我能く義を行うと曰《い》うとも、吾れ信ぜざるなり」と。

昔者《むかし》申包胥　秦庭《しんてい》に立ち、七日七夜、哭《こく》して声絶えず、遂に以て楚を存せり。勤苦する能わずんば、安《いず》くんぞ能く此れを行わんや。曾子　布衣《ふい》縕袍《うんぽう》未だ完《まった》きを得ず、糟糠《そうこう》の食、藜藿《れいかく》の羹《こう》すら未だ飽くことを得ざるも、義《ぎ》合わざれば則ち上卿《じょうけい》を辞す。貧窮に恬《てん》たらずんば、安んぞ能く此れを行わん。比干将《まさ》に死せんとして諫《いさ》め逾《いよ》いよ忠に、伯夷・叔斉　首陽に餓死して志逾いよ彰《あらわ》る。死亡を軽んぜずんば、安んぞ能く此れを行わん。故に夫《そ》れ士　義を立て道を行わんと欲せば、難易を論ずること毋《な》くして、而る後に能くこれを行い、身を立て名を著《あらわ》さんとせば、利害を顧《かえりみ》ること無くして、而る後に能くこれを成《な》す。詩に曰く、「彼《か》の其の子、碩《せき》大にして且つ篤《あつ》し」と。良篤修激《りょうとくしゅうげき》の君子に非ずんば、其れ誰か能くこれを行わんや。王子《おうじ》比干　身を殺して以て其の忠を成し、尾生《びせい》　身を殺して以て其の信を成し、伯夷・叔斉　身を殺して以て其の廉《れん》を成す。此の四子者《よんししゃ》は、皆《みな》天下の通士《つうし》なり。豈に其の身を愛《お》しまざらんや。以為《おも》えらく、夫れ義の立たず、名の著《あらわ》れざるは、是れ士の恥なり、と。故に身を殺して以て其の行いを遂《と》ぐ。此れに因りてこれを観《み》れば、卑賤貧窮は士の恥に非ざるなり。夫れ士の恥ずる所の者は、天下忠を挙ぐるに士与《あずか》らず、信を挙ぐるに士与らず、廉を挙ぐるに士与らざることなり。三者身《み》に在《あ》れば、名《な》後世に伝わり、日月と並びて息《や》まず。無道の世と雖も、汚《けが》す能わず。然らば則ち死を好んで生を悪《にく》むに非ず、富貴を悪んで貧賤を楽しむに非ざるなり。其の道に由《よ》り、其の理に遵《したが》いて、尊貴《そんき》己《おのれ》に及ぶは、士辞せざるなり。孔子曰く、「富にして求むべくんば、執鞭《しつべん》の士と雖も、吾れ亦《ま》たこれを為《な》さん。富にして求むべからずんば、吾が好む所に従わん」と。大聖の操《みさお》なり。詩に云う、「我が心石に匪《あら》ざれば、転《ころ》がすべからざるなり。我が心席《むしろ》に匪ざれば、巻くべからざるなり」と。言うこころは、己《おのれ》を失わず、となり。能く己を失わずして、然《しか》る後に与《もっ》て難を済《すく》うべし。此れ士君子の衆に越ゆる所以なり。

【原文】

士君子之有勇而果於行者、不以立節行義、而以妄死非名、豈不痛哉。士有殺身以成仁、触害以立義、倚於節理、而不議死地、故能身死、名流於来世。非有勇断、孰能行之。子路曰、不能勤苦、不能恬貧窮、不能軽死亡、而曰我能行義、吾不信也。昔者申包胥立於秦庭、七日七夜、哭不絶声、遂以存楚。不能勤苦、安能行此。曾子布衣緼袍未得完、糟糠之食、藜藿之羹、未得飽、義不合、則辞上卿。不恬貧窮、安能行此。比干将死而諫逾忠、伯夷叔斉餓死于首陽、而志逾彰。不軽死亡、安能行此。故夫士欲立義行道、毋論難易、而後能行之、立身著名、無顧利害、而後能成之。詩曰、彼其之子、碩大且篤。非良篤修激之君子、其誰能行之哉。王子比干殺身以成其忠、尾生殺身以成其信、伯夷叔斉殺身以成其廉。此四子者、皆天下之通士也、豈不愛其身哉。以為夫義之不立、名之不著、是士之恥也。故殺身以遂其行。因此観之、卑賤貧窮、非士之恥也。夫士之所恥者、天下挙忠而士不与焉、挙信而士不与焉、挙廉而士不与焉。三者在乎身、名伝於後世、与日月並而不息、雖無道之世、不能汚焉。然則非好死而悪生也、非悪富貴而楽貧賤也。由其道、遵其理、尊貴及己、士不辞也。孔子曰、富而可求、雖執鞭之士、吾亦為之。富而不可求、従吾所好。大聖之操也。詩云、我心匪石、不可転也、我心匪席、不可巻也。言不失己也。能不失己、然後可与済難矣。此士君子之所以越衆也。

【注釈】

◉士君子―学問徳行を兼備した人。士と君子を併せて一語とした男子の美称。士は、もとは卿《けい》・大夫《たいふ》の下に位置する官であるが、転じて学問に志し名節を重んじる者をいう。◉節を立て義を行う―立節は節操を守る、行義は正義を実践すること。ただしここは互文《ごぶん》であって、立と行、節と義はほぼ同意であり、要するに節義を立て行うことを意味する。下の「立義行道」も同様。◉非名―しかるべき大義名分のないことがら。◉士は身を殺して以て仁を成す有り―『論語』衛霊公《えいれいこう》篇に「志士仁人《じんじん》は、生を求めて以て仁を害すること無く、而して身を殺して以て仁を成すこと有り」とある。◎子路曰く―以下、『韓詩外伝《かんしがいでん》』巻二にみえる。◎申包胥―楚《そ》の大夫。呉《ご》に攻められて楚が亡びそうになったとき、秦に助けを求めてついに援軍を得、祖国の危急を救った。本書至公篇に詳しい事迹がみえる。◎曾子―孔子の弟子、名は参《しん》。孝行をもって知られ、『孝経《こうきょう》』の作者とされる。なお曾子の貧窮の話は、『荘子《そうじ》』譲王《じょうおう》篇にもみえる。◎布衣―庶民の着る布製の服。よって庶民のことをも指していう。◎縕袍―古綿のわたいれ。粗末な服。◎糟糠の食―酒かすと米ぬか。まずくて粗末な食べ物の代名詞。◎藜藿の羹―藜藿は既出。羹はあつもの。◎上卿―卿の最高位、宰相クラス。『孔子家語《けご》』によれば、斉国が曾子を上卿として聘《へい》したという。事実かどうかは不明。◎比干―殷《いん》の三人の仁者の一人。暴虐な紂《ちゅう》王を諫《いさ》めたため殺され、心臓をくり抜かれたという。◎伯夷・叔斉―殷周の際の人で、清廉な人物の典型とされる。伯《はく》・叔《しゅく》は兄弟の順を示す語で、伯は長兄、叔は弟である。二人は孤竹君《こちくくん》の子であったが、互いに国を譲り合って逃亡し、文王をしたって周に行った。たまたま武王が紂を討伐しようとするに会い、忠孝に非ずとして諫めたが聞き入れられず、周の粟《ぞく》を食《は》むを恥として首陽山に隠棲し、ついに餓死した。『史記』の列伝《れつでん》はこの二人から始まる。◎詩に曰く―唐《とう》風《ふう》・椒聊《しょうりょう》篇。◎碩大―容姿が美麗なること。◎修激―行動の礼にかないかつ果敢なこと。◎王子比干―これ以下、『韓詩外伝』巻一にみえる。◎尾生―名は高《こう》。婦人と橋の下で会う約束をし、時刻が過ぎても相手は現れず、水が満ちてきたがその場を離れず、溺死《できし》した。「尾生の信」は約束の固いことをいうが、一方で嘲笑の対象ともされている。⦿通士──「通」は万事に明るい、博学を称賛する語。ここではあらゆる事理に通じた士の意。⦿孔子曰く──『論語』述而《じゅつじ》篇の文。⦿詩に云う──邶風《はいふう》・柏舟《はくしゅう》篇。詩の意味は、私の心は石やむしろでないから、ころがしたり巻き収めたりはできないということ。

【解説】

儒教は「名教《めいきょう》」ともいわれるように、「名《な》」を尊ぶ教えである。出世して名声を獲得することは士の最大の願望であり、かつまた最高の親孝行でもあった。儒教は名利を肯定する思想である。が、名は同時に名分《めいぶん》の名でもあった。その名声はあくまで名分的に正しい、すなわち道に合するものでなければならない。道にはずれた名声は真の名声ではなく、それを得ることは恥《はじ》にほかならない。名と恥の観念こそ、儒教倫理の根幹である。

なお、この一文を三章に分ける説もあるが、今は底本に従い全文を一章として訳した。

20　曾子の清廉

【現代語訳】

曾子はいつもボロ服を着て耕作していた。それをみかねた魯《ろ》の君主が、人をつかわして一邑《ゆう》を領地として与えようとし、「どうかこの土地の収入で衣服を修理なさって下さい」と伝えさせた。曾子は受けようとしなかった。使者はいったん帰ったが、また曾子のもとへやってきた。曾子はやはり辞退した。使者がいう、「先生のほうから欲しいと申し出られたのではありません。人のほうが勝手に献呈しようというのです。どうして受け取らないのですか」。曾子が答えていう、「私はこのように聞いています。人から物をもらった者はくれた人に遠慮し、人に物を与えた者は与えた人に対して尊大になる、と。たとえあなたは私に与えて尊大にならなかったとしても、私のほうで卑屈にならないわけにはいきません」。そして最後まで受け取らなかった。孔子がこのことを聞いていった、「参《しん》のことばは、節操を全《まっと》うするに十分なものである」。

【読み下し】

曾子　弊衣《へいい》を衣《き》て以て耕《たがや》す。魯の君　人をして往きて邑《ゆう》を致さしむ。曰く、「請《こ》う、此れを以て衣を修《おさ》めよ」と。曾子受けず。反《かえ》りて復《ま》た往く。又《ま》た受けず。使者曰く、「先生人に求むるに非ず、人則ちこれを献ず。奚為《なんす》れぞ受けざる」と。曾子曰く、「臣これを聞く、人に受くる者は人を畏《おそ》れ、人に予《あた》うる者は人に驕《おご》る、と。縦《たと》い子　賜いて、我に驕らざること有るとも、我能く畏《おそ》るること勿《な》からんや」と。終《つい》に受けず。孔子これを聞きて曰く、「参の言　以て其の節を全うするに足るなり」と。

【原文】

曾子衣弊衣以耕。魯君使人往致邑焉、曰、請以此脩衣。曾子不受。反復往、又不受。使者曰、先生非求於人、人則献之、奚為不受。曾子曰、臣聞之、受人者畏人、予人者驕人。縦子有賜不我驕也、我能勿畏乎。終不受。孔子聞之曰、参之言足以全其節也。

【注釈】

◉『孔子家語』在厄《ざいやく》篇に引く。◉邑―領地、采邑《さいゆう》。その土地の租税収入権を得ること。

21　子思の廉潔

【現代語訳】

子思《しし》が衛《えい》に住んでいたころ、貧しくてどてら、どてらの表はすり切れ、二十日間で九回の食事をしただけであった。田子方《でんしほう》がこれを聞き知って、使いに狐白《こはく》の裘《かわごろも》を届けさせたが、受け取らないかもしれぬと案じて、「私は人に物を貸すとすぐ忘れてしまうのです。人に物をやるのは棄《す》てるようなものです」といわせた。子思は辞退して受け取らなかった。子方がいった、「私にはあり余っていて、あなたはお持ちでない。どうしてお納め下さらぬのか」。子思は答えた、「私はこう聞いております。みだりに人に物を与えるより、どぶに物を棄てるほうがまだしもだ、と。私はいくら貧乏でも、どぶになりたくはありません。それでお受けするわけにはいかぬのです」。

【読み下し】

子思　衛に居る。縕袍《うんぽう》表無く、二旬《にじゅん》に九《ここの》たび食《くら》うのみ。田子方これを聞き、人をして狐白の裘《きゅう》を遺《おく》らしむ。其の受けざるを恐れ、因りてこれに謂いて曰く、「吾れ人に仮《か》せば、遂にこれを忘る。吾れの人に与うるや、これを棄つるが如し」と。子思辞《じ》して受けず。子方曰く、「我有りて子《し》無し。何の故に受けざる」と。子思曰く、「伋《きゅう》これを聞く、妄《みだ》りに与うるは、物を溝壑《こうがく》に遺棄《いき》するに如《し》かず、と。伋貧なりと雖《いえど》も、身を以て溝壑と為すに忍びず。是《ここ》を以て敢て当《あた》らざるなり」と。

【原文】

子思居於衛、縕袍無表、二旬而九食。田子方聞之、使人遺狐白之裘、恐其不受、因謂之曰、吾仮人、遂忘之。吾与人也、如棄之。子思辞而不受。子方曰、我有子無、何故不受。子思曰、伋聞之、妄与不如遺棄物於溝壑。伋雖貧也、不忍以身為溝壑、是以不敢当也。

【注釈】

◉田子方―戦国・魏《ぎ》の人。『荘子』や『戦国策』などにみえる。◉狐白の裘―狐の腋《わき》の下の白毛をあつめてつくった皮衣。

22 申生の孝心

【現代語訳】

晋《しん》国の驪姫《りき》が、太子の申生《しんせい》のことを（公の毒殺をはかっているとして）献公《けんこう》に讒言《ざんげん》した。それで献公が太子を殺そうとした。公子の重耳《ちょうじ》が申生にいう、「こうなったのは、あなたの責任ではありません。あなたはどうして自分から進んで弁明しようとしないのですか。弁明すれば、必ず容疑が晴れるでしょう」。申生がいう、「そうはいきません。わたしが弁明すれば、必ず驪姫が罪にかかるでしょう。わが君はもう年寄られた。驪姫でなければ、休むにも床《とこ》に落着けないし、食事もおいしくないというほどです。どうしてわが君に驪姫を失った怨《うら》みをもったまま御生涯を終えさせられましょうや」。重耳がいう、「弁明しないのなら、すぐに亡命されたがよい」。申生がいう、「それもできません。逃亡して死を免《まぬが》れるのは、わが君を悪と決めつけることです。いったい父の過《あやま》ちを明らかにして自分はよその国でいい子になろうとするような者を、どこの諸侯が受入れてくれるでしょうか。国内に留まっては一族の者に困《くる》しみ、国外に出ては行き先に困しむ。これは私の悪を重ねることです。私はこのように聞いている、忠者は君の悪をあらわにせず、智者は悪を重ねず、勇者は死を避けず、と。その通りであるならば、わたしはそのことばをみずから実行しましょう」。かくて太子は剣に伏《ふ》して死んだ。君子《くんし》がこの話を聞いてかく評した、「かの太子の成り行きこそ天の定めた運命であるよ。『詩経』に『色も鮮《あざや》か織るこの錦《にしき》、そしりごとなす彼の人は、それにまさって甚し』とあるのは、まさにこのことだ」。

【読み下し】

晋の驪姫 太子申生を献公に譖《しん》す。献公将《まさ》にこれを殺さんとす。公子重耳 申生に謂いて曰く、「此れを為す者は、子《し》の罪に非ざるなり。子胡《なん》ぞ進んで辞せざる。これを辞すれば、必ず罪を免《まぬか》れん」と。申生曰く、「不可なり。我これを辞すれば、驪姫必ず罪有らん。吾が君老いたり。驪姫微《な》かりせば、寝《しん》席に安んぜず、食 味《み》を甘しとせず。如何《いかん》ぞ吾が君をして恨みを以て終えしめんや」と。重耳曰く、「辞せざれば、則ち速《すみや》かに去るに若《し》かず」と。申生曰く、「不可なり。去りて死を免るるは、是れ吾が君を悪とするなり。夫れ父の過ちを彰《あき》らかにして美を取らば、諸侯孰《たれ》か肯《あえ》てこれを内《い》れんや。入りては宗《そう》に困《くる》しみ、出でては逃《とう》に困しむ。是れ吾が悪を重ぬるなり。吾れこれを聞く、忠は君を暴《あらわ》にせず、智は悪を重ねず、勇は死を逃《のが》れず、と。是《か》くの如くんば、吾れ身を以てこれに当たらん」と。遂に剣に伏して死す。君子これを聞きて曰く、「天命なる夫《かな》、世子《せいし》。詩に曰く、『萋《せい》たり斐《ひ》たり、是の貝錦《ばいきん》を成す。彼の人を譖《そし》る者、亦た已に太甚《はなはだ》し』と」。

【原文】

晋驪姫譖太子申生於献公、献公将殺之。公子重耳謂申生曰、為此者非子之罪也。子胡不進辞、辞之必免於罪。申生曰、不可。我辞之、驪姫必有罪矣。吾君老矣、微驪姫、寝不安席、食不甘味、如何使吾君以恨終哉。重耳曰、不辞則不若速去矣。申生曰、不可。去而免於死、是悪吾君也。夫彰父之過而取美、諸侯孰肯内之。入困於宗、出困於逃、是重吾悪也。吾聞之、忠不暴君、智不重悪、勇不逃死。如是者、吾以身当之。遂伏剣死。君子聞之曰、天命矣夫世子、詩曰、萋兮斐兮、成是貝錦、彼譖人者、亦已太甚。

【注釈】

◉『左伝《さでん》』僖《き》公《こう》四年・『国語《こくご》』晋語《しんご》二にもとづく。その他、『史記』晋世家《しんせいか》・『穀梁伝《こくりょうでん》』僖公十年・『列女伝』などにも類似の文章がある。◉驪姫―驪戎《りじゅう》の女《むすめ》。献公が驪戎を伐《う》ったときに得て、美貌により夫人とした。その子奚斉《けいせい》を後嗣《こうし》としようとして陰謀をめぐらした。いったんは成功するものの、献公が亡くなってのち、子ともども殺される。◉重耳―献公の次子、申生の弟にあたる。のちの晋の文公《ぶんこう》。驪姫のために亡命すること十九年、苦労の末、賢臣の力で帰国し、ついに覇者《はしゃ》となる。なお『左伝』などでは、たんに「ある人」となっている。◉此れを為す者―このことを行ったのは驪姫である、の意。事件の発端は次のとおり。申生が曲沃《きょくよく》というところで祭を行い、その胙《ひもろぎ》（お供えの肉のお下がり）を献公に献上した。公が狩をしている間に、驪姫はその胙に毒をまぜ、公に差し出した。それで地を祭ると地は湧きたち、犬や人に与えるとたちまち死んだ。驪姫は、太子が毒をいれたとわめきたてた。⊙美を取る―リズムからいえば、下に属して「美を諸侯に取る」と読むほうがよいが、その場合は、晋語のように「笑いを諸侯に取る（父や自分が諸侯の笑い者となる）」に作るべきであろう。原文のままで一応通ずるので、いまは右のように句読しておく。⊙詩に曰く―小雅《しょうが》・巷伯《こうはく》篇。⊙萋兮《たり》斐兮《たり》―模様の入り混《まじ》って美しいさま。兮《けい》は助字。⊙貝錦―貝殻の模様のように美しい錦。転じて、ことばを飾りたてて人を罪におとしいれること。

23　鉏之弥《しょしび》の義侠

【現代語訳】

晋《しん》の霊公《れいこう》は暴虐《ぼうぎゃく》であった。趙宣子《ちょうせんし》がしばしば諫《いさ》めたので、霊公はそれをわずらわしく思い、鉏之弥《しょしび》に趙宣子を殺させようとした。鉏之弥が明け方、趙宣子の屋敷へ行ってみると、寝殿の門が開いており、趙宣子は正式の服装をして宮廷に出仕するところであったが、まだ早いので、端坐《たんざ》して仮眠していた。それを見た鉏之弥は退却し、感嘆していった、「恭敬《つつしみ》を常に忘れないのは、民の主となる人だ。民の主を殺すのは忠節でないし、また主君の命令を放棄するのは信義にもとる。どちらかを選ばなければならないのなら、死んだほうがましだ」。かくて（宣子の庭の）槐《えんじゅ》の木に頭をぶつけて死んだ。

【読み下し】

晋の霊公暴《ぼう》なり。趙宣子驟《しば》しば諫《いさ》む。霊公これを患《うれ》い、鉏之弥をしてこれを賊《ぞく》せしむ。鉏之弥晨《あした》に往《い》けば、則ち寝門闢《ひら》けり。宣子盛服して将《まさ》に朝《ちょう》せんとするも、尚《な》お早ければ坐して仮寐《かび》す。之弥退き嘆じて言いて曰く、「恭敬《きょうけい》を忘れざるは民の主なり。民の主を賊するは不忠、君の命を棄つるは不信なり。此《ここ》に一有らば、死するに如《し》かざるなり」と。遂に槐《かい》に触《ふ》れて死す。

【原文】

晋霊公暴、趙宣子驟諫。霊公患之、使鉏之彌賊之。鉏之彌晨往、則寝門闢矣。宣子盛服将朝、尚早、坐而仮寐※。之彌退歎而言曰、不忘恭敬、民之主也。賊民之主不忠、棄君之命不信、有一於此、不如死也。遂触槐而死。

【注釈】

◉『左伝』宣公《せんこう》二年・『国語』晋語五および『呂氏春秋《りょししゅんじゅう》』過理《かり》篇にもとづく。◉趙宣子—名は盾《とん》。『左伝』で最も活躍する一人で、君子として知られる。◉鉏之弥—霊公のおかかえ力士。『左伝』や晋語では「鉏麑《げい》」に作る。◉盛服—朝服《ちょうふく》となること、参内《さんだい》のために衣冠を整えること。◉不忠—不誠実。忠はまごころのあること。

24 申鳴の苦衷

【現代語訳】

楚《そ》に申鳴《しんめい》という立派な士がいた。家にあってよくその父に孝養を尽くし、孝行者という評判が楚の国中に広がった。楚王は申鳴に大臣の位《くらい》を授けようとしたが、彼は辞退して受けなかった。父がいう、「王はおまえを大臣にしようとされるのに、おまえはなぜ受けないのだ」。申鳴が答えていう、「父上の孝子であることをやめて、王の忠臣となるなどとは、何ということでしょう」。父がいう、「おまえが国に禄《ろく》を与えられ、朝廷に位を得て、楽しむことができるなら、わしにも心配事はなくなるのだ。わしはおまえが大臣になることを望む」。申鳴は「わかりました」といい、すぐに参内《さんだい》した。そこで楚王は彼に大臣の位を授けた。三年たって白公勝《はくこうしょう》が乱をおこし、司馬子期《しばしき》を殺した。申鳴は死ぬ覚悟で、反乱を鎮圧しにいこうとした。父が押し止《とど》めていう、「父を見捨てて死ぬなど許されることか」。申鳴がいう、「わたしはこのように聞いています、いったい仕《つか》える者は、その身体は主君に捧《ささ》げ、その俸禄は親に贈る、と。今や父上を去って君に仕えたからには、君の難に死なないわけにはまいりません」。かくて別れを告げて出かけ、兵を率《ひき》いて白公をとり囲んだ。白公が石乞《せきこつ》にいう、「申鳴は天下の勇士だ。いま兵を率いてわしをとり囲んだが、どうしたものだろう」。石乞がいう、「申鳴は天下の孝子です。その父を武器で威《おど》しなさい。申鳴が聞いたら、きっとやってまいりましょう。そしたら、彼と談合なさいませ」。白公は「よし」といい、すぐに行って申鳴の父を拉致《らち》し、武器で脅迫して、申鳴に告げた、「そなたがわしの味方になれば、わしはそなたと楚国を二分しよう。もし味方せぬなら、そなたの父は死ぬぞ」。申鳴は涙を流しながら答えた、「はじめは、私は父の孝子であった。今やわが君の忠臣である。私はこのように聞いている、人の扶持《ふち》を食《は》む者はその人のために死に、人の俸禄を受ける者はその人のために全力を尽くす、と。私は今やもう父の孝子ではあり得ない。まこと君の忠臣なのだ。私はどうして身を全《まっと》うすることなど考えようや」。桴《ばち》を取って鼓《つづみ》を打ち鳴らし、ついに白公を殺したが、父もまた死亡した。王は彼に百斤《きん》の賞金を与えようとした。申鳴がいう、「君の扶持を食みながら君の難を避けるのは、忠臣ではございません。君の国を安定させるために父を殺したのは、孝子ではございません。名分《めいぶん》は両立致しませんし、行為はともには全《まっと》うできません。かようなままで生きたとて、なんの面目《めんぼく》あって天下に立てましょうか」。かくて彼は自殺して果てた。

【読み下し】

楚に士 申鳴なる者有り。家に在りて其の父を養い、孝 楚の国に聞こゆ。王これに相《しょう》を授《さず》けんと欲するも、申鳴辞《じ》して受けず。其の父曰く、「王 汝《なんじ》を相とせんと欲す。汝何ぞ受けざるか」と。申鳴対《こた》えて曰く、「父の孝子を舎《す》てて王の忠臣と為るは何ぞや」と。其の父曰く、「使《も》し国に禄有り、庭に立《くらい》有りて、汝楽しまば、吾れ憂い無けん。吾れ汝の相たるを欲するなり」と。申鳴曰く、「諾《だく》」と。遂に朝に入《い》る。楚王因りてこれに相を授く。居ること三年、白公乱《らん》を為し、司馬子期を殺す。申鳴将《まさ》に往きてこれに死せんとす。父これを止《とど》めて曰く、「父を棄てて死するは、其れ可ならんや」と。申鳴曰く、「聞くならく、夫れ仕《つか》うる者は、身は君に帰して、禄は親に帰す、と。今既に父を去りて君に事《つか》えたれば、其の難に死すること無きを得んや」と。遂に辞して往き、因《よ》りて兵を以てこれを囲む。白公　石乞《せきこつ》に謂いて曰く、「申鳴なる者は天下の勇士なり。今兵を以て我を囲めり。吾れこれを為すこと奈何《いかん》」と。石乞曰く、「申鳴なる者は天下の孝子なり。往きて其の父を劫《おびやか》すに兵を以てせば、申鳴これを聞きて必ず来《きた》らん。因りてこれと語れ」と。白公曰く、「善《よ》し」と。則ち往きて其の父を取り、これを持《じ》するに兵を以てし、申鳴に告げて曰く、「子《し》　吾れに与《くみ》せば、吾れ子と楚国を分《わか》たん。子　吾れに与せずんば、子の父則ち死せん」と。申鳴流涕《りゅうてい》してこれに応じて曰く、「始めは吾れ父の孝子なり。今は吾れ君の忠臣なり。吾れこれを聞く、其の食《しょく》を食《は》む者は其の事に死し、其の禄を受くる者は其の能《のう》を畢《つく》す、と。今吾れ已に父の孝子たるを得ず、乃《すなわ》ち君の忠臣なり。吾れ何ぞ以て身を全うするを得ん」と。桴《ばち》を援《ひ》きてこれを鼓《こ》し、遂に白公を殺す。其の父も亦《ま》た死す。王これに金百斤を賞す。申鳴曰く、「君の食《しょく》を食《は》み、君の難を避くるは、忠臣に非ざるなり。君の国を定め、臣の父を殺すは、孝子に非ざるなり。名　両《ふたつ》ながら立つべからず、行《こう》　両ながら全うすべからず。是くの如くにして生くるは、何の面目ありて天下に立たん」と。遂に自殺す。

【原文】

楚有士申鳴者、在家而養其父、孝聞於楚国。王欲授之相、申鳴辞不受。其父曰、王欲※相汝、汝何不受乎。申鳴対曰、舎父之孝子、而為王之忠臣何也。其父曰、使有禄於国、有立於庭、汝楽、吾無憂矣、吾欲汝之相也。申鳴曰、諾。遂入朝、楚王因授之相。居三年、白公為乱、殺司馬子期。申鳴将往死之。父止之曰、棄父而死、其可乎。申鳴曰、聞、夫仕者、身帰於君、而禄帰於親。今既去父事君、得無死其難乎。遂辞而往、因以兵囲之。白公謂石乞曰、申鳴者、天下之勇士也。今以兵囲我、吾為之奈何。石乞曰、申鳴者、天下之孝子也。往劫其父以兵、申鳴聞之必来、因与之語。白公曰、善。則往取其父、持之以兵、告申鳴曰、子与吾、吾与子分楚国。子不与吾、子父則死矣。申鳴流涕而応之曰、始吾父之孝子也。今吾君之忠臣也。吾聞之也、食其食者死其事、受其禄者畢其能。今吾已不得為父之孝子矣、乃君之忠臣也、吾何得以全身。援桴鼓之、遂殺白公。其父亦死。王賞之金百斤。申鳴曰、食君之食、避君之難、非忠臣也。定君之国、殺臣之父、非孝子也。名不可両立、行不可両全也。如是而生、何面目立於天下。遂自殺也。

【注釈】

◉『韓詩外伝』巻十にもとづく。◉楚の国に聞こゆ──楚の国都（郢《えい》、国君のいる邑《ゆう》〈城市〉を国という）にまで評判が伝わった、の意味にもとれるが、『韓詩外伝』には国の字がないので、今は右のように訳しておく。◉王──恵王《けいおう》を指す。◉相──『韓詩外伝』では左司《さ》馬《しば》（陸軍大臣）とする。◉白公──名は勝、平王の孫。

第五篇　貴徳《きとく》（恩徳を第一とせよ）

「徳」とは徳沢《とくたく》・恩恵の意味、すなわち「仁《じん》」とほぼ同義で、民衆を愛し慈《いつく》しむ仁徳こそ政道の本《もと》なりと説く。本篇の要旨は、冒頭の「聖人の天下百姓《ひやくせい》に於けるや、其れ猶《な》お赤子《せきし》のごときか。饑《う》うる者は則ちこれに食《は》ましめ、寒《こご》ゆる者は則ちこれに衣《き》せ、これを将《やしな》いこれを養い、これを育てこれを長ぜしめ、唯だ其の大に至らざるを恐るるのみ」という一文に集約されている。民衆の衣食を安定させ、その一生を安楽に過ごさせること、それが君主に課せられた第一の使命である。

この人民に対する愛護は、彼らからの奉仕・忠節という見返りを期待してのものではない（というのは建前で、本音《ほんね》は大いに期待していることは次の復恩篇で明らかになる）。それはあたかも親が幼な子を保育するがごとき無償の愛であり、また溺れる人をみれば思わず救いの手を差し伸べるように、「誠もて中に惻隠《そくいん》し、内に悃愊《こんひよく》して、其の心に已《や》む能わず（心底から他人を思いやり同情し、知らぬ顔でおれない）」（第二章）という人間の本性、すなわち良心の発露なのである。この良心を孟子《もうし》は

「人に忍びざるの心」と名づけ、その「人に忍びざる心」にもとづく仁政を「王道《おうどう》」と称した。本篇はその孟子流の王道論のほぼ忠実な敷衍《ふえん》である。

もっとも、子供を育てるのに甘やかしばかりでなくしつけが必要なように、政治にも国民に対するしつけが求められる。そのしつけが「義《ぎ》」である。こうして孟子は仁義を並称したのであるが、もちろん彼においては仁と義は幸福に融合していたのである。しかし、彼以降、儒教はしだいに仁の価値を低落させ、義を一方的に強調していくようになる。やがて仁と義は乖離《かいり》し、ついには義理が人間本来の感情、すなわち人情さえ抑圧するに至った（ただし、理念上は仁はなお最高道徳であり、仁義はあくまで一体不離《いったいふり》とされた。ここに救いがたい儒教の偽善性がある）。劉向の時代は過渡期であり、乖離の危機はふくらみつつも、なおいまだ顕《あら》わな亀裂《きれつ》は生じていない。本篇ないしは本書が全体として楽観的なる所以《ゆえん》である。

25　君子は仁徳を貴ぶ

【現代語訳】

周の武王《ぶおう》が殷《いん》を征服したあと、太公《たいこう》を呼びよせ、「殷の士人《しじん》や衆民《しゅうみん》をいかが処遇したものか」と相談した。太公が、「人を愛せば、その人の家の屋根にいる烏《からす》さえいとおしく、逆に主人憎けりゃ従者まで憎いと申します。敵《かたき》は皆殺しにして、根絶《ねだ》やしになさいませ」と答えると、武王は「それはできぬ」と拒否した。太公が退出して邵公《しょうこう》が入ってくると、王は同じく「どうしたものか」とたずねた。邵公が「罪ある者は殺し、罪なき者は助けてやったらいかがでしょう」と答えると、王はやはり「だめだ」といってきかなかった。邵公が退出して今度は周公《しゅうこう》が入ってきた。王はまた「どうしたものか」とたずねた。周公が答えた、「それぞれ自分の家に住まわせ、自分の田を耕やさせてやり、すべてこれまでどおりにしたら宜しいのです。ただ（それらの者の中で）仁者《じんしゃ》にのみ親しくなさいませ。彼らに罪はありません。その罪はすべて天子だった紂《ちゅう》にあるのです」。武王はそれを聞いて感嘆していった、「なんと寛大であることか。これで天下は平定できたぞ」。このように、君子が貴いというのは、まったくその仁徳ある故《ゆえ》なのである。

【読み下し】

武王　殷に克《か》ち、太公を召して問いて曰く、「将に其の士衆を奈何《いかん》せんとす」と。太公対《こた》えて曰く、「臣聞く、其の人を愛する者は屋上《おくじょう》の烏を兼ね、其の人を憎む者は其の余胥《よしょ》を悪《にく》む、と。咸厥《みなそ》の敵を劉《ころ》し、余り有ら使《し》むること靡《な》くんば、何如《いかん》」と。王曰く、「不可なり」と。太公出《い》で、邵公《しょうこう》入《い》る。王曰く、「これを為すこと奈何」と。邵公対えて曰く、「罪有る者はこれを殺し、罪無き者はこれを活《いか》さば、何如」と。王曰く、「不可なり」と。邵公出で、周公入る。王曰く、「これを為すこと奈何」と。周公曰く、「各おの其の宅に居り、其の田《た》を田《でん》せしめ、旧新を変ずる無し。惟《た》だ仁にのみ是れ親しむ。百姓《ひゃくせい》過ち有らば、予一人《われいちにん》に在り」と。武王曰く、「広大なるかな、天下を平《たい》らげり」と。凡《およ》そ士君子《しくんし》を貴ぶ所以の者は、其の仁にして徳有るを以てなり。

【原文】

武王克殷、召太公而問曰、将奈其士衆何。太公対曰、臣聞、愛其人者、兼屋上之烏、憎其人者、悪其餘胥。咸劉厥敵、※靡使有餘、何如。王曰、不可。太公出、邵公入。王曰、為之奈何。邵公対曰、有罪者殺之、無罪者活之、何如。王曰、不可。邵公出、周公入。王曰、為之奈何。周公曰、使各居其宅、田其田、無変旧新、惟仁是親。百姓有過、在予一人。武王曰、広大乎、平天下矣。凡所以貴士君子者、以其仁而有徳也。

【注釈】

◉『尚書大伝《しょうしょたいでん》』大戦《たいせん》篇にもとづく。また『韓詩外伝《かんしがいでん》』巻三にみえる。また『淮南子《えなんじ》』主術《しゅじゅつ》訓《くん》に一部類似の文がある。◎武王―文王の子で、殷《いん》を倒し周王朝を建てた。名は発《はつ》。なお武は諡《おくりな》であり、生前はたんに王と称したはずであるが、ここは後世の称謂《しょうい》による。◎太公―太公望呂尚《たいこうぼうりょしょう》。文王の師で、武王を佐《たす》けて殷を伐《う》ち、斉《せい》に封《ほう》ぜられた。本義は、父もしくは祖父の尊称。◎余胥―従者、下僕。『尚書大伝』の鄭玄《じょうげん》注は「里落《りらく》の壁」とする。それに従うなら、嫌いな人の住む村里の壁までが憎たらしい、という意になる。◎邵公―召公に同じ。周公の弟で名は奭《せき》。周公とともに周朝の礎を築いた。燕《えん》の始祖。◎其の宅に居り―『尚書』多方《たほう》篇に「今爾尚《なんじな》お爾の宅に宅《お》り、爾の田に畋《でん》す」とあるによる。◎旧新を変ずる無く―以下、文章に混乱があるようでわかりにくい点があるが、とりあえず訳文のごとく解しておく。『尚書大伝』は以下「故《こ》と毋《な》く私《し》と毋く（「私」は「新」の誤りか。昔なじみであろうとなかろうと、の意）、惟《た》だ仁に是れ親しむ」につくって「百姓有過」の二句なく、『韓詩外伝』は「惟仁是親」の句がない。いずれでも通じ本文より明快であるが、あるいは劉向が無理に二書を一文にまとめたのかもしれない。◎仁に親しむ―『論語』学而《がくじ》篇に「汎《ひろ》く衆を愛して仁に親しむ」とある。◎予一人―既出のように天子の自称で、武王をいうともとれるが、いまは紂《ちゅう》を指すものと考えておく。

26 独り楽しまず

【現代語訳】

晏子《あんし》が景公《けいこう》を酒宴に招き、器《うつわ》をすべて新しいものに取り替えさせようとした。晏子の執事《しつじ》が「とても費用がございません。領民から徴収いたしましょう」と願うと、晏子はこういった、「止《や》めておけ。いったい楽しみ事というのは、上下の者が一緒に楽しむものだ。だから天子は天下万民《ばんみん》とともに楽しみ、諸侯は国内すべての人々とともに楽しみ、大夫《たいふ》以下の役人はその同僚とともに楽しむのであり、自分一人だけで楽しむことなどありはしない。いま上の者だけが楽しんで、下の者がその費用で苦しめられるのは、まさに自分一人が楽しむというものだ。そんなことはしてはならぬ」。

【読み下し】

晏子　景公に酒を飲ましめ、器をして必ず新《あら》たならしむ。家老曰く、「財《ざい》足らず、請《こ》う民より斂《おさ》めん」と。晏子曰く、「止《や》めよ。夫《そ》れ楽しみなる者は上下《しょうか》これを同じくす。故に天子は天下と与《とも》にし、諸侯は境内《けいだい》と与にし、大夫自《よ》り以下は各おの其の僚と与にし、独り楽しむこと有る無し。今上《かみ》其の楽しみを楽しみ、下《しも》其の費《ついえ》に傷《やぶ》るるは、是れ独り楽しむ者なり。可ならず」と。

【原文】
晏子飲景公酒、令器必新。家老曰、財不足、請斂於民。晏子曰、止。夫楽者上下同之、故天子与天下、諸侯与境内、自大夫以下、各与其僚、無有独楽。今上楽其楽、下傷其費、是独楽者也。不可。

【注釈】
◉『晏子春秋《あんししゅんじゅう》』内篇雑上《ないへんざつじょう》にもとづく。◉家老―晏子の家臣の長。卿《けい》・大夫《たいふ》の私家を「家」と称する。◉民―晏子の采地《さいち》の民。

【解説】
『孟子《もうし》』に「古《いにしえ》の人は民と偕《とも》に楽しむ、故に能く楽しむなり」（梁恵王上篇《りょうけいおう》）、「独り楽《がく》して楽《たの》しむは人と楽して楽しむに若《し》かず、少なきと楽して楽しむは衆《おお》きと楽して楽しむに若かず」（同下篇）とある。後文は司馬光《しばこう》の「独楽園《どくらくえん》の記」にも引かれているから、御存知の方もあろう。娯楽にも道徳的意義・社会性を与えようとするのであり、それはそれで御立派というほかないが、私などは、せめて酒や音楽くらい一人で楽しみたいと思う。小人の所以《ゆえん》であろう。

27 桓公の徳義

【現代語訳】

斉《せい》の桓公《かんこう》が北方の山戎《さんじゅう》を討伐しに出かけ、その軍隊が燕《えん》を通過しようとした。燕の君主は国境の外にまで出て桓公を出迎えた。桓公が管仲《かんちゅう》にたずねた、「諸侯同士が互いに迎えあうのに、国境を出るのが礼《れい》であるか」。管仲が答えた、「天子のお出ましでなければ、出るものではございません」。桓公はいった、「とすれば、燕の君《きみ》は私を恐れて非礼《ひれい》を犯《おか》したのだ。私に道義がないばかりに、燕君に非礼を犯させてしまった」。そこで燕の君がやって来たところまでの地を割譲して燕に与えた。諸侯はその話を聞いて、みな斉に朝《ちょう》した。『詩経《しきょう》』に「爾《なんじ》の位を安《やす》んじたくば、正直者を好むがよい。神のお耳に届きなば、爾に大福下《くだ》されよう」とあるのは、このことをいうのである。

【読み下し】

斉の桓公《かんこう》北のかた山戎氏《さんじゅう》を伐《う》つに、其の道　燕を過《す》ぐ。燕君逆《むか》えて境を出《い》づ。桓公　管仲に問いて曰く、「諸侯の相逆うる、固《もと》より境を出づるか」と。管仲曰く、「天子に非ざれば境を出でず」と。桓公曰く、「然らば則ち燕君畏《おそ》れて礼を失うなり。寡人《かじん》不道にして、燕君をして礼を失わしむ」と。乃《すなわ》ち燕君の至りし所の地を割《さ》きて以て燕君に与う。諸侯これを聞き、皆　斉に朝す。詩に云う、「爾《なんじ》の位を靖恭《せいきょう》し、是《こ》の正直《せいちょく》を好む。神のこれを聴けば、爾に景福《けいふく》を介《たす》けん」と。此の謂《いい》なり。

【原文】

斉桓公北伐山戎氏、其道過燕、燕君逆而出境。桓公問管※仲曰、諸侯相逆、固出境乎。管仲曰、非天子不出境。桓公曰、然則燕君畏而失礼也。寡人不道、而使燕君失礼。乃割燕君所至之地、以与燕君。諸侯聞之、皆朝於斉。詩云、靖恭爾位、好是正直、神之聴之、介爾景福。此之謂也。

【注釈】

◉『韓詩外伝』巻四にもとづく。また『賈誼《かぎ》新書《しんじょ》』春秋《しゅんじゅう》篇・『史記』斉世家《せいせいか》・燕世家《えんせいか》にみえるが、いずれも迎えではなく、桓公を「送」って出たことになっている。◉山戎氏―春秋時代、斉・燕の北方（今の河北《かほく》省北部）にいた夷狄《いてき》の族。『史記』によれば、桓公の二十三年、山戎が燕の国辺を荒らしたので、燕の荘公《そうこう》が斉に援助を求めたのであり、ここでの話とは必ずしも一致しない。◉詩に云う――小雅《しょうが》・小明篇《しょうめいへん》。◉正直――正道を行い、曲がったことを正す人。

28 巧詐《こうさ》は拙誠《せつせい》に如《し》かず

【現代語訳】

楽羊《がくよう》が魏《ぎ》の将軍となって中山国《ちゅうざんこく》を攻めた。ちょうどそのとき、楽羊の子が中山の国内にいたので、中山がたはその子を城壁につるして楽羊へ見せしめにしたが、楽羊は少しもひるまず、いっそう激しく攻撃した。そこで中山がたはその子を釜《かま》ゆでにし、その肉入りスープを楽羊に届けたが、彼はやはり臆《おく》せず一杯のスープを平らげた。中山がたはその忠節の不変をみて戦意を喪失し、ついに降参した。楽羊はかくて魏の文侯《ぶんこう》のために領地を開拓したのであるが、文侯はその手柄に褒美《ほうび》を与えながらも、その心根《こころね》には猜疑《さいぎ》を抱いた。話変って、孟孫《もうそん》が狩《かり》して子鹿を獲《え》たときのこと、孟孫は秦西巴《しんせいは》にその子鹿を持ち帰らせたのだが、秦西巴は母鹿がずっとついてきて鳴くのに忍びず、その子鹿を放して母に返してしまった。孟孫は怒って秦西巴を追放した。一年後、孟孫は秦西巴を呼びよせて我が子の傅《もりやく》とした。側近がたずねた、「そもそも秦西巴は君に罪を得た者、しかるにいま若君の傅とされたのはどういうことですか」。孟孫が答えた、「いったい一頭の鹿の子ですら忍びなかったのだ。まして我が子にむごいことをするはずがあろうか」。世の諺に「巧《たく》みな詐術《さじゅつ》は拙《つた》ない誠実に勝てぬ」というは、まさにこのこと。楽羊は手柄を立てながら疑われ、秦西巴は罪あるにもかかわらず益《ます》ます信頼された。その差は仁と不仁の違いから生じたのである。

【読み下し】
楽羊　魏の将と為りて以て中山《ちゅうざん》を攻む。其の子　中山に在《あ》り。中山其《そ》の子を懸《か》けて楽羊に示すも、楽羊為《ため》に志　衰えず、これを攻むること愈《いよ》いよ急なり。中山因りて其の子を烹《に》て、これに羹《あつもの》を遺《おく》るに、楽羊これを食《くら》いて一杯を尽《つ》くす。中山其の誠を見るや、其れと戦うに忍びず、果たしてこれに下《くだ》る。遂に魏の文侯の為に地を開く。文侯其の功を賞するも其の心を疑う。孟孫猟して麑《げい》を得、秦西巴をして持帰せしむ。其の母随《したが》いて鳴けば、秦西巴忍びずして、縦《ゆる》してこれに与う。孟孫怒りて秦西巴を逐《お》う。居ること一年、召して以て其の子の傅《ふ》と為す。左《さ》右《ゆう》曰く、「夫れ秦西巴は君に罪有り、今以て子の傅と為すは何ぞや」と。孟孫曰く、「夫れ一麑を以てしてすら忍びず、又た将《は》た能く吾が子に忍びんや」と。故に曰く、「巧詐《こうさ》は拙誠《せつせい》に如《し》かず」と。楽羊は有功を以て疑われ、秦西巴は有罪を以て益《ます》ます信ぜらるるは、仁と不仁とに由《よ》るなり。

【原文】

楽羊為魏将以攻中山。其子在中山、中山懸其子示楽羊、楽羊不為衰志、攻之愈急。中山因烹其子而遺之羹※、楽羊食之尽一杯。中山見其誠也、不忍与其戦、果下之。遂為魏文侯開地。文侯賞其功而疑其心。孟孫猟得麑、使秦西巴持帰、其母随而鳴、秦西巴不忍、縦而与之。孟孫怒而逐秦西巴。居一年、召以為其子傅※。左右曰、夫秦西巴有罪於君、今以為子傅※、何也。孟孫曰、夫以一麑而不忍、又将能忍吾子乎。故曰、巧詐不如拙誠。楽羊以有功而見疑、秦西巴以有罪而益信、由仁与不仁也。

【注釈】

◉『韓非《かんぴ》子《し》』説林《せつりん》上篇および『淮南子』人間訓《じんかんくん》にもとづく。また『戦国策』魏策・中山策にもみえる。◉中山—戦国時代、今の河北省定県あたりにあった国の名。◉魏の文侯—戦国初期、魏に強盛をもたらした英主、名は斯《し》、在位前四四五〜前三九六。◉孟孫—魯《ろ》の孟孫氏。具体的に誰を指すかは未詳。

第六篇　復恩《ふくおん》（恩義に報いる）

「復恩《ふくおん》」とは、受けた恩義・恩徳に報いること、俗にいう恩返しである。これは前篇で恩徳を施《ほどこ》すことを主張したのを承《う》けて、受けた側のとるべき態度を述べたものであって、第五篇と対《つい》をなしている。また恩義に報いることは当然節士《せつし》の必須条件でもあり、したがって第四篇とも関連している。

復恩はもとより美行の一つである。無私《むし》の恩愛を受けた者が、真心をもってそれに報いることは、確かにうるわしい情景である。劉向ももちろん、人として不可欠な行為として復恩を取り上げているのである。が、それだけではない。真意は別の所にある。すなわち臣下として君主に報恩すべきを説くのが、その本当の狙いである。衰退しつつある漢王朝を再建するために、全臣下に漢王朝に対する復恩・忠誠を呼びかけているのである。そうすることが、宗族《そうぞく》として恩義を受けた漢室《かんしつ》に対する彼自身の復恩でもあったのである。

29　報恩は人の道

【現代語訳】

孔子は「徳ある者は孤独ではない。必ず隣人がいるものだ」といわれた。そもそも恩徳を施す者は、それを恩に着せないことをむねとするが、恩徳を受けた者は必ずそれに報いることを心掛けねばならない。それゆえ、臣下は勤め励んで君主のために働いて、しかも恩賞を求めず、君主は施しを与えて臣下を養い、しかもそれを恩に着せることはしないのである。それで『易経《えききょう》』に「勤労しても怨《うら》みに思わず、功績があっても恩に着せないのは、厚篤心《こうとくしん》のきわみである」というのである。君臣は互いに商《あきな》いの道をもって交わるものである。君主は俸禄をかかげて臣下を待遇し、臣下は力を尽くしてそれに報いるのである。臣下に予想外の功績があったときには、君主は彼に特別に大きな恩賞を与え、逆に君主から破格の恩寵《おんちょう》を受けたときには、臣下は必ず死すともそれに報いるのである。孔子がいわれた、「北方に蟨《けつ》という名の獣がいる。前足が鼠《ねずみ》で、後足が兎《うさぎ》の形をしているため速く走れない。この獣は蛩蛩《きょうきょう》と巨虚《きょきょ》を異常なほど愛していて、甘い草をみつけると、必ず嚙《か》み砕いて蛩蛩と巨虚に与える。蛩蛩と巨虚は人が近づこうとするのをみると、必ず蟨を背負って走って逃げる。といっても蟨は何も生まれつき蛩蛩・巨虚を愛しているわけではない。その足を借りようとしてのことである。蛩蛩と巨虚のほうもまた、本性として蟨を愛しているのではない。蟨が自分たちのために甘い草をみつけ与えてくれるからである。いったい禽獣《きんじゅう》や昆虫《こんちゅう》でさえも、なお互いに力を貸し合い、恩を返し合うことを知っている。ましてや学徳ある士の名声・利益を天下に挙げようとする者なら、なおのことである」。そもそも臣下が君主の恩義に報いずして、自分の家の利益のことのみを考えることこそ禍《わざわ》いの根源であり、君主が臣下の功績にこたえることなく、行賞を躊躇《ちゅうちょ》することはまた乱の基因である。いったい禍いや乱の始まりは、すべて恩義に報いないことから生まれるのである。

【読み下し】

孔子曰く、「徳は孤《こ》ならず、必ず隣《となり》有り」と。夫れ徳を施す者は徳とせざるを貴《とうと》び、恩を受くる者は必ず報《むく》ゆるを尚《とうと》ぶ。是《こ》の故に臣は労勤して以て君の為《ため》にし、而《しか》も其の賞を求めず、君は施を持して以て下を牧し、而も徳とする所無し。故に易《えき》に曰く、「労して怨《うら》みず、功《こう》有りて徳とせざるは、厚の至りなり」と。君臣相与《あいとも》に市道《しどう》を以て接す。君は禄《ろく》を懸《か》けて以てこれを待ち、臣は力を竭《つ》くして以てこれに報ゆ。臣に不測《ふそく》の功有るに逮《およ》びては、則ち主これに加うるに重賞を以てし、如《も》し主に超異の恩有らば、則ち臣必ず死して以てこれに復す。孔子曰く、「北方に獣有り、其の名を蟨《けつ》と曰う。前足は鼠、後足は兎なり。是の獣や、甚しいかな其の蛩蛩《きょうきょう》・巨虚《きょきょ》を愛すること。食《しょく》に甘草を得れば、必ず齧《か》んで以て蛩蛩・巨虚に遺《おく》る。蛩蛩・巨虚、人の将《まさ》に来《きた》らんとするを見れば、必ず蟨を負《お》いて以て走る。蟨　性《せい》　蛩蛩・巨虚を愛するに非ず、其の足を仮《か》りんが為の故なり。二獣者も亦た性蟨を愛するに非ず、其の甘草を得てこれに遺るが為の故なり。夫れ禽獣昆虫すら猶《な》お比仮して相報ゆる有るを知るなり。況《いわ》んや士君子の名利を天下に興《おこ》さんと欲する者に於《お》てをや」と。夫れ臣　君の恩を復さずして、苟《いやし》くも其の私門《しもん》を営《いとな》むは、禍の原なり。君　臣の功に報ゆる能わずして、行賞を憚《はばか》るは、亦た乱の基なり。夫れ禍乱《からん》の源基は、恩に報いざるより生ず。

【原文】

孔子曰、徳不孤、必有鄰。夫施徳者貴不徳、受恩者尚必報。是故臣労勤以為君、而不求其賞、君持施以牧下、而無所徳。故易曰、労而不怨、有功而不徳、厚之至也。君臣相与以市道接、君懸禄以待之、臣竭力以報之。逮臣有不測之功、則主加之以重賞、如主有超異之恩、則臣必死以復之。孔子曰、北方有獣、其名曰蟨、前足鼠、後足兎。是獣也、甚矣其愛蛩蛩巨虚也、食得甘草、必齧以遺蛩蛩巨虚。蛩蛩巨虚見人将来、必負蟨以走。蟨非性之愛蛩蛩巨虚也。為其仮足之故也。二獣者亦非性之愛蟨也、為其得甘草而遺之故也。夫禽獣昆蟲、猶知比仮而相有報也、況於士君子之欲興名利於※天下者乎。夫臣不復君之恩而苟営其私門、禍之原也。君不能報臣之功而憚行賞者、亦乱之基也。夫禍乱之源基、由不報恩生矣。

【注釈】

◉孔子曰く—『論語』里仁《りじん》篇の文。◉易に曰く—繋辞上伝《けいじじょうでん》の文。今本《きんぽん》は「労而不伐」（労して伐《ほこ》らず）につくる。◉市道—商売の道。君臣が互いに利益を求めあうこと。『韓非子《かんぴし》』難一《なんいつ》篇に「臣は死力を尽くして以て君と市《あきな》し、君は爵禄を垂《た》れて以て臣と市す」とある。◉孔子曰く—以下、蟨と蛩蛩・巨虚のことは『韓詩外伝《かんしがいでん》』巻五・『呂氏春秋《りょししゅんじゅう》』不広《ふこう》篇・『淮南子《えなんじ》』道応訓《どうおうくん》にみえる。ただし、『呂氏春秋』と『淮南子』は、その能《よ》くするところをもって能くせざるところに託《たく》するを主旨とする。◉蟨—北方（今の東北部らしい）にいたとされる兎に似た獣《けもの》。前後の足の長さが違うので、顚倒《てんとう》しやすい。『爾雅《じが》』『説文《せつもん》』『山海経《せんがいきょう》』などにもみえる。◉蛩蛩—一に「邛邛」につくる。青い色の馬に似た獣という。◉巨虚—「距虚」「駏驉」にもつくる。騾馬《らば》に似て少し小さい。この二獣は、よく百里を走るという。◉私門—王事を公《おおやけ》とするのに対して私という。門は家、家柄。◉禍—身や家を滅亡させるのは、士人にとって最大の不幸である。

【解説】

「徳を施す者は徳とせざるを貴び、恩を受くる者は必ず報ゆるを尚ぶ」と理想を最初に掲げるが、すぐそのあとに「君臣相与に市道（利害）を以て接す」と実態を暴露し、最後に「臣　君の恩を復さずして、苟くも其の私門を営むは、禍の原なり」と強調する。劉向の本音がどこにあるか、うかがえよう。君主に恩賞をもって臣下を統御《とうぎょ》せよと説くのはまさしく法家《ほうか》の説そのものであり、儒家《じゅか》の義を紐帯《ちゅうたい》とする君臣倫理に反するが、君権強化をはかる劉向にとってはやむを得ないところであった。

30　趙襄子の賞の与え方

【現代語訳】

趙襄子《ちょうじょうし》が晋陽《しんよう》の地で包囲された。ようやく囲みが解《と》け、功績のあった臣下五人に恩賞を与えた。ところが、高赫《こうかく》がなんの功もないのに最高の賞を授けられたので、五人はともに怒った。そこで家老の張孟談《ちょうもうだん》が（五人を代表して）襄子にたずねた、「晋陽の戦《いくさ》では、高赫は大きな手柄を立てておりません。なのにいま彼に最高の賞を与えたのはなにゆえですか」。襄子が答えた、「私が包囲されて苦しんでいたとき、君臣の礼を失わなかったのは赫《かく》だけだ。そなたたちは確かに功績は立てたが、みな私に対して驕慢《きょうまん》な態度であった。赫に最高の賞を与えるのは、なんと当然ではないか」。孔子がこれを聞いてこう評した、「趙襄子こそ立派に士に賞を授けるものといえよう。一人に賞を授けただけで、天下の人臣に君臣の礼を失わせないようにしたのだ」。

【読み下し】

趙　襄子《ちょうじょうし》　晋陽《しんよう》に囲まる。囲み罷《や》み、有功の臣五人を賞す。高赫　功《こう》無くして上賞を受く。五人皆《みな》怒る。張孟談《ちょうもうだん》　襄子に謂いて曰く、「晋陽の中、赫に大功無し。今これに上賞を与うるは何ぞや」と。襄子曰く、「吾れ拘厄《こうやく》の中に在りしとき、臣主の礼を失わざるは唯だ赫のみなり。子《し》　功有りと雖《いえど》も、皆寡人《かじん》に驕《おご》れり。赫に上賞を与うるは、亦た可ならずや」と。仲尼《ちゅうじ》これを聞きて曰く、「趙襄子は善く士を賞すと謂《い》うべきかな。一人を賞して、而して天下の人臣、敢《あえ》て君臣の礼を失うもの莫《な》し」と。

【原文】

趙襄子見囲於晋陽、罷囲、賞有功之臣五人、高赫無功而受上賞、五人皆怒。張孟談謂襄子曰、晋陽之中、赫無大功、今与之上賞何也。襄子曰、吾在拘厄※之中、不失臣主之礼、唯赫也。子雖有功、皆驕寡人。与赫上賞、不亦可乎。仲尼聞之曰、趙襄子可謂善賞士乎。賞一人、而天下之人臣莫敢失君臣之礼矣。

【注釈】

⦿『韓非子』難一篇・『呂氏春秋』義賞《ぎしょう》篇・『淮南子』氾論訓《はんろんくん》および人間訓《じんかんくん》・『史記』趙世《ちょうせい》家《か》にみえる。また本書の建本・敬慎・権謀篇にも関連記事がある。⦿趙襄子—春秋時代の晋の大夫、名は無恤《むじゅつ》。⦿晋陽—今の山西省太原《たいげん》県。

31 秦の繆公《ぼくこう》の思いやり

【現代語訳】

秦《しん》の繆公《ぼくこう》がかつて外出したおり、乗っていた駿馬《しゅんめ》とはぐれてしまった。自分で行って探したが、見つけたときには、もう人々が殺してしまったあとで、ちょうどその肉を食べているところであった。繆公が彼らに「それは私の駿馬であるぞよ」というと、人々はみな怖れて起《た》ちあがった。繆公は、「私の聞いた話では、駿馬の肉を食べて酒を飲まなかったら死んでしまうということだ」といって、すぐに順番に酒を飲ませた。馬を殺した者たちは、みな恥じ入って去っていった。三年後、晋《しん》が繆公を攻めてこれを包囲した。さきに馬の肉を食べた者たちは語らっていった、「今こそ命を捨てて、馬を食べて酒を飲ましてもらった恩徳に報ずるときだ」。かくて（彼らの奮闘で）囲みを破り、繆公はついに困難を克服して晋に勝ち、恵公《けいこう》を捕虜にして凱旋《がいせん》した。これは、恩徳を出《いだ》して福がかえってくるということである。

【読み下し】

秦の繆公嘗て出でて其の駿馬《しゅんば》を亡《うしな》う。自《みずか》ら往《い》きてこれを求むるに、人の已《すで》に其の馬を殺し、方《まさ》に共に其の肉を食《くら》うを見る。繆公謂いて曰く、「是れ吾が駿馬なり」と。諸人皆惧《おそ》れて起《た》つ。駿馬の肉を食いて酒を飲まざる者は人を殺す、と」と。即ち次《じ》を以てこれに酒を飲ましむ。秦の繆公を攻めてこれを囲む。往時の馬肉を食いし者相謂いて曰く、「以て死を出だして、馬を食いて酒を得たるの恩に報ずべし」と。遂に囲みを潰《つい》やし、繆公卒《つい》に以て難を解き晋に勝つを得《え》、恵公を獲《え》て以て帰る。此れ徳出でて福反《かえ》るなり。

【原文】

秦繆公嘗出而亡其駿馬、自往求之、見人已殺其馬、方共食其肉。繆公謂曰、是吾駿馬也。諸人皆懼而起。繆公曰、吾聞、食駿馬肉、不飲酒者殺人。即以次飲之酒、殺馬者皆慙而去。居三年、晋攻秦繆公囲之。往時食馬肉者相謂曰、可以出死、報食馬得酒之恩矣。遂潰囲、繆公卒得以解難勝晋、獲恵公以帰。此徳出而福反也。


【注釈】

◉『呂氏春秋』愛士篇・『韓詩外伝』巻十、『淮南子』氾論訓《はんろんくん》・『史記』秦本紀《しんほんぎ》にみえる。◉秦の繆公—春秋時代の秦の名君、名は任好《じんこう》、在位前六五九〜前六二一。秦強大化の基礎を築く。穆公とも書く。『書経』の秦誓《しんせい》篇はその改悟《かいご》のことばを記したもの。◉晋　秦の繆公を攻む—前六四五年、晋と秦が韓《かん》の平原で戦ったことを指す。


【解説】

孔子の「厩《うまや》火事」の話に相通ずるところのある佳話である。また、話の内容はまったく異なるが、日本の高倉天皇の紅葉のエピソード（『平家物語』巻六）も私には想起されるのだが、この説話は日本古典には他に取り入れられていないのだろうか。

32　陰徳ある者は陽報あり

【現代語訳】

楚《そ》の荘王《そうおう》が大ぜいの臣下たちのために酒宴を催《もよお》した。日も暮れ、宴《えん》もたけなわというとき、あかしの蠟燭《ろうそく》が消え、あたりは闇となった。と、美人の衣《ころも》の裾《すそ》を引いた者がある。美人はその者の冠《かんむり》の纓《ひも》を引きちぎり、王に告げていった、「いま蠟燭が消えましたとき、妾《わらわ》の衣の裾を引いた者がございます。妾はそやつの冠の纓を引きちぎって手に持っておりますから、すぐに火を持ってこさせて、誰の纓がちぎれているかお調べなさいませ」。王はいった、「人に酒をふるまって、酔うて無礼を働いたとて、どうして女の操《みさお》を顕《あらわ》すために士を辱《はずか》しめられようか」。そこで左右の者に命じていう、「きょう私と酒を飲むのに、もし冠の纓を断《た》ち切らない者があれば不快に思うぞ」。臣下百人余りは、みな自分の冠の纓を断ちきった。そこで火を持ってこさせ、宴の終りまで歓楽を尽くした。それから二年、晋と楚が戦ったおり、一人の臣下が常に戦いの最前列に陣どり、五たび合戦して、そのたびごとに敵の首級《しゅきゅう》を挙げ、敵を退《しりぞ》けた。その者の働きで、楚はついに勝利を得た。荘王はいぶかしく思ってその士にたずねた、

「私はもともと徳が薄いし、またそなたを特別に扱ったこともない。そなたはなぜ逃げもせず、あのように命を捨ててかかったのか」。士は答えていった、「やつがれは死すべき罪あるものです。むかし酔って無礼を犯しましたおり、王はこらえて、罪を明らかにして誅罰《ちゅうばつ》を加えようとはなさいませんでした。王が人知れず恩恵を施して下さったとしても、やつがれとしては明らかな形で恩に報いぬわけにはまいりません。長い間、肝脳《かんのう》を地にまみれさせ、首の血を敵に注ぎかけたいといつも願っておりました。やつがれこそ、あの夜、冠の纓を引きちぎられた者でございます」。かくて晋軍を退け、楚は強大となることができた。これが、ひそかに徳を施す者には明らかな報いがあるということである。

【読み下し】

楚の荘王　群臣に酒を賜《たま》う。日暮れ酒酣《たけなわ》にして燈燭《とうしょく》滅す。乃《すなわ》ち美人の衣《ころも》を引く者有り。美人援《ひ》きて其の冠の纓《えい》を絶《た》ち、王に告《つ》げて曰く、「今者《いま》燭滅するに、妾《しょう》の衣を引く者有り。妾援きて其の冠纓を得てこれを持《じ》す。火を趣《うなが》して来り上《のぼ》さしめ、纓を絶つ者を視《み》よ」と。王曰く、「人に酒を賜いて、酔《え》いて礼を失わしむ。奈何《いかん》ぞ婦人の節を顕《あらわ》さんと欲して士を辱《はずかし》めんや」と。乃ち左右《さゆう》に命じて曰く、「今日《こんにち》寡人《かじん》と飲むに、冠纓を絶たざる者は懽《よろこ》ばず」と。群臣百有余人、皆其の冠纓を絶去《ぜつきよ》す。而して火を上し、卒《つい》に懽《かん》を尽くして罷《や》む。居ること二年、晋　楚と戦う。一臣有りて常に前に在り、五たび合《ごう》して五たび首を獲《え》、敵を却《しりぞ》け、卒にこれに勝つを得たり。荘王怪《あやし》みて問いて曰く、「寡人徳薄く、又た未だ嘗て子を異《こと》にせず、子　何の故に死を出だして疑わざること是《か》くの如きぞ」と。対えて曰く、「臣《しん》　死に当《あた》る。往者《さき》に酔いて礼を失いしに、王隠忍《いんにん》し、暴《あらわ》して誅せざるなり。臣終《つい》に敢て蔭蔽《いんぺい》の徳を以て、王に顕報せずんばあらざるなり。常に肝脳《かんのう》地に塗《まみ》れ、頸血《けいけつ》を用《もつ》て敵に湔《そそ》がんと願うこと久し。臣乃《すなわ》ち夜　纓を絶ちし者なり」と。遂に晋軍を斥《しりぞ》け、楚以て強きを得たり。此れ陰徳有る者は必ず陽報有るなり。

【原文】

楚荘王賜群臣酒。日暮酒酣、燈燭滅、乃有引※美人之衣者。美人援絶其冠纓、告王曰、今者燭滅、有引妾衣者、妾援得其冠纓持之、趣火来上、視絶纓者。王曰、賜人酒、使酔失礼、奈何欲顕婦人之節而辱士乎。乃命左右曰、今日与寡人飲、不絶冠纓者不懽。群臣百有餘人、皆絶去其冠纓、而上火、卒尽懽而罷。居二年、晋与楚戦、有一臣常在前、五合五獲首却敵、卒得勝之。荘王怪而問曰、寡人徳薄、又未嘗異子、子何故出死不疑如是。対曰、臣当死、往者酔失礼、王隠忍不暴而誅也。臣終不敢以蔭蔽之徳而不顕報王也、常願肝脳塗地、用頸血湔敵久矣。臣乃夜絶纓者也。遂斥晋軍、楚得以強。此有陰徳者、必有陽報也。

【注釈】

◉『韓詩外伝』巻七にもとづく。◉楚の荘王―春秋時代の楚の賢主、名は旅《りょ》、在位前六一三～前五九一。春秋五覇《ごは》の一人に数えられる。◉美人―王侯に仕える女官の名称。

33 人を見る目をもて

【現代語訳】

陽虎《ようこ》が衛《えい》の国で罪を犯し、北方へ逃げて趙簡子《ちょうかんし》に謁見するや、開口一番、「私、今後二度と人を引き立ててやりなどいたしますまい」といった。趙簡子が「なぜかね」とたずねると、陽虎はこう答えた、「そもそも今の大臣の半数以上は私の挙用《きょよう》した者たちであり、朝廷の官吏たちもやはり半数以上が私の取り立ててやった者、辺境を守る士人《しじん》たちも、これまた同じく半数以上が私の取り立ててやった者なのです。それなのにいま、大臣どもは自ら《みずか》進んで私を君主と離反させ、朝廷の官吏どもは自ら進んで私を処罰しようとし、辺境の士どもは自ら進んで武器をもって私を脅迫《きょうはく》しようとするありさまなのです」。それを聞いて趙簡子はいった、「ただ賢人だけがよく恩に報いることができるのであって、愚《おろ》か者に恩返しなどできない相談です。いったい桃や李《すもも》を植える者は、夏はその木陰で休息し、秋にはその実を食べることができますが、蒺藜《はまびし》を植える者は、夏は憩《いこ》うこともできず、秋には実を食うどころか、かえって棘《とげ》に刺されます。いままであなたの植えてきたのは蒺藜であって桃李《とうり》ではなかっただけの話です。これからはせいぜい人を選んでお立てなさい。立ててから選んでも、後の祭りです」。

【読み下し】

陽虎　罪を衛《えい》に得《え》、北して簡子に見《まみ》えて曰く、「今より以来、復《ま》た人を樹《た》てじ」と。簡子曰く、「何ぞや」と。陽虎対えて曰く、「夫《そ》れ堂上の人、臣の樹《た》つる所の者半《なか》ばを過ぐ。朝廷の吏、臣の立つる所の者亦た半ばを過ぐ。辺境の士、臣の立つる所の者亦た半ばを過ぐ。今夫《か》の堂上の人、親《みずか》ら臣を君より却《しりぞ》け、朝廷の吏、親ら臣を法に危くし、辺境の士、親ら臣を兵に劫《おびや》かす」と。簡子曰く、「唯だ賢者のみ能く恩に報ゆと為す。不肖者《ふしょうしゃ》は能わず。夫れ桃李《とうり》を樹《た》つる者は、夏に休息を得《え》、秋に食を得《う》。蒺藜《しつれい》を樹つる者は、夏に休息を得ず、秋に其の刺《し》を得《う》。今子《し》の樹つる所の者は蒺藜なり、桃李に非ざるなり。今より以来、人を択《えら》んでこれを樹てよ、已《すで》に樹ててこれを択ぶこと毋《な》かれ」と。

【原文】

陽虎得罪於衛、北見簡子曰、自今以来、不復樹人矣。簡子曰、何哉。陽虎対曰、夫堂上之人、臣所樹者過半矣※、朝廷之吏、臣所立者亦過半矣、辺境之士、臣所立者亦過半矣。今夫堂上之人、親却臣於君、朝廷之吏、親危臣於法、辺境之士、親劫臣於兵。簡子曰、唯賢者為能報恩、不肖者不能。夫樹桃李者、夏得休息、秋得食焉。樹蒺藜者、夏不得休息、秋得其刺焉。今子之所樹者、蒺藜也、非桃李也。自今以来、択人而樹之、毋已樹而択之。

【注釈】

◉『韓詩外伝』巻七にもとづくが、そちらでは陽虎ではなく、魏の子《し》質《しつ》の話になっている。また『韓非子』外儲説左下《がいちょせつさげ》に陽虎と趙簡子の類似の対話がみえるが、文章はまったく異なっている。◉陽虎—陽貨《ようか》ともいう（『論語』陽貨篇に孔子とのやりとりがみえる）。魯《ろ》の季氏《きし》の家老すなわち陪臣《ばいしん》であったが、三桓《さんかん》をもしのぐ権勢を有し、国政を牛耳った。のち謀反を起し、失敗して趙に亡命した。本章はその時のことであるから、衛《えい》はおそらく魯の誤りと思われるが、今は旧文に従っておく。◉堂上の人—官府の堂上で執務する人のことで官長をいう。◉桃李を樹つ—陽虎が人を挙用する意味で「樹」といったのを承《う》けて、簡子は木を植えるという本義で応じたのである。

第七篇　政理《せいり》（為政の道理）

本篇は政治の基本的な心構えや大綱を説く。説かれている思想的内容は、徳治《とくち》・愛民《あいみん》・尊賢《そんけん》・節倹《せっけん》・誠信《せいしん》・謙譲《けんじょう》など様々であって、本書全体のダイジェストの趣きがある。また、他の諸篇が機智《きち》に富む逸話を主とするのに対し、本篇では主題を正面から、かつ理論的に叙述したものが多い。したがっておもしろ味という点ではやや見劣りがするが、『説苑』の思想研究においては極めて重要な一篇である。

なお思想内容についてはいまも述べたように、あまり変りばえはしないのであるが、ただ「夫《そ》れ国を治《おさ》むるは、譬《たと》うれば琴を張るが若《ごと》し。大絃《たいげん》急なれば、則ち小絃絶《た》ゆ」（第三章）、「国家を為《おさ》むるは、これを廟堂の上に謹《つつ》しめば、而《すなわ》ち国家治まれり」（第六章）、「（民を治むるには）懍懍焉《おずおず》として腐索《くさりなわ》を以て奔馬《ほんば》を御《ぎょ》するが如し」（第七章）などといった道家《どうか》もしくは黄老《こうろう》思想的な傾向をもつものがかなり目につくことは特記しておきたい。これらは漢初の黄老思想に由来しているが、劉向自身、黄老思想の「無為《むい》の治《ち》」を政治術として高く評価していたのであった。仁義《じんぎ》礼楽《れいがく》による王道の提唱と、黄老的統治術との融合が劉向の「政理」であり、そしてそれは漢代儒教の共通の「政理」でもあったのである。

34 政治の三つの等級

【現代語訳】

政治には三つの等級がある。王者の政治は徳によって民を教化《きょうか》し、覇者《はしゃ》の政治は権威で民を威圧し、強者の政治は力ずくで民を脅迫《きょうはく》する。そもそもこの三者はそれぞれ施行《しこう》すべき対象があるのであるが、教化をむねとする王者の政治が最上のものである。いったい教化しても向上しないときには威圧し、威圧しても変らないときには脅迫し、脅迫してさえどうにもならぬときには刑罰を用いる。刑罰まで用いるのは、王者の本意では決してない。したがって聖なる王者は、徳の教化を第一として刑罰を後まわしにし、栄誉と恥辱の観念を植えつけて犯罪を未然に防ぎ、礼義の節度を尊んで民に示し、財貨の利益をさげすんで民の金銭欲を改めさせる。身近や家族の者を正しく治め、家内の礼を修めて配偶者の関係を統一すれば、民に礼義の栄誉を思って欲にふける恥辱をいとわない者はいなくなる。このような状態が実現されるのは、まさしく教化によってである。

【読み下し】

政に三品《さんぴん》有り。王者の政はこれを化《か》し、覇者の政はこれを威《おど》し、彊者《きようしや》の政はこれを脅《おびやか》す。夫《そ》れ此の三者は各おの施《ほどこ》す所《ところ》有れども、これを化するを貴しと為す。夫れこれを化して変ぜず、而る後にこれを威《おど》す。これを威して変ぜず、而る後にこれを脅す。これを脅して変ぜず、而る後にこれを刑《けい》す。夫れ刑に至る者は、則ち王者の貴ぶ所に非ざるなり。是《ここ》を以て聖王は徳教を先にして刑罰を後にし、栄恥《えいち》を立てて防禁を明らかにし、礼義の節を崇《とうと》びて以てこれに示し、貨利の弊を賤《いやし》みて以てこれを変ず。近きを修め内を理《おさ》め、橛機《けつき》の礼を敵《ただ》し、妃匹《ひひつ》の際を壱《いつ》にすれば、則ち下《しも》義礼の栄を慕《した》いて貪乱《たんらん》の恥を悪《にく》まざる莫《な》し。其のこれを致す所由《ゆえん》の者は、化然《しか》らしむるなり。

【原文】

政有三品、王者之政化之、霸者之政威之、彊者之政脅之。夫此三者、各有所施、而化之為貴矣。夫化之不変、而後威之、威之不変、而後脅之、脅之不変、而後刑之。夫至於刑者、則非王者之所貴也。是以聖王先徳教而後刑罰、立栄恥而明防禁、崇礼義之節以示之、賤貨利之弊以変之、修近理内、政橛機之礼、壹妃匹之際、則下※莫不慕義礼之栄而悪貪乱之恥。其所由致之者、化使然也。

【注釈】
◉王者—道徳をもって教導するという王道を行う天子。◉覇者—力による支配という覇道《はどう》を行う帝王。◉彊者—覇者よりさらに力ずくの者。◉弊—幣と通ず。◉橛機—門位《もんい》のしきり。

【解説】
「教えずして殺す、これを虐《ぎゃく》と謂《い》う」（『論語』堯曰《ぎょうえつ》篇）、徳治を標榜する儒家は、人民の教化を政治の第一の任務とし、刑罰は用いない（「刑は措《お》きて用いず」）ことを理想とする。そしてそれが儒家の最高道徳たる仁《じん》の政治だと考える。このような理想主義、逆からいえばきれいごとが、漢代以降、儒教が国教的地位を獲得した主要な理由である。もっとも、法家思想や陰陽説（徳を陽、刑を陰にあてる）の影響を受けた漢代の儒家は、孟子のような刑罰不要論的理想主義とは異なり、刑罰の重要性を肯定し、むしろ刑罰を統治のための不可欠な手段とみなしている。ただ、あくまで徳教が先で刑罰は後という原則は崩されていない。この章の主張は、董仲舒《とうちゅうじょ》などの説とともにその典型といえるものである。劉向には別に、同様の主張を述べた上奏文《じょうそうぶん》もある。

35　君子の徳は風

【現代語訳】
季孫《きそん》が孔子にたずねた、「無道の者を殺して有道《ゆうどう》の者に親しむという政治はどんなものでしょう」。孔子が答えた、「あなたが政治を行うのに、どうして殺すことなどいりましょうか。あなたが善を望みさえすれば、民は善良になります。上に立つ君子の徳は風のようなものであり、下の民は草であります。風が吹けば、草は必ずその方向に伏《ふ》すものです」。この孔子のことばは、教化を明らかにするだけで十分効果のあることを説明したものである。

【読み下し】
季孫　孔子に問いて曰く、「如《も》し無道を殺し、以て有道に就《つ》かば何如《いかん》」と。孔子曰く、「子《し》政を為すに、焉《いずく》んぞ殺《さつ》を用いん。子　善を欲すれば、而《すなわ》ち民善なり。君子の徳は風なり、小人の徳は草なり。草、これに風を上《くわ》うれば必ず偃《ふ》す」と。言うこころは其の化《か》を明らかにせんのみ、となり。

【原文】

季孫問於孔子曰、如殺無道、以就有道、何如。孔子曰、子為政、焉用殺。子欲善、而民善矣。君子之徳風也、小人之徳草也、草上之風必偃。言明其化而已也。

【注釈】

◉『論語』顔淵《がんえん》篇にもとづく。◉季孫―魯《ろ》の家老職たる三桓《さんかん》のうち、最も勢威のあった家柄。『論語』では季康子《きこうし》となっている。名は肥《ひ》。◉草、これに風を上うれば必ず偃す―本書君道篇にも、「上の下を化するは、猶お風の草を靡《なび》かすがごとし。東風には則ち草靡きて西し、西風には則ち草靡きて東す。風の由る所に在り、草これが為《ため》に靡く」とある。

【解説】

徳治主義のたとえとして有名なものである。この楽観は、孟子のような性善説者は無論のこと、性悪説や性三品《さんぴん》説（人には性善・性善性悪混在・性悪の三種があるとする）の論者においても共通のものであった。人間の向上能力への信頼が、儒教のすべての教義の根底を支えているのである。ただし、次章に「国を治むるに二機有り、刑・徳是れなり」、「刑徳なる者は化の由《よ》りて興る所なり」といい、刑の必要性を忘れていない（旧本では本章に併せて一章とする）。つまり、向上能力への信頼は、人間への全幅の信頼とはただちに同値ではないのである。

36　下々の声を聞く

【現代語訳】

公叔文子《こうしゆくぶんし》が楚《そ》の令尹《れいいん》となった。三年もの間、人民は誰も朝廷に訴えごとに来なかった。公叔子が文子に会い、「厳格すぎます」と注意したところ、文子は「朝廷が厳格なのが、なんで国家の政治の妨げになったりしようか」と答えた。そこで公叔子が説明していった、「朝廷が厳格であると、下々《しもじも》の者はものをいわなくなります。下々の者が沈黙すれば、上に立つ者は聾者《ろうしや》と同じです。唖者《あしや》（口がきけない）と聾者（耳が聞こえない）では互いに話が通じません。こんなことでどうして国が治まりましょうか。思うに、私はかようなことを聞いております、一針一針順に縫い続けてゆけば帷《とばり》や幕《まく》もでき、一升一斗《いっしょういっと》を重ねてゆけば倉庫に満《み》ちるほどになり、小さな流れも集まればば大きな川や海となる、と。英明な君主は、人の意見を聞いてもそれを行わないということはあっても、はじめから聞く耳もたぬということは決してないのです」。

【読み下し】

公叔文子、楚の令尹と為《な》る。三年民敢《あえ》て入朝《にゅうちょう》すること無し。公叔子見《まみ》えて曰く、「厳《げん》なり」と。文子曰く、「朝廷の厳なるや、寧《なん》ぞ国家の治《ち》を妨《さまた》ぐと云わんや」と。公叔子曰く、「厳なれば則ち下暗《いん》す。下暗すれば則ち上聾《ろう》す。聾暗相通ずる能わず、何の国かこれ治《おさ》まらんや。蓋《けだ》しこれを聞く、針縷《しんる》に順《したが》う者は帷幕《いばく》を成し、升斗《しょうと》を合する者は倉廩《そうりん》に実《み》ち、小流を幷《あわ》せて江海《こうかい》を成す、と。明主なる者、命を受けて行わざる所有るも、未だ嘗て受けざる所有らざるなり」と。

【原文】

公叔文子為楚令尹、三年民無敢入朝。公叔子見曰、厳矣。文子曰、朝廷之厳也、寧云妨国家之治哉。公叔子曰、厳則下暗、下暗則上聾、聾暗不能相通、何国之治也。蓋聞之也、順針縷者成帷幕、合升斗者実倉廩、幷小流而成江海。明主者、有所受命而不行、未嘗有所不受也。


【注釈】

⊙正諫篇《せいかん》にほぼ同じ話が景公《けいこう》と晏子《あんし》の対話（『晏子春秋《あんししゅんじゅう》』内篇諫下《ないへんかんげ》にもとづく）として収められている。⊙公叔文子—普通は衛の大夫公孫枝《こうそんし》をいうが、ここは楚の話なので同人ではないであろう。⊙令尹—楚の国の宰相の称号。⊙公叔子—文子の一族の賢人であろう。

37　愚公の谷

【現代語訳】

斉《せい》の桓公《かんこう》が猟に出かけ、鹿を追いかけて馬を走らせるうち、とある山谷の中に入りこんでしまった。一人の老人をみかけて、「これは何という名の谷か」とたずねると、彼は「愚公《おろかもの》の谷と申します」と答えた。桓公が「なぜそのような名がついたのか」ときくと、彼は「私の名をとってそう名づけたのです」と答えた。桓公が「いま貴公《きこう》の様子を観察するに、とても愚人《ぐじん》のようにはみえぬ。どうしたわけで貴公のためだというのだ」とさらに問い質《ただ》すと、かの老人はこう答えた、「では申し上げましょう、お聞き下さい。私は以前、牝牛《めうし》を飼っていましたが、それが生んだ子牛が成長して大きくなりましたので、その子牛を売って子馬を買い入れました。するとある若者が『牛が馬を生むはずがない』と難くせをつけ、さっさと子馬を連れ去ってしまいました。近所の者たちはこの話を聞いて私を愚《おろ》か者とあざけり、それでこの谷を愚公の谷と名づけたのでございます」。それを聞いた桓公はいった、「なるほど、まことに貴公は愚か者だわい。一体どうして子馬をそやつに渡したりしたのだ」。桓公はそのまま帰り、明日の朝務《ちょうむ》のおり、管仲《かんちゅう》にこの一件を話して聞かせた。すると管仲は襟《えり》を正し再拝《さいはい》していった、「これは私の過失でございます。もし堯《ぎょう》が天子で咎繇《こうよう》が裁判官であったなら、誰が人の子馬を奪ったりいたしましょう。またこの老人のような暴力にあった者も、決して物を渡しは致しますまい。彼は裁判が正しく行われておらず、訴えても無駄だと知っていたので、やむなく渡したのです。どうか退出させていただき、基本から政治をやり直したく存じます」。孔子がこの説話を論評していう、「弟子たちよ、この話をよく覚えておきなさい。桓公は覇者《はしゃ》の君主であり、管仲は賢人の輔《ほ》佐《さ》である。それでもなお、智者でありながら愚人のごとく振舞わねばならない者が、民の中にいたのである。まして桓公や管仲に及ばない者が治めたとすれば、どうなるか知れたことであろう」。

【読み下し】

斉の桓公出でて猟し、鹿を逐《お》いて走り、山谷の中に入る。一老公を見、これに問いて曰く、「是れを何の谷とか為《な》す」と。対えて曰く、「愚公《ぐこう》の谷と為す」と。桓公曰く、「何の故ぞ」と。対えて曰く、「臣を以てこれに名づく」と。桓公曰く、「今、公の儀状《ぎじょう》を視《み》るに、愚人に非《あら》ざるなり。何為《なんす》れぞ公を以てこれに名づくるや」と。対えて曰く、「臣請《こ》う、これを陳《の》べん。臣故《もと》牸《じ》牛を畜《やしな》いしに、子を生《う》みて大なれば、これを売りて駒《く》を買うに、少年『牛　馬を生む能わず』と曰《い》い、遂に駒を持《じ》して去れり。傍隣《ぼうりん》これを聞き、臣を以て愚と為し、故に此の谷に名づけて愚公の谷と為す」と。桓公曰く、「公誠《まこと》に愚なり。夫れ何為れぞこれに与えしや」と。桓公遂に帰り、明日朝《ちょう》するに以て管仲に告ぐ。管仲衿《えり》を正し再拝して曰く、「此れ夷吾《いご》の過なり。堯をして上に在り、咎繇《こうよう》をして理と為さしめば、安《いずく》んぞ人の駒を取る者有らんや。若《も》し暴せらるること是の叟《そう》の如き者有りとても、又た必ず与えざらん。公　獄訟《ごくしょう》の正しからざるを知り、故にこれに与えしのみ。請う退《しりぞ》きて政を修《おさ》めん」と。孔子曰く、「弟子これを記《しる》せ。桓公は覇君なり、管仲は賢佐なり、猶お智を以て愚と為す者有り。況《いわ》んや桓公・管仲に及ばざる者をや」と。

【原文】

斉桓公出猟、逐鹿而走、入山谷之中。見一老公而問之曰、是為何谷。対曰、為愚公之谷。桓公曰、何故。対曰、以臣名之。桓公曰、今視公之儀状、非愚人也。何為以公名之※。対曰、臣請陳之。臣故畜牸牛、生子而大、売之而買駒。少年曰、牛不能生馬、遂持駒去。傍隣聞之、以臣為愚、故名此谷為愚公之谷。桓公曰、公誠愚矣、夫何為而与之。桓公遂帰、明日朝、以告管仲。管仲正衿再拝曰、此夷吾之過也※。使堯在上、咎繇為理、安有取人之駒者乎。若有見暴如是叟者、又必不与也。公知獄訟之不正、故与之耳。請退而脩政。孔子曰、弟子記之。桓公霸君也、管仲賢佐也、猶有以智為愚者也。況不及桓公管仲者也。


【注釈】

⦿今本《きんぽん》にはみえないが、『芸文類聚《げいもんるいじゅう》』巻九によれば、『韓非子《かんぴし》』にもとづくものらしい。⦿愚公—愚《おろ》かな男の意味だが、ここでは固有名詞的に扱われている（『列子《れっし》』湯問《とうもん》篇の「愚《ぐ》公《こう》山を移す」の場合も同様）。なお「愚公の谷」は山東省臨淄《りんし》県の西に実在したという。⦿衿を正す—居住《いずま》いを改めて謹厳にするさま。⦿咎繇—舜《しゅん》のとき士（＝理、司法官）となり、また禹《う》の輔佐となった賢臣。「皐陶《こうよう》」とも書く。

38　力に任ずるより人に任ぜよ

【現代語訳】

宓子賤《ふくしせん》が単父《ぜんほ》の知事をしていたとき、日がな琴を弾いて一歩も役所から出なかったが、単父はよく治まった。巫馬期《ふばき》も単父を治めたことがあるが、彼のほうは朝星《あさぼし》を仰いで出かけ、夜星《よぼし》を戴《いただ》いて戻るというように、日夜少しもじっとせず、自《みずか》ら事にあたり精勤に励んだ。そして単父はやはりよく治まった。巫馬期がそのわけを宓子賤にたずねると、宓子賤はいった、「私のやり方を人《ひと》任せといい、あなたのやり方を力《ちから》任せといいます。力任せの者は当然ながら勤労に励まねばなりませんが、人任せの者はのんびりできるのです」。ある人が二人をこう評している、「宓子賤こそ君子《くんし》のやり方である。手と足は休めて、目と耳を聡明に働かせ、心気《しんき》を常に安定させているので、部下の官僚がすべて正しくその任務を果たすのであるが、それは彼がすべて定められたとおりにして、部下に任せているからである。巫馬期のほうはそうではない。身を疲れさせ精力を費やし、あれこれなくもがなの命令を下《くだ》す。治まったとはいっても、それは最上の治まり方ではない」。

【読み下し】

宓子賤　単父を治むるに、鳴琴《めいきん》を弾《だん》じ、身　堂を下らずして単父治まる。巫馬期も亦た単父を治め、星を以て出で、星を以て入り、日夜処《お》らず、身を以てこれを親《みずか》らし、而して単父亦た治まる。巫馬期　其の故《ゆえ》を宓子賤に問う。宓子賤曰く、「我をこれ人に任《にん》ずと謂い、子をこれ力に任ずと謂う。力に任ずる者は固《もと》より労し、人に任ずる者は固より佚《いっ》す」と。人曰く、「宓子賤は則ち君子なり。四肢《しし》を佚し、耳目《じもく》を全くし、心気を平《たい》らかにして百官治《おさ》まる。其の数《すう》に任ずるのみ。巫馬期は則ち然《しか》らず。性を弊《へい》し情を事とし、教詔《きょうしょう》を労煩《ろうはん》す。治まると雖《いえど》も、猶お未だ至らざるなり」と。

【原文】

宓子賤治単父、弾鳴琴、身不下堂而単父治。巫馬期亦治単父、以星出、以星入、日夜不処、以身親之、而単父亦治。巫馬期問其故於宓子賤。宓子賤曰、我之謂任人、子之謂任力。任力者固労、任人者固佚。人曰、宓子賤則君子矣。佚四肢、全耳目、平心気、而百官治、任其数而已矣。巫馬期則不然、弊性事情、労煩教詔。雖治、猶未至也。

【注釈】

◉『呂氏春秋《りょししゅんじゅう》』察賢《さつけん》篇にもとづく。また『韓詩外伝《かんしがいでん》』巻二にもみえる。◉宓子賤―孔子の弟子で名は不斉《ふせい》。単父の宰《さい》となったことは『史記』仲尼弟子列伝《ちゅうじていしれつでん》にもみえるが、『論語』にはただ、「子　子賤《しせん》を謂う、君子なるかな若《かくのごと》き人。魯に君子者《くんししゃ》無かりせば、斯《こ》れ焉《いずく》にか斯れを取らん」（公冶長《こうやちょう》篇）という孔子の評を載《の》せるのみ。◎単父—今の山東省単県《ぜんけん》。◎心気—心持ち、心の活動は精気によるものであるから、かくいう。◎巫馬期—孔子の弟子、名は施《し》。◎数—定められた規則、数度。◎性を弊し情を事とす—性は生命、情は精力、事は疲労。

【解説】

この章は、前言に述べた無為《むい》の治《ち》を称賛するものの一つだが、ここにはまた宰相や長官といった要路の者は、政治の大体をこそ把握しておけばよく、自ら実務にあたるべきではないという思想も現れている。この思想は上級役人たる「官《かん》」と事務員たる「吏《り》」とを理念的に差別することとなり、また上級役人たちの実務能力の欠如を隠蔽《いんぺい》する絶好の楯《たて》ともなった。科挙《かきょ》が経学や詩文の才能を試験するだけで、実務能力をまったく問わないのも、こういった考え方がその根底に存しているからである。

39 牛頭馬肉

【現代語訳】

斉《せい》の景公《けいこう》は男装《だんそう》の婦人を好んだので、国中の人々はこぞって男装をしたり、あるいはさせたりするようになった。景公は役人に「女子にして男子の服装をする者は、その衣服を引き裂《さ》き、帯《おび》を断《た》ち切る」との禁令を発布《はっぷ》させた。衣服を引き裂かれ、帯を断ち切られる者が続出したが、目の前で次々とそのような目にあうのをみながら、男装する者は一向《いっこう》になくならない。晏子《あんし》が景公に謁見《えっけん》すると、公はたずねた、「私は役人に女子が男子の服装をすることを禁止させた。ところが、その衣服を引き裂かれ、帯を断ち切られる者が次から次と出てきて、一向になくならない。どうしてだろうか」。晏子が答えた、「殿は宮廷内では男装させておおきになりながら、外ではそれを禁止なされております。それはあたかも玄関に牛の首を掲げておいて、実際には馬肉を買わせようとするようなものです。どうして宮廷内でも男装を禁止なさいませぬ。さすれば、外の者も男装などよう致しますまい」。景公は「なるほど」といい、早速、宮廷内でも禁止した。すると一月もたたぬうちに、男装する者は国中にいなくなった。

【読み下し】

景公　婦人にして丈夫《じようふ》の飾《しよく》する者を好む。国人尽《ことごと》くこれを服《ふく》す。公　吏《り》をしてこれを禁ぜしめて曰く、「女子にして男子の飾する者は、其の衣を裂《さ》き、其の帯を断《た》つ」と。衣を裂き帯を断つこと相望《あいのぞ》むも、而れども止《や》まず。晏子見《まみ》ゆ。公曰く、「寡人《かじん》　吏をして女子にして男子の飾する者を禁ぜしめり。其の衣を裂き其の帯を断つこと相望むも、而れども止まざるは何ぞや」と。対えて曰く、「君これを内に服せしめて、而してこれを外に禁ず、猶お牛首を門に懸《か》けて、而して馬肉を買わんことを求むるがごときなり。公胡《なん》ぞ内をして服すること勿《な》からしめざる、則ち外敢《あえ》て為すもの莫《な》からん」と。公曰く、「善《よ》し」と。内をして服すること勿からしむ。月を旋《めぐ》らさずして、国これを服するもの莫し。

【原文】

景公好婦人而丈夫飾者、国人尽服之。公使吏禁之、曰、女子而男子飾者、裂其衣、断其帯。裂衣断帯相望而不止。晏子見、公曰、寡人使吏禁女子而男子飾者、裂其衣断其帯相望而不止者、何也。対曰、君使服之於内、而禁之於外、猶懸牛首於門、而求買馬肉也。公胡不使内勿服、則外莫敢為也。公曰、善。使内勿服、不旋月、而国莫之服也。

【注釈】

◉『晏子春秋《あんししゅんじゅう》』内篇雑下《ないへんざつげ》にもとづく。ただし景公ではなく、二代前の霊公《れいこう》のこととなっている。

第八篇　尊賢《そんけん》（賢者を尊ぶ）

尊賢論《そんけんろん》は劉向の政治思想の中核であり、彼が終生主張しつづけたスローガンであった。『説苑』においても、全体を通じて最も数多いテーマとなっているのが尊賢論である。したがって本篇は、全書の中でも最も重要な一篇であるといってよい。

劉向のいう尊賢とは、上辺だけ賢人を大事にすることでは無論ないし、また真に尊んでいたとしても、精神的な面に止まっていてはならない。実際に賢人を任用し、その意見を実行することをいうのである。尊賢論としては墨子《ぼくし》の尚賢論《しょうけんろん》が有名であり、劉向もその影響を受けているが、儒家においても任賢使能《にんけんしのう》をいい、政治思想としてはポピュラーなものである。劉向がこのありきたりともいえる尊賢論を改めて強調するのは、理想的政治を実現したいという確かに儒者としての意欲の表れではあるが、実は真の狙いは別のところにある。その狙いとは、皇帝に自分および自分と志《こころざし》を同じくする者を賢人として任用し、政敵、すなわち宦官《かんがん》や外戚《がいせき》を不肖《ふしょう》としてしりぞけさせることである。尊賢論は政争の手段・大義名分なのである（ことは劉向のみに限らない。尊賢論が鼓吹されるときは、ほとんどいつもそうである)。だが実は、これは非常に危険な賭《か》けである。なぜなら、相手方に逆用されて自分たちが不肖とされる可能性があるからである。実際、王莽《おうもう》は賢人という評判を醸成してついに漢の天下を奪った。また、賢臣に勢威《せいい》を与えよという尊賢論は、臣下の力をそいで皇帝に権力を集中させようとする劉向のもう一つの路線と矛盾するところがある。しかし劉向は、そのような危険性や齟齬《そご》をあえて無視して尊賢論を主張した。彼にとって尊賢論は、危機的状況を打開する唯一の切札《きりふだ》であったからである。

40 賢者を尊ぶことの効果(一)

【現代語訳】

およそ人の君主として世を平安に治《おさ》め、栄誉名声を後世に残したいと思う者は、必ず賢者を尊び徳行ある士にへりくだらねばならない。『易経《えききょう》』に「上位の者が下位の者にへりくだれば、その道は大いに現れる」といい、また「身分の高い者が低い者にへりくだれば、大いに民心を得る」という。そもそも賢明なる王者が恩徳を施《ほどこ》して下々の者にへりくだるのは、遠くの者を自分になつかせ、また近くの者を招きよせようと思うからである。いったい朝廷に賢者がいないのは、あたかも鴻鵠《おおとり》に羽翼《うよく》がないようなものであり、千里の遠きに行く望みがあったとしても、行きたい所に行くことはできない。それゆえ大きな川や海を渡ろうとする者は船に頼り、遠い道をきわめようとする者は馬車に頼る。同様に覇王《はおう》たらんと欲する者は賢人に頼るのである。伊尹《いいん》・呂尚《りょしょう》・管夷吾《かんいご》・百里奚《ひゃくりけい》といった人たちは覇王の船や馬車である。肉親である父兄や子孫に頼らないのは、彼らをうとんずるのではない。（先の四人はそれぞれ）料理人、漁をし牛をほふるを業《なりわい》とする者、仇敵《きゅうてき》および奴隷《どれい》であるが、そのような者に委託するのは、彼らにおもねるのではない。国家を維持し、功名を立てる道は、こうする以外にないのである。それはちょうど大工が宮殿を造るのに、大小の寸法を計って必要な材木を決め、仕事を比べ考えて所要人数を知るようなものである。だから呂尚が周の文王に招かれて、天下の人々は殷《いん》が今にも滅亡して、かわって周《しゅう》が王となることを知り、管夷吾と百里奚が任用されて、天下の人々は斉《せい》と秦《しん》が必ず覇者となるであろうことを知った。してみれば、事を成就《じょうじゅ》するのに委頼するものが必須であることは、何も船や馬車に限ったことではないのである。そもそも王道覇業《はぎょう》を成し遂げるには当然、人物が必要であるが、国家を破滅させるのもまたもちろん人によるのである。桀《けつ》が有莘《ゆうしん》を用い、紂《ちゅう》が悪来《あくらい》を用い、宋が唐鞅《とうおう》を用い、斉が蘇秦《そしん》を用い、秦が趙高《ちょうこう》を用いたとき、天下の人々はこれらの国が滅亡することを知った。然《しか》るべき人を用いないで功名を立てようとするのは、譬《たと》えていえば夏至《げし》の日に夜の長いことを望み、魚を射《い》るのに、天に向って銛《もり》を射って当てようとするようなものである。そんなことは舜《しゅん》・禹《う》にだってできない相談である。ましてや凡俗な君主の場合にはなおさらのことである。

【読み下し】

人君の天下を平治して栄名を垂れんと欲する者は、必ず賢を尊びて士に下《くだ》る。易《えき》に曰く、「上《かみ》よりして下《しも》に下《くだ》る、其の道大いに光《あらわ》る」と。又た曰く、「貴を以て賤《せん》に下れば、大いに民を得《う》」と。夫れ明王の徳を施して下に下るは、将《まさ》に遠きを懐《なつ》けて近きを致さんとすればなり。夫れ朝《ちょう》に賢人無きは、猶お鴻鵠《こうこく》の羽翼無きがごときなり。千里の望み有りと雖《いえど》も、猶お其の意の至らんと欲する所を致す能わず。是の故に江海を絶《わた》る者は船に託し、遠道《えんどう》を致す者は乗《じょう》に託し、覇王を欲する者は賢に託す。伊尹・呂尚・管夷吾・百里奚は、此れ覇王の船乗《せんじょう》なり。父兄と子孫とを釈《す》つるは、これを疏《うと》ずるに非ざるなり。庖人《ほうじん》・釣屠《ちょうと》と仇讐《きゅうしゅう》・僕虜《ぼくりょ》とに任ずるは、これに阿《おもね》るに非ざるなり。社稷《しゃしょくじ》を持し、功名を立つるの道、然らざるを得ざるなり。猶お大匠《たいしょう》の宮室を為《つく》るに、小大を量《はか》りて材木を知り、功校《こうこう》を比して人数を知るがごとし。是の故に呂尚聘《へい》せられて、天下　商の将に亡びて周の王たらんとするを知り、管夷吾・百里奚任ぜられて、天下　斉・秦の必ず覇たるを知る。豈《あ》に特《ひと》り船乗のみならんや。夫れ王覇を成すには固《もと》より人有り。国を亡ぼし家を破るにも亦た固より人有り。桀　有莘を用い、紂　悪来を用い、宋　唐鞅を用い、斉　蘇秦を用い、秦　趙高を用いて、而して天下其の亡ぶるを知る。其の人に非ずして而も功有らんと欲するは、譬《たと》えば其れ夏至の日にして夜の長きを欲し、魚を射《い》るに天を指して、発して当たるを欲するが若《ごと》きなり。舜・禹と雖も、猶お亦た困《くる》しむ。而るを又た況んや俗主をや。

【原文】

人君之欲平治天下、而垂栄名者、必尊賢而下士。易曰、自上下下、其道大光。又曰、以貴下賤、大得民也。夫明王之施徳而下下也、将懐遠而致近也。夫朝無賢人、猶鴻鵠之無羽翼也。雖有千里之望、猶不能致其意之所欲至矣。是故絶※江海者託於船、致遠道者託於乗、欲霸王者託於賢。伊尹呂尚管夷吾百里奚、此霸王之船乗也、釈父兄与子孫、非疏之也。任庖人釣屠与仇讐僕虜、非阿之也。持社稷立功名之道、不得不然也。猶大匠之為宮室也、量小大而知材木矣、比功校而知人数矣。是故呂尚聘、而天下知商将亡而周之王也、管夷吾百里奚任、而天下知斉秦之必霸也。豈特船乗哉。夫成王霸固有人、亡国破家、亦固有人、桀用有莘、紂用悪来、宋用唐鞅、斉用蘇秦、秦用趙高、而天下知其亡也、非其人而欲有功、譬其若夏至之日而欲夜之長也、射魚指天、而欲発之当也。雖舜禹、猶亦困、而又況乎俗主哉。

【注釈】

⊙易に曰く―益卦《えきか》の彖伝《たんでん》。益☴☳は上を損して下を益す象。「又た曰く」は屯卦《ちゅんか》☵☳初九《しょきゅう》の小象《しょうしょう》。陽⚊が陰⚋の下に在ることをいう。陰陽説では陽が尊く陰が卑しい。⊙鴻鵠―くぐい、大形の白鳥。⊙江海を絶る者は船に託す―以下、末尾まで『呂氏春秋《りょししゅんじゅう》』知度《ちど》篇にもとづく。⊙管夷吾―管仲《かんちゅう》のこと。夷吾はその名。⊙百里奚―春秋、虞《ぐ》の人。字は井伯《せいはく》。虞が晋《しん》に滅ぼされた際、捕虜となり、秦の穆公《ぼくこう》の媵臣《ようしん》（下僕）とされた。去りてまた楚《そ》に捕えられたが、穆公がその賢を聞き、五匹の羊の皮をもって贖《あがな》った。よって五羖大夫《ごこたいふ》の別称がある。以後、穆公を助けて秦を強国にのし上げた。⊙庖人―伊尹をさす。伊尹は料理人となって、湯《とう》と接触する機会を求めた。庖人は賤職《せんしょく》である。⊙釣屠―呂尚（太公望《たいこうぼう》）をさす。釣《ちょう》は渭水《いすい》で釣をしていて文王と会ったこと、屠《と》はかつて朝歌《ちょうか》で牛の解体をしていたことをいう。⊙仇讐―管仲をさす。管仲はかつて桓公《かんこう》の対抗者子糾《しきゅう》を輔佐し、自《みずか》ら桓公を射たことがある。⊙僕虜―百里奚をさす。前注を参照。⊙商―殷《いん》の別名。祖の契《せつ》が封じられた地名（今の陝西《せんせい》省商県と伝えられる）を国号としたという。⊙有莘―干莘《かんしん》ともいう。桀の邪佞《じゃねい》の臣で勇力があった。⊙悪来―諸侯のことを紂に讒言《ざんげん》した。⊙唐鞅―宋の康王の臣。臣下に王を畏《おそ》れさせるためには、善悪の区別なく一時に罪せよ、と説いたという。◉蘇秦―洛陽の人。張儀《ちょうぎ》とともに遊説家の代表的人物。六国が合従《がっしょう》して秦に対抗せよと説き、六国兼任の相となる。のち張儀の連衡《れんこう》策に敗れて暗殺された。◉趙高―秦の宦官。始皇帝が死んだとき、詔《みことのり》を偽って次子胡亥《こがい》を二世皇帝に立て、傀儡《かいらい》に仕立てて権力を握り、のちまた丞相李斯《じょうしょうりし》を殺して専横の限りを尽くした。まさしく秦滅亡のもととなった逆臣。

41　賢者を尊ぶことの効果（二）

【現代語訳】

ある人の論説に次のような一文がある。「桓公《かんこう》を仁義を重んずる者と評そうか。いや、彼は兄を殺して自《みずか》ら君位に即《つ》いたのだから、仁義を重んずる者ではない。では桓公を恭倹《つつましやか》と評そうか。いや、彼は婦人を自分の車に乗せて、一緒に街中を駆け回ったのだから、恭倹ではない。ならば桓公を清潔と評そうか。いや、彼の閨門《ねや》の内は乱れていて、嫁《とつ》がすことのできる女子のおらぬありさま、とても清潔とはいえぬ。この三つの行為は、いずれも亡国失位《しつい》の所業であって、桓公はしかも三つとも兼ね行ったのである。それでいながら、管仲《かんちゅう》・隰朋《しゅうほう》を臣下に加えたおかげで、諸侯を九たび招集して天下を一つに匡正《きょうせい》統合し、ことごとく周《しゅう》の王室に参内させて五覇《ごは》の中での第一人者となり得たのである。その理由はただ一つ、賢人の輔佐《ほさ》を得たからである。ところが、管仲・隰朋を失い、豎刁《じゅちょう》・易牙《えきが》という輩《やから》を任用するや、身は死したのちも長く葬られず、死体は腐って戸口より蛆虫《うじむし》が流出する無惨《むざん》な終末となった。同じ人間でありながら、かくも栄誉と屈辱が分れたのは何故なのか。それは任用する相手が異なったからである」。この論説からみても、輔佐の任用はまことに緊急の大事であることがわかる。

【読み下し】

或るひと曰く、「将《は》た桓公を仁義と謂《い》わんか、兄を殺して立つ、仁義に非《あら》ざるなり。将た桓公を恭倹《きょうけん》と謂わんか、婦人と輿《よ》を同じうして邑中《ゆうちゅう》に馳《は》す、恭倹に非ざるなり。将た桓公を清潔と謂わんか、閨門《けいもん》の内、嫁《とつ》ぐべき者無し、清潔に非ざるなり。此の三者は亡国失君の行なり。然り而して桓公兼ねてこれ有り、管仲・隰朋を得たるを以て、諸侯を九合《きゅうごう》し、天下を一匡《いっきょう》し畢《ことごと》く周室に朝《ちょう》せしめて五覇の長と為る。其の賢佐《けんさ》を得たるを以てなり。管仲・隰朋を失い、豎刁・易牙に任ずるや、身《み》死して葬られず、虫流れて戸《こ》より出づ。一人の身にして、栄辱倶《とも》に施す者は何者《なんぞ》や。其の任ずる所異《こと》なればなり」と。此れに由りてこれを観《み》れば、則ち佐に任ずること急なり。

【原文】

或曰、将謂桓公仁義乎、殺兄而立、非仁義也。将謂桓公恭倹乎、与婦人同輿馳於邑中、非恭倹也。将謂桓公清潔乎、閨門之内、無可嫁者、非清潔也。此三者、亡国失君之行也。然而桓公兼有之、以得管仲隰朋、九合諸侯、一匡天下、畢朝周室、為五霸長。以其得賢佐也。失管仲隰朋、任豎刁易牙、身死不葬、蟲流出戸。一人之身、栄辱倶施者、何者。其所任異也。由此観之、則任佐急矣。※

【注釈】

◉或るひと――未詳だが、『新書《しんじょ》』胎教篇《たいきょう》および連語篇《れんご》に類似の文章があるので、あるいは賈誼《かぎ》を指すのかもしれない（また『大戴礼《だたいれい》』保傅篇《ほふ》にも類似の文がみえる）。なお、ある人の言の範囲がはっきりしないが、今は『新書』との照合により、右のように定めておく。◉兄を殺して立つ――桓公は庶兄《しょけい》の子糾《しきゅう》を殺して位に即《つ》いた。◉婦人と輿を同じうして邑中に馳す――『韓非子』外儲説右下《がいちょせつゆうげ》に「桓公被髪《ひはつ》して婦人を御《ぎょ》し、日び市に遊ぶ」とある。◉閨門の内、嫁ぐべき者無し――桓公は姑《おば》や姉妹と姦通し、嫁がなかった者が七（一説に九）人もいたと伝えられる。閨門は閨房《けいぼう》の門で内廷をいう。⦿隰朋―桓公の賢臣で、管仲とともに国務につとめた。⦿諸侯を九合し、天下を一匡す―『論語』憲問篇《けんもん》に「桓公諸侯を九合するに兵車を以てせざるは、管仲の力なり」「管仲 桓公に相《しょう》たりて、諸侯に覇たらしめ、天下を一匡す」とあるによる。桓公の覇業を称する常套文句《じょうとうもんく》で、『史記』斉世家《せいせいか》はじめ諸書によく用いられる。⦿五覇の長―五覇の数え方については異説があるが、桓公はいずれの説においても筆頭に挙げられる。⦿豎刁・易牙―ともに桓公の寺人《じじん》（宦官）。易牙は桓公の近習雍巫《ようふ》の字《あざな》。料理役で、自分の子を煮殺《にころ》して桓公の意を迎えたという。⦿身死して葬られず―桓公の死後、五人の子が跡目を争ってお家騒動となり、桓公の死体は六十七日間放置されていたという。

42 まず九九の術者より始む

【現代語訳】

斉の桓公は謁見《えっけん》を乞《こ》う士の便宜をはかって庭に篝《かが》り火を設置させたが、一年たっても、誰一人謁見を乞いにやって来る者がなかった。ある日、東部の田舎者《いなかもの》が「九九《くく》」の算術ができますと称して、桓公に謁見した。公がからかって「九九は謁見を願い出るほど値打ちのあるものか」というと、田舎者は次のように答えた、「私は九九が謁見賜《たま》わるに値《あたい》するものと思っておるのではございません。私は殿様が庭に篝り火を設置して士を待望されているのに、一年間、誰もやって来ないと聞き及びました。そもそも士がやって来ないのは、殿様が天下きっての賢君であらせられるからです。四方の士はみんな、とても自分は殿様にはかなわないと判断して、それで来ないのです。いったい九九など、取るに足りぬ能力ですが、それでさえ殿様が礼遇《れいぐう》なさるとすれば、九九より優れた能力を有する者の処遇の厚さは、いうまでもありますまい。太山《たいざん》は土くれや石ころも辞退せず、長江や海は小さな水流も迎え入れる、だからあのような大いなるものになるのだ、と申します。『詩経《しきょう》』に『古《いにし》え人も申された、必ず民に詢《はか》らえ、と』とありますが、それはいろいろな人々と博《ひろ》く相談するという意味なのです」。桓公は「よし、わかった」といって、すぐにその者を厚く礼遇した。すると、たった一ヵ月で、四方から士が相連《あいつら》なり輻輳《ふくそう》してやって来るようになった。『詩経』に「堂より降《お》りて基《もと》へ行き、羊を見終えて牛に行く」とあるが、それはこの話のように、何事も内から外へ、小から大へと進む道理を説いているのである。

【読み下し】

斉の桓公 庭燎《ていりょう》を設け、士の造《いた》り見《まみ》ゆるを欲する者の為《ため》にす。期年《きねん》にして士至らず。是に於て東野《とうや》の鄙人《ひじん》、九九《きゅうきゅう》の術を以て見ゆる者有り。桓公曰く、「九九は以て見ゆるに足るか」と。鄙人対えて曰く、「臣《しん》 九九を以て見ゆるに足ると為すに非ず。臣聞くならく、主君庭燎を設けて以て士を待つに、期年にして士至らず、と。夫れ士の至らざる所以の者は、君 天下の賢君《けんくん》なればなり。四方の士、皆自《みずか》ら君に及ばずと以謂《おも》い、故に至らざるなり。夫れ九九は薄能《はくのう》なるのみ、而して君猶《な》おこれを礼せば、況《いわ》んや九九より賢なる者をや。夫れ太山《たいざん》は壌石《じょうせき》を辞せず、江海《こうかい》は小流に逆《さから》わず、所以《ゆえ》に大を成すなり。詩に云う、『先民《せんみん》言える有り、芻蕘《すうじょう》に詢《はか》る』と。博《ひろ》く謀《はか》るを言うなり」と。桓公曰く、「善し」と。乃《すなわ》ち因《よ》りてこれを礼す。期月《きげつ》にして四方の士相携《あいたずさ》えて並び至る。詩に曰く、「堂より基に徂《ゆ》き、羊より牛に徂《ゆ》く」と。言うこころは、内を以て外に及ぼし、小を以て大に及ぼす、となり。

【原文】

斉桓公設庭燎、為士之欲造見者。朞年而士不至。於是東野鄙人有以九九之術見者。桓公曰、九九※足以見乎。鄙人対曰、臣非以九九為足以見也。臣聞※主君設庭燎以待士、朞年而士不至。夫士之所以不至者、君天下賢君也。四方之士、皆自以謂不及君、故不至也。夫九九薄能耳、而君猶礼之、況賢於九九者乎※。夫太山不辞壌石、江海不逆小流、所以成大也。詩云、先民有言、詢于芻蕘※。言博謀也。桓公曰、善。乃因礼之。朞月、四方之士相携而並至矣※。詩曰、自堂徂基※、自羊徂牛。言以内及外、以小及大也。

【注釈】

◉『韓詩外伝』巻三にもとづく。◉庭燎―庭で灯《とも》す篝り火。賢者を厚遇する礼儀。◉東野の鄙人―古代の説話にはよく「斉東の野人」が登場する。◉太山―山東省にある名山で、五嶽のうちの東嶽《とうがく》にあたる。泰山《たいざん》とも書く。◉詩に云う―大雅・板《はん》篇。◉芻蕘―草刈人と木こり、庶民をいう。◉詩に曰く―周頌《しゅしょう》・絲衣《しい》篇。祭祀《さいし》の準備を詠《うた》った詩で、詩の原意は、門堂やその基礎がきれいに清められているか、羊や牛の犠牲がととのっているか調べにまわることをいう。

【解説】

有名な「先《ま》ず隗《かい》より始めよ」と同工異曲《どうこういきょく》の説話であるが、それを『詩経』に結びつけているところが儒家《じゅか》の儒家たる真骨頂といえよう。内より外、小から大へというのは、儒教の最も基本的思考パターンである。

43　珠玉は足なくして至る

【現代語訳】

趙簡子《ちょうかんし》が西河《せいが》で船遊びをし、大いに楽しんでいたが、ふと嘆息をもらしていった、「どうかして賢士を得てともに楽しみたいものだ」。それを聞いた船頭の古乗《こじょう》は跪《ひざまず》いてこう申し上げた、「いったい珠玉には足はありませんが、数千里の彼方《かなた》からはるばるやってまいりますのは、人がそれを愛好するからです。いま士には足があるのにやって来ないのは、わが君が士をお好みにならぬからではございませんか」。趙簡子がいった、「わが門下の左右の堂で養う食客は千人、朝食が足りぬとあらば暮に市場から税を取りたて、夕食が足りなければ、朝に取りたてる。それでもなお私が士を好んでいないというのか」。古乗はいった、「鴻鵠《おおとり》が高く遠く飛翔《ひしょう》できるのは、六枚の翮《はね》のおかげです。背の上の毛や腹の下の毳《にこげ》はごく短いもので、一握り取り去っても飛び方が低くなるわけでもなく、また一握り増《ふ》やしてもより高く飛べるわけではありません。門下の左右におられる千人の客がたは、はてさて六枚の翮の用に立つ人がおいでなのやら、それともすべて毛毳《もうぜい》の類《たぐい》なのやら……」。

【読み下し】

趙簡子　西河に游《あそ》びてこれを楽しむに、嘆じて曰く、「安《いずく》にか賢士を得て与《とも》に処《お》らん」と。舟人古乗跪きて対《こた》えて曰く、「夫《そ》れ珠玉に足無きも、此《ここ》を去ること数千里よりして能く来《きた》る所以の者は、人これを好めばなり。今《いま》士に足有りて而も来《きた》らざるは、此れ是れ吾が君これを好まざるか」と。趙簡子曰く、「吾が門の左右の客千人あり。朝食足らずば暮に市《し》征《せい》を収め、暮食《ぼしょく》足らずば朝《あした》に市征を収む。吾れ尚お士を好まずと謂うべけんや」と。舟人古乗対えて曰く、「鴻鵠《こうこく》の高く飛び遠く翔《あ》がるに、其の恃《たの》む所の者は六翮《りくかく》なり。背上《はいじょう》の毛、腹下の毳《ぜい》は尺寸の数無く、これを去ること把《は》に満つるも、飛ぶことこれが為に卑《ひく》きを益す能わず、これを益すこと把に満つるも、飛ぶことこれが為に高きを益す能わず。知らず、門下の左右の客千人なる者、亦た六翮の用有るか、将《は》た尽《ことごと》く毛毳なるかを」。

【原文】

趙簡子游於※西河而楽之、歎曰、安得賢士而与処焉。舟人古乗跪而対曰、夫珠玉無足、去此数千里而所以能来者、人好之也。今士有足而不来者、此是吾君不好之乎。趙簡子曰、吾門左右客千人、朝食不足、暮収市征、暮食不足、朝収市征、吾尚可謂不好士乎。舟人古乗対曰、鴻鵠高飛遠翔、其所恃者六翮也。背上之毛、腹下之毳、無尺寸之数、去之満把、飛不能為之益卑、益之満把、飛不能為之益高。不知門下左右客千人者、亦有六翮之用乎※、将尽毛毳也。

【注釈】

◎『韓詩外伝』巻六にもとづく。また『新序《しんじょ》』雑事篇にもみえる。ただし、両書とも晋の平公《へいこう》のこととする。◎西河—黄河の西（今の竜門《りゅうもん》附近）の部分。◎安にか賢士を得て与に処らん—ここの「安得」は願望を表す言い方で反語ではない。◎翮—羽を支える根本《ねもと》の茎の部分。◎毳—細い柔毛。

44 賜うこと薄くして求むること厚し

【現代語訳】

斉《せい》の威王《いおう》の十三年のこと、諸侯たちが兵を挙げて斉を討伐しようとした。斉王はそれを聞いて震《ふる》えあがり、慌《あわ》てて群臣や大臣を呼び集め、事態を告げていった、「誰か私のためにいい知恵を出してくれい」。すると博士の淳于髡《じゅんうこん》が天を仰いで大いに笑い、返答しなかった。王が再び問うと、またもや大笑いして応じない。王が三たび問うても、今度も笑って答えない。ついに王は憤然として顔色を変え、「先生は私のことばを冗談と思われるのか」と詰《なじ》った。と、彼はこう答えた、「私め、大王のおことばを冗談と思っておるわけでは毛頭ございません。私はわが隣家の田の祭り方を笑ったのであります。彼らは一膳の飯《めし》と一壺《ひとつぼ》の酒と三尾の鮒《ふな》とを供え、『高地には稲豊かに実り、下田からは百車ほどの収穫あって、後世に至るまで盈《み》ち盈ちて余りあらんことを』と祝詞《のりと》をあげておりました。その神へのお供えが粗末なくせに、願いごとの厚かましいのを笑ったのであります」。そこで王は淳于髡を上卿《じょうけい》に取り立てて千金と革車《かくしゃ》百台を与え、諸侯との折衝に当らせた。諸侯はそれを聞くや、すぐに軍備を解《と》き、士卒を休ませて、結局、斉を攻めようとはしなかった。これはまったく淳于髡の力量によるものではなかろうか。

【読み下し】

十三年、諸侯兵を挙げて以て斉を伐《う》たんとす。斉王これを聞き、愓然《てきぜん》として恐れ、其の群臣大夫《たいふ》を召し、告げて曰く、「智有らば寡人《かじん》の為にこれを用いよ」と。是に於て博士淳于《じゅんう》髡《こん》天を仰いで大笑して応ぜず。王復《ま》たこれに問うに、又た大笑して応ぜず。三たび問うも、三たび笑いて応ぜず。王艴然《ほつぜん》として色を作《な》し、悦《よろこ》ばずして曰く、「先生、寡人の語を以て戯《たわむ》れと為すか」と。対えて曰く、「臣敢《あえ》て大王の語を以て戯れと為すに非ず。臣、臣が隣の田を祠《まつ》るを笑いしなり。一奩《れん》の飯、一壺《いっこ》の酒、三鮒魚《ふぎょ》もて祝して曰く、『蟹堁《かいか》なる者は禾《か》に宜しく、洿邪《おじゃ》なる者は百車、これを後世に伝え、洋々として余り有り』と。臣其の鬼に賜うこと薄くしてこれに請うこと厚きを笑いしなり」と。是に於て王乃《すなわ》ち淳于髡を立てて上卿と為し、これに千金・革車百乗《ひゃくじょう》を賜い、諸侯と平《たい》らぐるの事に与《あずか》らしむ。諸侯これを聞き、立ちどころに其の兵を罷《や》め、其の士卒を休ませ、遂に敢《あえ》て斉を攻めず。此れ淳于髡の力に非ずや。

【原文】

十三年、諸侯挙兵以伐斉。斉王聞之、惕然而恐、召其群臣大夫、告曰、有智為寡人用之。於是博士淳于髡仰天大笑而不応。王復問之、又大笑不応、三問、三笑不応。王艴然作色、不悦曰、先生以寡人語為戯乎。対曰、臣非敢以大王語為戯也。臣笑臣隣之祠田也、以一奩飯、一壺酒、三鮒魚、祝曰、蟹堁者宜禾、洿邪者百車、伝之後世、洋洋有餘。臣笑其賜鬼薄而請之厚也。於是王乃立淳于髡為上卿、賜之千金、革車百乗、与平諸侯之事。諸侯聞之、立罷其兵、休其士卒、遂不敢攻斉。此非淳于髡之力乎。

【注釈】

◉復恩篇にも同じ話がある。また『史記』滑稽《こっけい》列伝にも似た話がみえるが、内容は大幅に異なる。◉諸侯―復恩篇によれば楚《そ》と魏《ぎ》。◉斉王―威王を指す。名は因斉《いんせい》、在位前三七八～前三四三。◉淳于髡―戦国時代、斉の人で、威王・宣王《せんおう》につかえ、博識多弁、滑稽の才を以て知られる。◉艴然―怒って気色《けしき》ばむさま。◉蟹堁―高地の田。一説に灰状の土の田。◉洿邪―低地、窪《くぼ》み。◉革車―革《かわ》で装備した車、兵車として用いる。◉与平諸侯之事―「与《とも》に諸侯の事を平らぐ」とも読める。

第九篇　正諫《せいかん》（君主の正しい諫《いさ》め方）

本篇は君主に対する巧みな諫言《かんげん》のしかたの実例集である。主君の過ちを正すのは臣下たる者の務めであり、また君主が賢人を招くのは自らの過失を矯正《きょうせい》してもらうためである。が、そこは人間どうしのこと、体面や感情などいろいろな問題があり、なかなかうまくいかないことが多いのは、昔も今も変りはあるまい。劉向がわざわざこの一篇を設けたのは、彼自身にとっても諫言のしかたは頭の痛い困難な問題であったのだろう。

45　諫言の五つの方法

【現代語訳】

『易経』に「王の臣が身を粉《こ》にして忠義に励むのは、自分一人のためではない」とある。人臣たる者が一所懸命、困難を顧《かえり》みずその主君を諫《いさ》める理由は、自分自身のためにするのではない。それは主君の過失を矯正しようと欲するからである。主君に過失があるのは、国が危機に陥《おちい》り滅亡する前兆である。主君の過失を知りながらこれを諫めないのは、主君の危機存亡を軽視することである。いったい主君の危機存亡を軽視するなど、忠臣としてとうてい許容できるものではない。しかし、もし三度諫言しても聴き入れられないときは、その国を去るべきである。もし去らなければ、自分もともに滅んでしまう。我が身を滅ぼすことは、仁人《じんじん》はしないものである。そこで諫言のしかたが重大になるが、それには次の五種類がある。一に正諫《せいかん》（正面から真正直《まっしょうじき》に諫める）、二に降諫《こうかん》（いったん君の言に従い、あとから徐々に諫める）、三に忠諫（真心をもって諫める）、四に戇諫《とうかん》（愚直に諫める）、五に諷諫《ふうかん》（婉曲に諷刺《ふうし》して諫める）の五つである。孔子は「私はきっと諷諫を用いよう」といわれた。そもそも諫めなければ主君を危くするし、強固に諫めると今度は自分の身が危くなる。主君を危くするよりも我が身を危くすべきだが、身を危くしても結局聴いてもらえないならば、諫めたとて何の意味もない。知恵ある者は、主君の賢愚《けんぐ》をはかり時機を考え、緩急を調節して適切な位置におり、上は主君を危くせず、下は自身を危くしないように行動する。だから国に対しては国は安泰であり、自分についてもその身は安全である。昔、陳《ちん》の霊公《れいこう》は泄冶《えいや》の諫めを聴かずこれを殺した。また曹羈《そうき》は三たび曹の君を諫めたが、聴き入れてもらえず曹を去った。『春秋』の義法では、二人とも賢人と評するが、曹羈のほうが礼にかなうとされている。

【読み下し】

易《えき》に曰く、「王臣の蹇蹇《けんけん》たるは、躬《みずから》の故に匪《あら》ず」と。人臣の蹇蹇として難を為して其の君を諫むる所以の者は、身の為《ため》にするに非ざるなり。将に以て君の過を匡《ただ》し、君の失を矯《た》めんと欲すればなり。君に過失有るは、危亡《きぼう》の萌《きざし》なり。君の過失を見て而も諫めざるは、是れ君の危亡を軽んずるなり。夫《そ》れ君の危亡を軽んずるは、忠臣為すに忍びざるなり。三たび諫めて用いられざれば則ち去る。去らざれば則ち身亡《ほろ》ぶ。身亡ぶるは、仁人の為さざる所なり。是の故に諫に五有り。一に曰く正諫、二に曰く降諫、三に曰く忠諫、四に曰く戇《とう》諫《かん》、五に曰く諷諫《ふうかん》。孔子曰く、「吾れは其れ諷諫に従わんか」と。夫れ諫めざれば則ち君を危くし、固く諫むれば則ち身を危くす。其の君を危くせんよりは寧《むし》ろ身を危くせよ。身を危くして而して終《つい》に用いられざれば、則ち諫も亦た功無し。智者は君を度《はか》り時を権《はか》り、其の緩急を調《ととの》えて其の宜《よろ》しきに処《お》り、上は敢て君を危くせず、下は以て身を危くせず。故に国に在りては国危からず、身に在りては身殆《あやう》からず。昔　陳の霊公　泄治の諫めを聴かずしてこれを殺せり。曹羈三たび曹君を諫め、聴かれずして去りぬ。春秋　義を序するに、倶《とも》に賢なりと雖も、而れども曹羈礼《れい》に合えりとす。

【原文】

易曰、王臣蹇蹇、匪躬之故。人臣之所以蹇蹇為難而諫其君者、非為身也、将欲以匡君之過、矯君之失也。君有過失者、危亡之萌也。見君之過失而不諫、是軽君之危亡也。夫軽君之危亡者、忠臣不忍為也。三諫而不用則去、不去則身亡、身亡者、仁人所不為也。是故諫有五、一曰正諫、二曰降諫、三曰忠諫、四曰戇諫、五曰諷諫。孔子曰、吾其従諷諫矣乎。夫不諫則危君、固諫則危身、与其危君、寧危身。危身而終不用、則諫亦無功矣。智者度君権時、調其緩急、而処其宜、上不敢危君、下不以危身、故在国而国不危、在身而身不殆。昔陳霊公不聴泄冶之諫而殺之、曹羈三諫曹君、不聴而去。春秋序義、雖倶賢、而曹羈合礼。

【注釈】

◉易に曰く―蹇卦《けんか》六二の爻辞《こうじ》。◉蹇蹇―困難を苦労して克服するさま。◉三たび諫めて用いられざれば則ち去る―『礼記《らいき》』曲礼下篇《きよくらいか》に「人臣たるの礼、顕《あら》わには諫めず。三たび諫めて聴かれざれば、則ちこれを逃《のが》る」とある。◉泄冶―陳の霊公の大夫《たいふ》。事は『左伝《さでん》』宣《せん》公《こう》九年にみえるが、本書君道篇により詳細な記事があるので、その一部を摘録しておく。

「陳の霊公行い僻《へき》にして言失《げん》う。泄冶《えいや》曰く、陳其《そ》れ亡びん。吾れしばしば君《きみ》を諫むれども、君吾れを聴かずして愈いよ威儀を失う。……言は身より出でて民に加わり、行いは邇《ちか》きより発して遠きに見《あらわ》る。言行は君子の枢機《すうき》なり。枢機の発するは、栄辱《えいじょく》の主なり。君子の天地を動かす所以なり。慎まざるべけんや。……今是れをこれ慎まずして縦恣《ほしいまま》にす。亡びずんば、必ず弑《しい》せられん、と。霊公これを聞き、泄冶を以て妖言《ようげん》すと為し、これを殺す。後《のち》果たして徴舒《ちょうじょ》に弑せらる」。⦿春秋―宣公九年経「陳、其の大夫《たいふ》泄冶を殺す」。『穀《こく》梁伝《りょうでん》』に「国を称して以て其の大夫を殺すは、無罪を殺すなり」（陳という国名を挙げて大夫殺害を記しているのは、罪のない者を殺したという非難の意がこめられているのである）。また『公羊伝《くようでん》』荘公《そうこう》二十四年「戎将《じゅう》に曹を侵さんとす。曹羈諫めて曰く、戎は衆《おお》くして以《しか》も義無し。君、請う、自《みず》ら敵する勿《な》かれ、と。曹伯曰く、不可なり、と。三たび諫めて従われず、遂にこれを去れり。故に君子以為《おも》えらく、君臣の義を得たり、と」。

【解説】

儒教は名《な》を惜しむ教えであるが、同時に命《いのち》を惜しむ思想でもある。死すべき道義のあるときは進んで死地に赴《おもむ》くが、その道義もないのに死ぬのは無駄死にである。乱国暴君のために身を滅ぼすのはまさしく無駄死にであり、君子の為すべきところではない（『論語』泰伯篇《たいはく》にいう、「危邦《きほう》には入《い》らず、乱邦には居らず、天下に道有《みち》れば則ち見《あらわ》れ、道無ければ則ち隠る」）。臣下としての義務は三諫で果たされているのである（立節篇19参照）。

『春秋』は魯《ろ》の隠公《いんこう》より哀公《あいこう》に至るまでの二百四十二年間の年代記で、本来は簡略な公文書にすぎないのだが、孟子以来、儒教では、孔子が旧史に筆削《ひっさく》を加え、そこに毀《き》誉褒貶《よほうへん》の意を寓したものと信じられ、経書として尊重されるようになった。つまり、書式のちょっとした違いに孔子の深遠なる義理がこめられている（「微《び》言大義《げんたいぎ》」という）と考えられ、その書式の相違（「春秋の筆法」）を明らかにする学問が春秋学であり、その主要なものが『公羊』『穀梁』『左氏』の三伝である。漢代はとりわけ春秋学が盛んであり、万事が「春秋の義」によって論定された。劉向もまた春秋学の泰斗であって、『春秋』を常に自論の典拠としている。ここもその一例である。

46　鬼道《きどう》を以て聞《ぶん》す

【現代語訳】
孟嘗君《もうしょうくん》が西方に赴いて秦《しん》の国に入ろうとした。彼の賓客《ひんきゃく》たちは危険だからと繰返し止《と》めたけれども、孟嘗君はいっかな聴き入れず、「人の世の事ざまや道理で諫めようとしても、わしはそんなことぐらいよう知っておるわ。また、もし鬼神《きしん》の道によって諫めようとするなら、命はないものと思え」といった。あるとき、取次の役人が入ってきて、「客の一人が鬼神の道をお話し申し上げたいと参っております」と告《つ》げた。孟嘗君が「入ってもらえ」というと、客が入ってきて、次のような話をした。「私がここへ参りますとき淄水《しすい》のほとりを通ったのですが、一人の土偶《どぐう》が木梗《もっこう》と話しているのを見かけました。木梗が土偶に『あなたはもともと土からできたもので、それをこねて人の形にしたのだから、大雨が降って濁流《だくりゅう》が押し寄せて来れば、あなたはきっと壊れてしまうだろう』といいますと、土偶はこう答えました、『私が壊れるのはもとの真のあり方にかえるだけのことです。あなたは東園の桃の木だったのを、いま刻《きざ》んで人の形に彫ったのです。もし大雨が降って濁流が押し寄せて来れば、あなたはそれに浮いたまま止《と》めどもなく流れゆくことでしょう』。いま秦は四方を山で囲まれた要害の国で、その心根は虎や狼《おおかみ》のごとく残忍です。もし秦に入られれば、おそらく木梗と同じ運命にあいましょう」。この話を聞いた孟嘗君はたじろいで引きさがり、応ずることばもなかった。かくて孟嘗君は西方の秦に向かうことを結局、取り止《や》めたのであった。

【読み下し】

孟嘗君将《まさ》に西して秦に入《い》らんとす。賓客《ひんかく》これを諫めて百たび通ずれども、則ち聴かざるなり。曰く、「人事を以て我を諫むるも、我尽《ことごと》くこれを知れり。若《も》し鬼道を以て我を諫めば、我則ちこれを殺さん」と。謁者《えつしゃ》入りて曰く、「客《かく》有り、鬼道を以て聞《ぶん》せんとす」と。曰く、「客に請《こ》うて入らしめよ」と。客曰く、「臣の来《きた》るや、淄水の上《ほとり》を過ぐるに、一土耦《どぐう》人の方《まさ》に木梗人と語るを見る。木梗　土耦人に謂いて曰く、『子《し》の先は土なり。子を埏《せん》して以て耦人と為す。天の大いに雨ふるに遇《あ》い、水潦《すいろう》並びに至らば、子必ず沮壊《そかい》せん』と。応じて曰く、『我の沮《つい》ゆるは乃ち吾が真に反《かえ》るのみ。今《いま》子は東園《とうえん》の桃なり。子を刻みて以て梗と為す。天の大いに雨ふるに遇い、水潦並びに至らば、必ず子を浮べ、泛泛乎《はんはんこ》として止まる所を知らず』と。今秦は四塞《しそく》の国にして、虎狼《ころう》の心有り。恐らくは其れ木梗の患《かん》有らん」と。是に於て孟嘗君逡巡《しゅんじゅん》して退《しりぞ》き、以て応ずる無し。卒《つい》に敢て西のかた秦に嚮《むか》わず。

【原文】

孟嘗君将西入秦、賓客諫之百通、則不聴也。曰、以人事諫我、我尽知之。若以鬼道諫我、我則殺之。謁者入曰、有客以鬼道聞。曰、請客入。客曰、臣之来也、過於淄水上、見一土耦人方与木梗人語。木梗謂土耦人曰、子先土也、埏※子以為耦人。遇天大雨、水潦並至、子必沮壊。応曰、我沮乃反吾真耳。今子東園之桃也、刻子以為梗。遇天大雨、水潦並至、必浮子、泛泛乎不知所止。今秦四塞之国也、有虎狼之心。恐其有木梗之患。於是孟嘗君逡巡而退、而無以応。卒不敢西嚮秦。

【注釈】

◉『戦国策』斉策《せいさく》三にもとづく。また『史記』孟嘗君伝にもみえる。◉孟嘗君―斉の田嬰《でんえい》の子で名は文《ぶん》。薛《せつ》の地を領し、数千人もの賓客を養い勢力を振《ふる》った。平原君《へいげんくん》・信陵君《しんりょうくん》・春申君《しゅんしんくん》とともに戦国四君の一人に数えられる。◉秦に入らんとす―孟嘗君の賢なることを耳にした秦の昭王《しょうおう》に招かれたのである。◉賓客―種々の能力をもって王公の客分・顧問となっている者たち。食客《しょっかく》ともいい、いわば高級な居候《いそうろう》である。◉鬼道―鬼神すなわち霊魂に関することがら・知識で、人事・人道の対語。ここではより広く、超常的な怪異《かいい》譚《たん》の意味で用いている。◉殺す―下文と合わないので「察」あるいは「試」の誤字とする説もあるが、「殺す」と宣言したのに、敢て「鬼道を以て聞《ぶん》する」客が出てきたので会ってみる気になったと解すれば、このままで通ずる。◉客―『戦国策』によれば蘇秦《そしん》のことであるが、時代的には合わない。『史記』は蘇代《そだい》（蘇秦の弟）とする。◉淄水―川の名、山東省萊蕪《らいぶ》県に源を発し、渤海《ぼっかい》に注ぐ。◉土耦―土偶に同じ、土をこねて作った人形。◉木梗―

木偶《もくぐう》（でく）に同じ、木で作った人形。◉泛泛乎―浮かびただようさま。


【解説】

孟嘗君は、実はこののち結局、秦に行くことになる。客の予想どおり、危難に見舞われるが、食客の働きで辛《かろ》うじて脱出した。そのときの逸話がかの有名な「鶏鳴狗《けいめいく》盗《とう》」である。

47　王を笞《むち》うつ

【現代語訳】

楚《そ》の文王《ぶんおう》が如黄《じょこう》という犬と箘簵《きんろ》の 矰《いぐるみ》を手に入れ、雲夢《うんぼう》に狩に出かけたまま三月も帰らず、また丹《たん》の美姫《びき》を得てその色香に溺れ、一年もの間、政務をとらなかった。保《ほ》申《しん》が諫めていった、「先王は私を保《ほ》になされるとき、占いは吉と出ました。ところがいま王は、如黄の犬と箘簵の矰を手に入れて雲夢に狩に出れば三月帰らず、また丹の美姫を得るや、色香《いろか》に溺れてまる一年、政務をおとりになりません。王の罪は笞《むち》うちの刑に相当します」。いい終るや、保申はいざり寄って王を笞うとうとした。王は許しを乞《こ》うていった、「私はすでに成人して諸侯の列に加わっておるのだ。どうか処罰を緩《ゆる》めて笞うちは思い止まってほしい」。保申はいった、「私は先王の命を拝承しておりますれば、それを無《な》みすることはできませぬ。王が笞をお受けにならねば、先王の命を廃することになりまする。私は王に罪を得ようとも、先王の信託に背くことはできません」。王はついに「謹しんで罰を受ける」と承諾した。そこで王に席《むしろ》を布《し》いてその上に伏せさせ、細い箭《や》五十本を束《たば》ねて笞とし、跪《ひざまず》いてそれを王の背に当てた。再度それを繰返したあと、王に起《た》つようにいった。王は「笞うちの刑を受けたという不名誉は同じことだ。強く打て」というと、保申はいった、「私はかように聞いております、君子は笞刑《ちけい》を恥とし、小人はただ痛いと感ずるだけだ、と。もし恥を与えても改まらないのなら、痛めつけてもなんの甲斐《かい》がありましょう」。そういうと、保申は走り出て淵に身を投じようと構え、王に死罪を賜わるよう願った。王はいった、「これは私の過ちである。保に何の罪があろうぞ」。かくして文王は行動を改めて保申の諫めに従い、如黄の犬を殺し、箘簬の矰を折り、丹の姫《ひめ》を追放して、楚を治めることに専念し、三十ヵ国を併合した。楚の国がかくも広大になったのは、保申の極言の功績である。蕭何《しょうか》と王陵はこれを伝え聞いて次のように評した、「聖明なる君主がよく先代の事業を継承して巧名を成し遂げた例は、きっとただ楚の文王だけであろう。

それゆえ、天下の人々はみな誉《ほ》めそやし、今に至るまで明主・忠臣・孝子が手本としているのである」。

【読み下し】

荊《けい》の文王　如黄の狗《く》・箘簬の矰《そう》を得て、以て雲夢に畋《かり》し、三月《さんげつ》反《かえ》らず。丹の姫《き》を得て淫《いん》し、期年朝《きねんちょう》を聴《き》かず。保申諫めて曰く、「先王　臣を以て保と為すを卜《うらな》うに吉なりき。今《いま》王　如黄の狗・箘簬の矰を得て雲夢に畋し、三月反らず、丹の姫を得て淫し、期年朝を聴かず。王の罪、笞《ち》に当る」と。匍伏《ほふく》し将に王を笞《むち》うたんとす。王曰く、「不穀《ふこく》　襁褓《きょうほう》より免れ、諸侯に託せり。願わくは請《こ》う、変更して笞うつ無かれ」と。保申曰く、「臣　先王の命を承けり、敢て廃せず。王　笞を受けざれば是れ先王の命を廃するなり。臣寧《むし》ろ罪を王に得《う》とも、先王に負《そむ》くこと無からん」と。王曰く、「敬《つつし》み諾す」と。乃ち王に席《せき》し、王伏《ふ》す。保申細箭《さいせん》五十を束《つか》ね、跪きてこれを王の背に加う。此くの如くする者再《こと》にして、王に「起《た》て」と謂う。王曰く、「笞の名《な》有るは一なり。遂にこれを致せ」と。保申曰く、「臣これを聞く、君子はこれを恥じ、小人はこれを痛む、と。これを恥ずかしめて変ぜずんば、これを痛ましむるも、何の益かあらん」と。保申趨《はし》り出でて自《みずか》ら流《りゅう》せんと欲し、乃ち罪を王に請う。王曰く、「此れ不穀の過《あやま》ちなり。保将《は》た何の罪かあらん」と。王乃ち行を変じて保申に従い、如黄の狗を殺し、箘簬の矰を折り、丹の姫を逐《お》い、荊を治むるに務め、国を兼ぬること三十なり。荊国をして広大なること此《ここ》に至らしめし者は、保申敢て極言するの功なり。蕭何・王陵これを聞きて曰く、「聖主の能く先世の業を奉じて以て功名を成せし者は、其れ唯《た》だ荊の文王か。故に天下これを誉《ほ》め、今に至るまで明主・忠臣・孝子以て法と為す」と。

【原文】

荊文王得如黄之狗、箘簬之矰、以畋於雲夢、三月不反。※得丹之姫淫、朞年不聴朝。保申諫曰、先王卜以臣為保吉。今王得如黄之狗、箘簬之矰、畋於雲夢、三月不反。※得丹之姫淫、朞年不聴朝。王之罪当笞。匍伏将笞王。王曰、不穀免於襁褓、託於諸侯矣。願請変更而無笞。保申曰、臣承先王之命、不敢廃。王不受笞、是廃先王之命也。臣寧得罪於王、無負於先王。王曰、敬諾。乃席王、王伏。保申束細箭五十、跪而加之王背、如此者再、謂王起矣。王曰、有笞之名一也、遂致之。保申曰、臣聞之、君子恥之、小人痛之。恥之不変、痛之何益。保申趨出、欲自流、乃請罪於王。王曰、此不穀之過、保将何罪。王乃変行従保申、殺如黄之狗、折箘簬之矰、逐丹之姫、務治乎荊、兼国三十。令荊国広大至於此者、保申敢極言之功也。蕭何王陵聞之曰、聖主能奉先世之業而以成功名者、其唯荊文王乎。故天下誉之、至今明主忠臣孝子以為法。

【注釈】

◎『呂氏春秋《りょししゅんじゅう》』直諫《ちょくかん》篇にもとづく。◎荊の文王―武王《ぶおう》の子で名は貲《し》、在位前六八九～前六七七。荊は古代の荊州の地を指し、楚の別名として用いられる。◎如黄の狗―如《じょ》（＝茹、楚の地名）産の黄色の犬（陳奇猷《ちんきゆう》の説）。◎箘簬の矰―美竹で作った狩猟用の短矢。箘簬を良矢の生産地とする説もある。◎雲夢―楚の大沢の名。今の洞庭湖《どうていこ》の源といわれる。◎丹―地名、おそらくは丹陽（湖北省枝江県）を指す。◎保申―保《ほ》（太子の教育係）で申《しん》という名の者。◎俛伏し将に王を笞うたんとす―「俛伏」は腹ばいになって進むことで、ここでは恭敬もしくは憂愁の情を表している。なお『北堂書鈔《ほくどうしょしょう》』巻三七は「王伏せよ、臣将《まさ》に王を笞うたんとす」と引用し、これに従えば、保申が王に「ひれ伏しなされ。これより王を笞うちまする」といったことになり、そのほうがわかりやすいが、今は普通の読み方に従っておく。◎不穀―不善の意で、諸侯が自《みずか》らを謙遜していう語。◎襁褓―幼児を背負うための帯とかいまき。転じて幼少の時をいう。◎願請変更而無笞―『纂註』は「願わくは請う変更せん。而《なんじ》笞うつ無かれ」（心を入れ替えて正道に励むから、どうぞ笞うたないでほしい）と読む。『呂氏春秋』では「変更」を所業を改める意に用いているから、この読み方も一理あるが、今は従来の解釈に従っておく。◎箭―矢を作る竹。五十本を一束とするのは古礼。◎遂にこれを致せ―この句を地の文とみる説もあるが、今は『呂氏春秋』

高誘《こうゆう》注に「遂に痛みもてこれを致《いた》せ」とあるに従う。◉自ら流す―難解な語で、罪人の場所に移る、流刑になろうとする、逃亡する等の諸説あるが、今は『呂氏春秋』に「自《みずか》ら淵《ふち》に流せんとす」と作るにより、投身自殺の意志を示したものと解しておく。淵というのは、雲夢の沼沢の一つで、王の陣屋の近くにあったものと考えてよい。◉蕭何・王陵―漢の高祖の功臣。なお二人の言は「其れ唯《た》だ文王か」までともとれるが、それだと「これを聞く」がほぼ同時のこととなり、時代的に合わない。

48 虻蜂《あぶはち》とらず

【現代語訳】

趙簡子《ちょうかんし》が兵を発して斉《せい》を攻め、敢《あえ》て諫める者はすべて死罪に処すと軍中に布令した。ところが、甲冑《かっちゅう》を身にまとった戦士で公盧《こうろ》という名前の者が簡子を望みみて大笑いしたので、簡子が「そなた、何がおかしいのか」とたずねると、彼は「私めには、思い出すたび腹のよじれることがございまして」と答えた。怒った簡子が、「そのいわれを申し開きできればよし、さもなくば命はないぞ」と問い詰めると、公盧は次のように答えた、「桑《くわ》を刈り取るときのことでございまする。私の隣家の男が女房と一緒に田に行きましたところ、桑田の中に女が一人おるのを見かけまして、その女を追いかけていったのですがつかまりませず、戻ってみると、今度は女房が怒って逃げ去ってしまいました。私はその虻蜂《あぶはち》とらずのとんまを笑ったのです」。それを聞いた簡子は、「私がいま他人の国を伐《う》って自分の国を失うのは、私にとってまったく虻蜂とらずのことであるわい」といい、すぐに戦《いく》さを止めて帰国した。

【読み下し】

趙簡子兵を挙げて斉を攻め、軍中に令《れい》すらく、敢て諫むる者有らば、罪《つみ》死に至る、と。被《ひ》甲《こう》の士あり、名を公盧と曰《い》う、簡子を望見《ぼうけん》して大いに笑う。簡子曰く、「子《し》、何をか笑う」と。対《こた》えて曰く、「臣《しん》乃ち宿笑《しゅくしょう》有り」と。簡子曰く、「以てこれを解《と》くこと有れば則ち可、以てこれを解くこと無くんば則ち死す」と。対えて曰く、「桑の時に当り、臣が隣家の夫、妻と倶《とも》に田に之《ゆ》くに、桑中の女を見、因りて往《ゆ》きてこれを追うも得《う》る能わず。還《かえ》反《え》れば、其の妻怒りてこれを去る。臣其の曠《むな》しきを笑いしなり」と。簡子曰く、「今吾れ国を伐ちて国を失うは、是れ吾が曠《こう》なり」と。是《ここ》に於て師《し》を罷《や》めて帰る。

【原文】

趙簡子挙兵而攻斉、令軍中有敢諫者罪至死。被甲之士、名曰公盧、望見簡子大笑。簡子曰、子何笑。対曰、臣乃有宿笑。簡子曰、有以解之則可、無以解之則死。対曰、当桑之時、臣隣家夫与妻倶之田、見桑中女、因往追之、不能得、還反、其妻怒而去之。臣笑其曠也。簡子曰、今吾伐国失国、是吾曠也。於是罷師而帰。

【注釈】

⊙曠し—空になる、なくす。女と妻と両方ともに失うことをいう。またやもめを「曠(夫)」と称するから、直接にやもめとなった隣人を嘲笑したという意味にもとれる。

49　馬を以ての故に人を殺す

【現代語訳】

斉《せい》の景公《けいこう》には愛馬があったが、飼育係の役人がそれを死なせてしまった。景公は怒って、戈《ほこ》を手に取り自《みずか》らその者をうち殺そうとした。そのとき晏子《あんし》が進み出ていった、「こやつは自分の犯《おか》した罪を知らぬままで処刑されようとしております。私、君のためにこやつの罪状を数えあげ、自分の罪を自覚させたうえで死に着かせたく存じますが」。景公が承知すると、晏子は戈をかざしてかの者の前に立ち、いった、「おまえは主君のために馬を飼育する役にありながら、それを死なせてしまった、その罪は死に相当する。おまえは我が君に馬のために養馬役人を殺させた、その罪はまた死に相当する。おまえは、近隣四方の諸侯たちに我が君が馬のために人を殺したという風評を広めさせた、その罪はさらにまた死に相当する」。これを聞いて景公はあわてていった、「先生、その者を許してやってくれ、先生、その者を許してやってくれ。私の仁徳を傷つけてはならぬぞよ」。

【読み下し】

景公　馬有り、其の圉人《ぎょじん》これを殺す。公怒り、戈《か》を援《ひ》きて将《まさ》に自《みずか》らこれを撃《う》たんとす。晏《あん》子《し》曰く、「此れ其の罪を知らずして死す。臣《しん》請う、君の為にこれを数《せ》め、其の罪を知らしめてこれを殺さん」と。公曰く、「諾《だく》」と。晏子戈を挙げ、これに臨《のぞ》みて曰く、「汝吾《なんじ》が君の為に馬を養うにこれを殺す、而《なんじ》の罪《つみ》死に当る。汝吾が君をして馬を以ての故に圉人を殺さしむ、而の罪又た死に当る。汝吾が君をして馬を以ての故に人を殺し、四隣の諸侯に聞こえしむ、汝の罪又た死に当る」と。公曰く、「夫子《ふうし》これを釈《ゆる》せ、夫子これを釈せ。吾が仁を傷《やぶ》ること勿かれ」と。

【原文】

景公有馬、其圉人殺之。公怒、援戈将自撃之。晏子曰、此不知其罪而死、臣請為君数之、令知其罪而殺之。公曰、諾。晏子挙戈而臨之曰、汝為吾君養馬而殺之、而罪当死。汝使吾君以馬之故殺圉人、而罪又当死。汝使吾君以馬故殺人、聞於四隣諸侯、汝罪又当死。公曰、夫子釈之、夫子釈之、勿傷吾仁也。

【注釈】

◉『晏子春秋』内篇諫上にもとづくが、文章はかなり異なる。◉数む—罪を数えあげて責める。

第十篇　敬慎《けいしん》（身を慎め）

本篇は自戒謹慎を説く処世訓である。その目的は要するに人に憎まれず、足をすくわれるような隙をみせるなということなのだが、そのためには常に盈満《えいまん》剛強を避け、謙譲柔弱を旨とせよと説くのである。これはいうまでもなく道家的、なかんずく老子流の思想であるが、儒家の徒劉向が老子の思想を宣揚《せんよう》するのはなんら怪《あや》しむべきことではない。『老子』は漢代において五経と並ぶ権威を公認された唯一の子書《ししょ》であり、多数の注解が作られている。劉向自身も『説老子《せつろうし》』四篇を著しており、その『老子』に対する尊崇の念は篤《あつ》いものがあった。そもそも政治思想としては儒教、処世思想としては道家というのが漢代における、いや全時代を通しての士大夫《したいふ》の通常一般のあり方であった。それは絶え間なき政争と陰謀の渦巻く世界で生きていかねばならぬ者にとって、不可避の使い分けであった。だが、この使い分けは生きていくうえでのやむを得ざる知恵であったばかりでなく、思想的にも矛盾なき融合がなされていたのである。すなわち言行を謹厳実直にし、中庸《ちゅうよう》をわきまえ辞譲の礼を体《たい》することが君子の要件であるとされたが、その謹厳・中庸・礼譲は窮極的に老子のいう謙退柔弱の道と一致すると考えられたのである。のちの三玄《さんげん》（易・老子・荘子）の学や儒道一致論の興隆は、すべてこの儒家的謹厳と道家的謙退との一致をその基礎としているのである。

50　謙遜を心がけよ

【現代語訳】

その昔、成王《せいおう》は周公《しゅうこう》を諸侯に封《ほう》じようとしたが、周公は辞退して受けなかった。そこで周公の子の伯禽《はくきん》を魯《ろ》の地に封ずることとした。伯禽は赴任にあたり、父に別れの挨拶をした。その折、周公は伯禽に訓戒を与えて、次のようにいった。「それでは行くがよい。そなたは必ず自分が魯の領主であるからといって、士《し》に対して驕《おご》り高ぶってはならぬぞ。私は文王《ぶんおう》の子、武王《ぶおう》の弟であり、今上《きんじょう》の叔父《おじ》であって、そのうえまた天子の輔佐役でもある。私の天下における地位は、決して軽いものではない。しかし、士が面会に来たと聞けば、彼らを待たせぬように、これまで一度髪《かみ》を洗う間に三度髪を握ったまま、また一度の食事のうちに三回も口に含んだものを吐き出して彼らに会ったほどである。が、それでもなお、天下の士を失うのではないかとびくびくしているのだ。私はこのように聞いている。徳行が深く備わっているのにいつも恭《うやうや》しい態度をとる者は繁栄し、土地が広く豊かであるのにいつも倹約《けんやく》を心掛ける者は安泰であり、俸禄多く位も高いのにいつも人にへりくだる者はより貴い身となり、人口も多く軍隊も強いのにいつも怖《おそ》れを失わない者は戦いに勝ち、聡明で深い知恵があるのに、いつも自分はまだ愚《おろ》かであると思っている者はさらに進歩し、博覧強記であるのに、いつも知識がまだ浅いように振舞う者はより広い知識を得る、と。この六つの身の処し方は、すべて謙譲の徳である。いったい貴さでは天子であり、富では世界を保有する身であっても、もし謙遜しないならば、天下を失い、身を滅《ほろぼ》してしまう。桀《けつ》・紂《ちゅう》がそうである。心しなければならぬぞよ。だから『易経《えききょう》』に、『一つの道がある。その道は、大は天下を守ることができ、中は国家を守ることができ、小はその身を守ることができる。その道とは謙遜のことである』と説くのである。そもそも天の道は満ち足りたものを減らして謙遜するものを増し、地の道は満ち足りたものを変えて謙遜するものに与え、鬼神は満ち足りたものを害して謙遜するものに福を授《さず》け、人の道は満ち足りたものを憎んで謙遜するものを喜ぶ。それゆえ、衣服ができあがればその衽《たもと》を取り去り、宮殿が完成すればその隅《すみ》を欠いてあけたままにし、屋根を作ればわざと不揃いな部分を加える。このように未完成にしておくのは、天の道が本来そのようだからである。『易経』に『謙の道はあらゆる場合に通じる。君子は有終の美を飾って吉である』といい、『詩経《しきょう》』に『湯王《とうおう》は士に下《くだ》ること速《すみや》かに、聖敬の徳日《ひ》び進む』と詠《うた》う。このことを心に銘記せよ。そなたは、魯の領主であるからといって、決して士に対して驕り高ぶってはならぬぞ」。

【読み下し】

昔 成王 周公を封《ほう》ぜんとす。周公辞して受けず。乃ち周公の子伯禽を魯に封ず。将《まさ》に辞して去らんとす。周公これを戒《いまし》めて曰く、「去《ゆ》け。子《し》其れ魯国を以て士に驕ること無かれ。我は文王の子なり、武王の弟なり、今王《きんおう》の叔父《しゅくふ》なり。又た天子を相《たす》く。吾れの天下に於ける、亦た軽からず。然れども嘗て一沐《もく》にして三たび髪を握り、一食にして三たび哺《ほ》を吐くも、猶《な》お天下の士を失わんことを恐れき。吾れこれを聞く、曰く、『徳行《とくこう》広大にして而も守るに恭を以てする者は栄《さか》え、土地博裕《はくゆう》にして而も守るに倹を以てする者は安《やす》く、禄《ろく》位《い》尊盛にして而も守るに卑《ひ》を以てする者は貴く、人衆《おお》く兵強くして而も守るに畏《い》を以てする者は勝ち、聡明叡智にして而も守るに愚《ぐ》を以てする者は益《ま》し、博聞《はくぶん》多記にして而も守るに浅《せん》を以てする者は広し』と。此の六守《りくしゅ》は、皆謙徳なり。夫れ貴きこと天子為《た》り、富《とみ》四海を有《たも》つも、謙せざる者は、天下を失い、其の身を亡す、桀・紂是《こ》れなり。慎まざるべけんや。故に易に曰く、『一道《いちどう》有り、大は以て天下を守るに足り、中は以て国家を守るに足り、小は以て其の身を守るに足る。謙の謂《いい》なり』と。夫れ天道は満てるを毀《こぼ》ちて謙に益し、地道は満てるを変じて謙に流《うつ》し、鬼神は満てるを害して謙に福し、人道は満てるを悪《にく》みて謙を好む。是《ここ》を以て衣《い》成れば則ち衽《じん》を欠き、宮《きゅう》成れば則ち隅を欠き、屋《おく》成れば則ち錯《さく》を加う。成らざるを示す者は、天道然《しか》ればなり。易に曰く、『謙は亨《とお》る。君子終り有りて吉』と。詩に曰く、『湯《とう》の降《くだ》ること遅からず、聖敬日《ひ》に躋《のぼ》る』と。其れこれを戒めんかな。子其れ魯国を以て士に驕ること無かれ」と。

【原文】
昔成王封周公、周公辞不受、乃封周公子伯禽魯。将辞去、周公戒之曰、去矣。子其無以魯国驕士矣。我文王之子也、武王之弟也、今王之叔父也、又相天子。吾於天下、亦不軽矣。然嘗一沐而三握髪、一食而三吐哺、猶恐失天下之士。吾聞之曰、徳行広大而守以恭者栄、土地博裕而守以倹者安、禄位尊盛而守以卑者貴、人衆兵強而守以畏者勝、聡明叡智而守以愚者益、博聞多記而守以浅者広。此六守者、皆謙徳也。夫貴為天子、富有四海、不謙者、※失天下、亡其身、桀紂是也。可不慎乎。故易曰、有一道、大足以守天下、中足以守国家、小足以守其身、謙之謂也。夫天道毀満而益謙、地道変満而流謙、鬼神害満而福謙、人道悪満而好謙。是以衣成則缺衽、宮成則缺隅、屋成則加錯。示不成者、天道然也。易曰、謙亨、君子有終吉。詩曰、湯降不遲、聖敬日躋。其戒之哉、子其無以魯国驕士矣。

【注釈】

◉『韓詩外伝《かんしがいでん》』巻三にもとづく。他に、『荀子《じゅんし》』堯問篇《ぎょうもん》・『尚書大伝《しょうしょたいでん》』・『史記』魯世家《ろせいか》に一部分ずつ類似の文がある。◉成王―武王の子、名は誦《しょう》。幼くして立ったので、周公が摂政《せっしょう》となって政務をとり、成人ののち、政を成王に奉還したと伝えられる。◉易に曰く―今本にはみえない。おそらく漢代の易説であろう。なお「天道は満てるを毀《こぼ》ちて謙に益し」以下四句は謙卦《けんか》彖伝《たんでん》の文であり（この四句も『易経』の引用とも解せるが、文章構成からみると、周公自身のことばととるのがよいと思う）、下の「易に曰く」は同じく卦辞《かじ》である。◉屋成れば則ち錯を加う―『纂註』は屋根の上に砥石《といし》を置き、なお工事をつづける態をなすこととし、左松超は『史記』亀策《きさく》伝（褚少孫補《ちょしょうそん》）により、棟《むなぎ》のところの瓦三枚を葺《ふ》かないままにしておくこととするが、いずれも疑問。◉詩に曰く―商頌《しょうしょう》・長発篇《ちょうはつ》。

51　歯亡びて舌存す

【現代語訳】

常樅《じょうしょう》が病気になった。老子は見舞いに行き、こうたずねた、「先生の御病気は大変重いようにみうけられます。私ども弟子にお伝えいただく遺訓《いくん》はございませんか」。常樅は「あなたから願い出ずとも、私のほうから話そうと思っていたところだ」と答え、老子にたずねた、「故郷を通りかかったときには車から降りる、あなたはこのことを知っているか」。老子が答えた、「故郷を通りかかったときには車から降りるのは、自分の本始《ほんし》を忘れないという意味ではありませんか」。常樅はいった、「ああ、まことにそのとおり」。常樅がまたたずねた、「高い木の横を通りすぎるときには小走りで行く、あなたはこのことを知っているか」。老子が答えた、「高い木の横を通りすぎるときには小走りで行くのは、老人を敬うという意味ではありませんか」。常樅はいった、「ああ、まことにそのとおり」。常樅は今度はその口を大きく開《あ》けて老子に示し、「私の舌はあるか」ときいた。老子が「はい」と答えると、「私の歯はあるか」ときく。老子が「ございません」というと、「何故かわかるか」とたずねた。老子が「舌が残っているのは、それが柔らかいものだからではないでしょうか。歯がなくなったのは、それが堅《かた》いものだからではないでしょうか」。常樅は老子の答を聞いて満足していった、「ああ、まことに結構《けっこう》な答だ。天下の事はもうこれで十分だ。もはやあなたに告げるべきことはない」。

【読み下し】

常摐 疾有り、老子往《ゆ》きて焉《これ》に問いて曰く、「先生疾《しつ》甚し、遺教の以て諸弟子に語《つ》ぐべき者無きか」と。常摐曰く、「子《し》問わずと雖《いえど》も、吾れ将《まさ》に子に語げんとす」と。常摐曰く、「故郷を過ぐるに車より下《お》る、子これを知るか」と。老子曰く、「故郷を過ぐるに車より下るるは、其の故《もと》を忘れざるを謂うに非ずや」と。常摐曰く、「嘻《ああ》、是《こ》れのみ」と。常摐曰く、「喬木《きょうぼく》を過ぐるに趨《はし》る、子これを知るか」と。老子曰く、「喬木を過ぐるに趨るは、其の老を敬するを謂うに非ずや」と。常摐曰く、「嘻、是れのみ」と。其の口を張りて老子に示して曰く、「吾が舌存せるか」と。老子曰く、「然《しか》り」と。「吾が歯存せるか」と。老子曰く、「亡べり」と。常摐曰く、「子これを知るか」と。老子曰く、「夫《そ》れ舌の存するや、豈《あ》に其の柔《じゅう》を以てするに非ずや。歯の亡ぶるや、豈に其の剛を以てするに非ずや」と。常摐曰く、「嘻、是れのみ。天下の事已《すで》に尽《つ》くせり、何を以て復《ま》た子《し》に語げんや」と。

【原文】

常摐有疾、老子往問焉、曰、先生疾甚矣、無遺教可以語諸弟子者乎。常摐曰、子雖不問、吾将語子。常摐曰、過故郷而下車、子知之乎。老子曰、過故郷而下車、非謂其不忘故耶※。常摐曰、嘻、是已。常摐曰、過喬木而趨、子知之乎。老子曰、過喬木而趨、非謂其※敬老耶。常摐曰、嘻、是已。張其口而示老子曰、吾舌存乎。老子曰、然。吾歯存乎。老子曰、亡。常摐曰、子知之乎。老子曰、夫舌之存也、豈非以其柔耶。歯之亡也、豈非以其剛耶。常摐曰、嘻、是已。天下之事已尽矣、何以復語子哉。

【注釈】
◉常摐―老子の師。「摐」は一に「樅」あるいは「従」に作り、また「商容」と書いた書物もある。◉嘻―満足して発する嘆声。

52　存亡禍福はみな身から出づ

【現代語訳】
孔子に次のような戒《いまし》めのことばがある。繁栄するか滅亡するか、あるいは幸福になるか禍《わざわ》いを受けるか、その分れ道はすべて自《みずか》らの振舞い次第なのである。天災や地異も決してそれを変えることはできないのである。むかし殷《いん》王帝辛《ていしん》のとき、雀《すずめ》が城の隅で烏《からす》を生んだことがある。占い役がその吉凶を占い、「いったい小さなものが大きなものを生んだ場合、国家には必ず福があり、王の名声は必ず倍増致します」といった。帝辛は雀の吉祥《きつしよう》を喜んで有頂天《うちようてん》になり、国家を治《おさ》めようともせず、乱暴の限りを尽くした。その結果、外敵の侵寇《しんこう》を許し、殷国を滅亡させてしまったのである。これは天の与えた好《よ》き時に逆《さか》らい、折角《せつかく》の吉祥にそむいて逆に禍いとしてしまった例である。これと正反対の話もある。殷王武丁《ぶてい》の世になると、先王の道は廃《すた》れ、刑法も弛緩《しかん》していたが、あるとき朝廷に桑《くわ》と楮《こうぞ》が一緒にはえ、たった七日間で一かかえもある大きさに成長した。占い役の占断は、「桑と楮は野にはえるものです。その野生のものが朝廷にはえたということは、朝廷が滅亡する前兆と思われます」であった。武丁は驚き恐れて身を慎んで徳行に励み、古《いにし》えの先王の道を思いおこし、滅んだ国《くに》を再興させ、絶えた血筋を継《つ》がせ、世に隠れた賢人を挙用し、老人を尊養するという道理を明らかにした。かくして三年後、遠方の国君で通訳を何回もかえて朝貢するものが六ヵ国もあった。これは天の戒めの悪《あ》しき時を率直に迎え入れて、凶兆を得ながら逆に福に転じた例である。だから妖孽《わざわい》というものは、天が天子諸侯に警告する手段であり、悪夢は士大夫に警告する手段なのである。警告であるから、妖孽は善政に勝てず、悪夢は善行に勝てないのである。至上《しじよう》の政治を尽くせば、禍は転じて福となるのである。それで「太甲《たいこう》」に「天がおこす災いはなお避けることができるが、自分で招いた災いはのがれられない」というのである。

【読み下し】

孔子曰く、「存亡禍福《そんぼうかふく》は皆己《おのれ》に在るのみ、天災地妖《ちよう》も亦た殺《そ》ぐ能わざるなり。昔者《むかし》殷王帝辛の時、爵《じゃく》烏《う》を城の隅に生む。工人これを占いて曰く、『凡《およ》そ小《しょう》以て巨《きょ》を生むときは、国家必ず祉《さいわい》あり、王名必ず倍す』と。帝辛爵の徳を喜び、国家を治めず、亢暴《こうぼう》極まり無し。外寇《がいこう》乃《すなわ》ち至り、遂に殷国を亡《ほろ》ぼせり。此れ天の時に逆《さか》い、福に詭《たが》いて反《かえ》って禍と為すなり。殷王武丁《ぶてい》の時に至り、先王の道《みち》欠け、刑法弛《ゆる》み、桑《そう》・穀《こく》倶《とも》に朝《ちょう》に生じ、七日にして大いさ拱《きょう》なり。工人これを占いて曰く、『桑・穀は野物《やぶつ》なり。野物朝に生ずるは、意《おも》うに朝亡びんか』と。武丁恐駭《きょうがい》し、身を側《そばだ》てて行いを修め、昔の先王の政《せい》を思い、滅国《めっこく》を興し、絶世《ぜっせい》を継ぎ、逸民《いつみん》を挙げ、養老の道を明らかにす。三年の後、遠方の君訳《やく》を重ねて朝する者六国あり。此れ天の時を迎え、禍を得て反って福と為すなり。故に妖孽《ようげつ》なる者は、天の天子諸侯を警《いまし》むる所以なり。悪夢なる者は、士大夫を警むる所以なり。故に妖孽は善政に勝たず、悪夢は善行に勝たざるなり。至治の極み、禍反って福と為る。故に太甲に曰く、『天の作《な》せる孽《わざわ》いは猶お違《さ》くべし、自《みずか》ら作せる孽いは逭《のが》るべからず』と」。

【原文】

孔子曰、存亡禍福、皆在己而已、天災地妖、亦不能殺也。昔者殷王帝辛之時、爵生烏於城之隅。工人占之曰、凡小以生巨、国家必祉、王名必倍。帝辛喜爵之徳、不治国家、亢暴無極、外寇乃至、遂亡殷国。此逆天之時、詭福反為禍也※。至殷王武丁之時、先王道缺、刑法弛、桑穀倶生於朝、七日而大拱。工人占之曰、桑穀者野物也。野物生於朝、意朝亡乎。武丁恐駭、側身修行、思昔先王之政、興滅国、継絶世、挙逸民、明養老之道。三年之後、遠方之君重訳而朝者六国。此迎天之時※、得禍反為福也。故妖孽者、天所以警天子諸侯也。悪夢者、所以警士大夫也。故妖孽不勝善政、悪夢不勝善行也。至治之極、禍反為福。故太甲曰、天作孽、猶可違、自作孽、不可逭。

【注釈】

◉『孔子家語《こうしけご》』五儀解《ごぎかい》篇に引く。◉帝辛―紂《ちゅう》のこと。殷の王は十干で表示される。◉爵鳥を城の隅に生む―『戦国策』宋策・『新書《しんじょ》』春秋篇・『新序《しんじょ》』雑事第四では宋の康王《こうおう》のこととする。爵は雀の仮借《かしゃ》。◉亢暴―強く荒々しいこと、亢は強の意味。◉武丁―殷の第二十代の王で中興の名君。高宗と号する。したがって時間的先後よりすれば、「至り」というのはおかしいのであるが、今はこのまま訳しておく。◉桑・穀倶に朝に生ず―これはまた本書君道篇・『尚書大伝』・『漢書《かんじょ》』五行志《ごぎょうし》中之上にみえるが、別の伝説では高宗ではなく、太戊《たいぼ》（高宗の五代前の王）のこととする。◉滅国を興し、絶世を継ぎ、逸民を挙げ―『論語』堯曰《ぎょうえつ》篇に「滅国を興し、絶世を継ぎ、逸民を挙ぐれば、天下の民心《たみこころ》を帰す」とある。前の二つは聖王・覇者の功業として常に挙げられる。◉訳を重ね―次々と通訳をかえる。一人の通訳だけでは足りぬほど遠くからという意味で、これも聖天子の威徳の表現としてよく用いられる。◉妖孽―妖はあやかし、孽はわざわい、すなわち災禍のしるし。◉太甲―『書経』の篇名、殷の第二代の王太甲を伊尹《いいん》が戒告したことばを録す。ただし現行のものは偽作である。ここの引用文は『孟子』公孫丑《こうそんちゅう》上篇および離婁《りろう》上篇にみえる。

【解説】

漢代に流行した災異《さいい》思想は、儒教を堕落させた迷信として批判されるが、本来は必ずしも呪術的なものではなく、君主を善政善行に誘掖《ゆうえき》するための手段として提唱された倫理性の強いものであった。また人為によって天災地妖を克服できるとする点では、春秋時代以来の人道重視の立場をむしろ忠実に継承しているとさえいえるのである。本書には多くの災異の話が収録されているが、すべてこのような本来的災異思想を保持している。右の一章はその代表的なものである。

53　酒入れば舌出づ

【現代語訳】

斉《せい》の桓公《かんこう》が重臣たちのために酒宴《しゅえん》を催すことにし、正午をその開宴の時刻と定めた。ところが管仲《かんちゅう》が刻限に遅れてやってきた。桓公がただちに彼に盃を与えると、管仲は半分だけ飲んで、残りを捨ててしまった。桓公が「約束の刻限に遅れたうえ、飲みさしで酒を捨てるとは、礼にかなうことだと思っているのか」と詰問《きつもん》すると、管仲はこう答えた、「下世話《げせわ》にも、酒が入れば舌が出ると申します。舌が出れば失言するは必定《ひつじょう》、失言は身を滅ぼすもと。私思いますのに、身を捨てるよりは酒を捨てるほうがましかと」。それを聞いた桓公は笑っていった、「仲父《ちゅうほ》よ、起《た》って自分の席につきなされ」。

【読み下し】

斉の桓公　大臣の為《ため》に酒を具《そな》え、期するに日中を以てす。管仲後《おく》れて至る。桓公　觴《さかずき》を挙げて以てこれに飲ましむるに、管仲半《なか》ばにして酒を棄《す》つ。桓公曰く、「期して後れて至り、飲みて酒を棄つるは、礼に於て可なるか」と。管仲対えて曰く、「臣聞く、酒入《い》れば舌出《い》づ、と。舌出づる者は言失《うしな》い、言失う者は身棄《す》てらる。臣計《はか》るに、身を棄つるは酒を棄つるに如《し》かず」と。桓公笑いて曰く、「仲父、起ちて坐《ざ》に就け」と。

【原文】
斉桓公為大臣具酒、期以日中。管仲後至、桓公挙觴以飲之、管仲半棄酒。桓公曰、期而後至、飲而棄酒、於礼可乎。管仲対曰、臣聞、酒入舌出、舌出者言失、言失者身棄。臣計棄身不如棄酒。桓公笑曰、仲父起就坐。

【注釈】
◉『韓詩外伝《かんしがいでん》』巻十にもとづくが、その本《もと》はさらに『管子《かんし》』にあるようである（今本《きんぽん》にはみえない）。◉臣聞く――下の「言失者身棄」までを「聞」の内容ととることもできる。◉仲父――管仲の尊称。父は甫《ほ》と同じで、年長者の尊称。後世、君主が信任する臣下を呼ぶ語ともなった。

【解説】
酒に酔えば口が軽くなるのは、古今東西変らぬ人の性《さが》らしい。中国人の酒好きも決して他民族にひけをとらぬもののようで、古典には酒にまつわる話（無論《むろん》、その多くは失敗談）がしょっちゅう出てくる。本書にも二十条ほどあり、集めれば優に一篇をなすほどである。それゆえに酒に対する戒めの念も強く、君子たる者は酒に溺れることを許されなかった。殷の滅亡の原因の一つは、殷の君臣がみな酒に耽《ふけ》ったことにあるといわれ、『尚書《しょうしょ》』の中には「酒誥《しゅこう》」と名づける酒の戒めのことばが残されている。まこと酒は、身のみならず国をも滅ぼすのである。

54 我を忘れる

【現代語訳】

魯《ろ》の哀公《あいこう》が孔子にたずねた、「私は、忘れ物のひどい人間は引越しに妻を忘れてくると聞いたことがあるが、本当だろうか」。孔子が答えた、「それは忘れ物のひどいうちには入りません。忘れ物の本当にひどい人は、自分自身を忘れます」。哀公がいった、「どういうことか、聞かせてもらえぬか」。孔子は答えた、「昔、夏《か》の桀《けつ》は天子の尊貴に居り、天下を保有する富裕の身でありながら、先祖たる禹《う》の道を模範としようともせず、法典を破壊し、世々《よよ》伝えられし祭祀《さいし》を廃絶して、酒色に溺れ耽りました。

その臣下に左師触竜《さししょくりゅう》なるものがおりましたが、君を諫《いさ》めずへつらいおもねってばかりおりました。湯《とう》が桀を征伐したとき、左師触竜も殺され、四肢《しし》はバラバラに捨て置かれました。これが自分自身を忘れた者です」。哀公は顔色を変えて、「よくわかった」といった。

【読み下し】

魯の哀公　孔子に問いて曰く、「予《わ》れ聞く、忘《ぼう》の甚しき者は徙《うつ》りて其の妻を忘れたり、と。諸《これ》有りや」と。孔子対えて曰く、「此れ忘の甚しき者に非ざるなり。忘の甚しき者は其の身を忘《わす》る」と。哀公曰く、「聞くを得べきか」と。対えて曰く、「昔　夏《か》の桀《けつ》、貴きこと天子為《た》り、富　天下を有《たも》てるに、禹の道を修めず、辟法《へきほう》を毀《き》壊《かい》し、世祀《せいし》を裂絶して、楽しみに荒淫《こういん》し、酒に沈酗《ちんく》せり。其の臣に左師触竜なる者有り、諂諛《てんゆ》して止《や》めず。湯　桀を誅《ちゅう》するに、左師触竜なる者、身《み》死し、四支壇を同じうせずして居たり。此れ其の身を忘る者なり」と。哀公愀然《しゅうぜん》として色を変じて曰く、「善《よ》し」と。

【原文】

魯哀公問孔子曰、予聞忘之甚者、徙而忘其妻、有諸乎。孔子対曰、此非忘之甚者也。忘之甚者忘其身。哀公曰、可得聞与。対曰、昔夏桀貴為天子、富有天下、不修禹之道、毀壊辟法、裂絶世祀、荒淫于楽、沈酗于酒。其臣有左師触龍者、諂諛不止。湯誅桀、左師触龍者身死、四支不同壇而居。此忘其身者也。哀公愀然変色、曰、善。

【注釈】

◉『孔子家語』賢君篇に引くが、触竜の名はみえず、桀自身をその身を忘れた者としている。また『尸子《しし》』の佚文《いつぶん》や『貞観政要《じょうがんせいよう》』君臣鑑戒《くんしんかんかい》篇にもみえるが、それぞれ人物等は異なる。◉楽しみに荒淫し―「楽」は音楽とも解し得るが（淫靡《いんび》な音楽にのめりこむ意）、『尸子』に「須臾《しゅゆ》の楽しみを楽しみて終身の憂いを忘る」とあり、また『史記』殷本紀に「夏桀虐政を為して淫荒《いんこう》す」「（紂）酒を好みて淫楽《いんらく》す」とあるにより、楽しみと訓じておく。◉酒に沈酗せり―酒に溺れ、酔い狂う。◉左師触竜―左師は官名（左大臣）、姓が触で名が竜。一説に左師が複姓、名が触竜。◉壇―地所・ところ。◉愀然―憂え怖れるさま、はっとするさま。

第十一篇　善説《ぜんせつ》（巧《たく》みな弁論）

「善説」とは文字どおり「善《よ》く談説する」、すなわち巧妙に議論することである。前の「正諫《せいかん》」や次の「奉使《ほうし》」も広い意味では「善説」に含まれるし、また本書全体が一つの「善説」の集成ともいえるのだが、とくに本篇が眼目としているのは臣下が君主に対して行う説得の仕方、あるいは遊説家《ゆうぜいか》の国君らに対する自己売りこみ法である（そのため篇名をゼンゼイと読む学者もいるが、全体の主題はあくまで談説一般にあり、遊説・説伏の話ばかりではないので、ゼンセツと読むほうがよい）。

戦国時代の遊説家たちはなんのコネや財力もなく、ただ自らの口舌《くぜつ》だけを頼りに諸国を巡り、諸侯に取り入らねばならなかった。説得力ある巧みな話術をもたない者は、いくら話の内容がよくても、落後《らくご》しなければならない。そしてまた、運よくポストを得たとしても、相手は気まぐれな君主のこと、いつ何時興味を失い疏《うと》まれるかしれたものではない。その事情は譜代の重臣といえども同様で、下手な物言いをして君の逆鱗《げきりん》にふれ、閑職《かんしょく》に追いやられたり、はては首が飛ぶ危険がいつも身の回りにころがっていたのである。まことに韓非子《かんぴし》の嘆いたごとく、君に説《と》くことは困難なのである。したがって遊説家や輔佐《ほさ》にあたる臣下の間では話術もおのずと洗練され、また修辞や比喩《ひゆ》の効果的な用い方なども理論的に探求されていったのである。こうして研究された弁論術の達成の一例が「夫《そ》れ談説の術は、斉荘《さいそう》以てこれに立ち、端誠《たんせい》以てこれに処《お》り、堅強以てこれを持《じ》し、譬称《ひしょう》以てこれを諭《さと》し、分別以てこれを明らめ、歓欣憤《かんきんふん》懣《まん》以てこれを送り、これを宝としこれを珍とし、これを貴くしこれを神とす」（いったい談論の仕方というものは、厳粛な態度で誠実端正に応対し、堅固に立場を守り、譬《たと》えによってのみこませ、わかりやすく説明し、喜怒《きど》の感情豊かに伝え、自論をば宝物のごとく大切に扱い、高貴で神妙なものとする）という巻頭の一文である。

しかし、このような弁論術は遊説や説得に際しての現実的効用の点からのみ尊重されているのではない。それが高く評価されるのはまた、言語を徳行とともに人の枢機《すうき》とみなし、それを正しくすることを君子の修養の第一とする正統的言語観にかなったことでもあったからである。というのは、君子たる者は修身治国《しゅうしんちこく》をその務めとし、したがってその発言が「身の得失、国の安危《あんき》」（第一章）に関わる以上、「辞《じ》なる者は、君を尊くし身を重んじ、国を安んじ性（＝生）を全《まっと》うする所以の者」として重視しなければならず、「故に辞は修めざるべからず、説は善くせざるべからず」（同上）というわけである。ここに劉向が本篇を設けた真の理由が存在するのである。

55　周鼎か漢鼎か？

【現代語訳】

孝武《こうぶ》皇帝の御世《みよ》に汾陰《ふんいん》県より宝鼎《ほうてい》が出土し、それが県より甘泉宮《かんせんきゅう》に献上された。群臣たちはこぞって祝賀し寿《ことほ》いでいった、「陛下は周の鼎《かなえ》を得られたのであります」。ところが、ひとり侍中《じちゅう》の虞丘寿王《ぐきゅうじゅおう》だけは、「周の鼎ではありません」という。聞き及ばれた帝は、寿王を呼びいだし、訊問《じんもん》された、「朕《ちん》は周の鼎を手に入れたのであり、臣下のものはみな周の鼎と認めておる。しかるに汝《なんじ》寿王のみ周の鼎にあらずと主張しおるそうじゃが、いかなるわけであるか。寿王よ、うまく説明できればよし、さもなければ死を待つばかりであるぞ」。寿王はこうお答えした、「寿王め、いかでわけもなく周の鼎にあらずなどと申しましょうや。私はかように聞いております、そもそも周の天子としての徳は后稷《こうしょく》に始まり、公劉《こうりゅう》の世に発展し、太王《たいおう》のときに大いなるものとなり、文王・武王に至って完成し、そして周公によって世に顕彰された、と。その徳沢《とくたく》は上は天に通じ、下は黄泉《こうせん》に至り、通ぜぬところはございませんでした。天はその徳を嘉《よみ》せられて褒美《ほうび》として鼎が周のために出現したのでありますから、「周鼎」と名づけられたのです。いま漢は、高祖が周を継ぎたまいしより、徳行を顕《あらわ》し恩恵を施し、天地四方の内は一同に和合しており、陛下の御世に至ってますますその徳は盛んであります。それゆえに天の瑞祥《ずいしょう》が次々に下り、めでたきしるしがことごとく現れているのであります。昔、秦《しん》の始皇帝は自《みずか》ら鼎を彭城《ほうじょう》から掘り出そうとしましたが、手に入れることはできませんでした。非道の始皇が何で鼎を得られましょうや。天は有徳《ゆうとく》の者を昭《て》らしたもうのであり、徳があれば、宝鼎は自《おの》ずと現れ至るのです。しからばこの鼎は天が漢に下されしものにして、すなわち漢鼎にして周鼎ではございません」。帝は「道理じゃ」と御満悦、居ならぶ群臣は万歳を称した。この日、ただちに虞丘寿王に黄金十斤《きん》を賜わった。

【読み下し】

孝武皇帝の時、汾陰　宝鼎を得てこれを甘泉宮に献ず。群臣賀して寿《じゅ》を上《たてまつ》りて曰く、「陛下周鼎を得たり」と。侍中虞丘寿王独《ひと》り曰く、「周鼎に非ず」と。上《しょう》これを聞き、召して問いて曰く、「朕　周鼎を得たるに、群臣皆以て周鼎と為《な》す。而《しか》るに寿王独り以て非と為すは何ぞや。寿王、説有れば則ち生く、説無ければ則ち死す」と。対《こた》えて曰く、「臣寿王、安《いず》くんぞ敢て説無からん。臣聞けり、夫《そ》れ周徳は始めて后稷に産《う》まれ、公劉に長じ、大《たい》王《おう》に大にして、文・武に成り、周公に顕《あらわ》る、と。徳沢　上は天に洞《つう》じ、下は泉に漏《も》れ、通ぜざる所無し。上天報応し、鼎　周の為《ため》に出《い》づ、故に名づけて周鼎と曰う。今《いま》漢は高祖《こうそ》周を継ぎてより、亦《ま》た徳を昭《あらわ》し行を顕し、恩を布《し》き恵《けい》を施し、六合《りくごう》和同せり。陛下の身に至りて逾《いよ》いよ盛んなれば、天瑞並《なら》び至り、徴祥　畢《ことごと》く見《あらわ》る。昔　始皇帝親《みずか》ら鼎を彭城に出《いだ》さんとせしも、得《う》る能わざりき。天　有徳を昭《てら》せば、宝鼎自《おの》ずから至る。此れ天の漢に予《あた》うる所以なれば、乃ち漢鼎にして周鼎に非ざるなり」と。上曰く、「善し」と。群臣皆《みな》万歳を称す。是《こ》の日、虞丘寿王に黄金十斤を賜う。

【原文】

孝武皇帝時、汾陰得宝鼎而献之於甘泉宮。群臣賀上寿曰、陛下得周鼎。侍中虞丘寿王独曰、非周鼎。上聞之、召而問曰、朕得周鼎、群臣皆以為周鼎、而寿王独以為非、何也。寿王有説則生、無説則死。対曰、臣寿王安敢無説。臣聞、夫周徳始産於※后稷、長於公劉、大於大王、成於文武、顕於周公。徳沢上洞天、下漏泉、無所不通。上天報応、鼎為周出、故名曰周鼎。今漢自高祖継周、亦昭徳顕行、布恩施恵、六合和同、至陛下之身逾盛、天瑞並至、徴祥畢見。昔始皇帝親出鼎於彭城而不能得。天昭有徳、宝鼎自至。此天之所以予漢、乃漢鼎、非周鼎也。上曰、善。群臣皆称万歳。是日、賜虞丘寿王黄金十斤。

【注釈】

◉『漢書《かんじょ》』吾丘《ごきゅう》寿王伝にみえる。◉孝武皇帝―漢の武帝（諱《いみな》は徹《てつ》）のこと。「孝」は善く父の志を継ぐを表す尊称で、漢代の皇帝はみな諡号《しごう》の上に附す。なおこの事件は元鼎四年（前一一三年）のことと記録されている。◉汾陰―県名、河東郡《かとうぐん》に属す。今の山西省栄河県。もと魏《ぎ》の地で、后土《こうど》（大地の神）の祠《ほこら》があった。なお地名は、汾水の陰《みなみ》にあることによる。◉甘泉宮―甘泉山（陝西省淳化県）の山上にあった宮殿の名。もと秦の離宮であったのを、武帝が静養・祈禱（中に神の台坐《だいざ》があった）および賓客《ひんきゃく》の接見用に増築したもの。◉周鼎―周王朝伝世《でんせい》の宝鼎で、天子の権威の象徴。◉虞丘寿王―虞丘（『漢書』は吾丘に作る）が姓で寿王が名、字は子贛《しこう》。趙《ちょう》の人で、董仲舒《とうちゅうじょ》に従い『春秋《しゅんじゅう》』を学ぶ。◉后稷―周の始祖で名は棄《き》、堯舜の代に稷（農業大臣）となったので、后稷《こうしょく》と称し祭られた。◉公劉―后稷の曾孫。豳《ひん》（陝西省邠《ひん》県）に遷《うつ》り、周の基礎を築く。◉大王―太王とも書く。后稷十二世の孫で文王《ぶんおう》の祖父、古公亶父《ここうたんほ》ともいう（大王は武王による追号）。豳より岐山《きざん》のふもとに遷り、国号を周と定めた。◉六合―上下（天地）および東西南北の六方。世界全体をいう。◉天瑞―天子の善徳を賞して天が降す瑞験《ずいけん》。◉始皇帝親ら鼎を彭城に出さんとす―『史記』秦本紀に「始皇（琅邪《ろうや》より）還《かえ》るに彭城に過《よぎ》り、斎戒禱祠《さいかいとうし》して鼎を泗《し》水《すい》より出さんとし、千人をして水に没《もぐ》りてこれを求めしむるも得ず」とみえる。彭城は今の江蘇《こうそ》省徐州《じょしゅう》市。

【解説】

読者はあるいは、これは「善説」というよりむしろ単なる御機嫌《ごきげん》とりのへつらいではないか、と思われるかもしれない。確かにこれは武帝の気性を計算した上での阿諛《あゆ》追従《ついしょう》の辞であり、私自身、訳していてあまり愉快な話ではない。だがそれは、現代の我々の感覚にすぎないのであって、漢代儒教の立場からみれば、虞丘寿王の説はまことにもっともな言い分なのである。漢は周の後を承《う》けて天命を受けた正統の王朝であること（受命説《じゅめいせつ》）、武帝が聖天子であり、それ故に多くの瑞祥が現れたこと（祥瑞思想《しょうずいしそう》）、いずれも漢代儒教の不動の立脚点であり、その立脚点よりすれば、寿王の説は必然の結論とさえいえよう。ただ、その必然の結論がへつらいにほかならない（少なくとも我々にはそう感じられる）とすれば、漢代儒者の意図はともあれ、結局、儒教が権力への迎合性をその本質として有していると看《み》なされることもまたやむを得ないことであろう。

56　比喩の必要な理由

【現代語訳】

梁《りょう》王の説客《ぜいかく》のひとりが王にいった、「恵子《けいし》は物事を説明するのに巧妙な譬《たと》えを用います。もし王が譬えを用いることを禁じられれば、彼はきっと何ものがいえなくなるでしょう」。梁王はその提案を承諾し、翌日さっそく、恵子に会い、「先生、これからはことがらそのものを直接的に説明していただきたい。どうか譬え話はしないように」と申し渡した。すると恵子はこういった、「いまここに弾《だん》（はじき弓）というものを知らない人がいたとします。その人が『弾とはどんな形のものか』ときいたとき、『弾の形は弾のごとし』と答えてその人にわかるでしょうか」。王は「いや、わかるまい」と答えた。恵子が「では、今度は返答をかえて、『弾の形は弓に似ていて、その弦《つる》を竹でこしらえたものだ』と教えたら、わかるでしょうか」ときくと、王は「それならわかるはずだ」と答えた。そこで恵子はいった、「そもそも説明というものは、そのすでに知っていることがらによってまだ知らないものを譬え、人に了解させるものです。しかるにいま王は譬え話を使うなと仰せられる。それはとんでもない誤りです」。王は「よしわかった」といい、譬えを用いることを許した。

【読み下し】

客　梁王に謂いて曰く、「恵子の事を言うや善く譬《たと》う。王　譬うること無からしめば、則ち言う能《あた》わじ」と。王曰く「諾《だく》」と。明日見《み》て、恵子に謂いて曰く、「願わくは、先生事を言うには則ち直言せんのみ、譬うる無かれ」と。恵子曰く、「今此《こ》こに人有り、弾を知らざる者なり。曰く、『弾の状は何若《いかん》』と。応じて『弾の状は弾の如し』と曰《い》わば、則ち諭《さと》らんか」と。王曰く、「未だ諭らざるなり」と。「是《ここ》に於て更《あらた》め応じて『弾の状は弓の如くにして、竹を以て弦《げん》と為す』と曰わば、則ち知らんか」。王曰く、「知るべし」と。恵子曰く、「夫れ説なる者は、固《もと》より其の知る所を以て其の知らざる所を諭し、人をしてこれを知らしむ。今　王の『譬うる無かれ』と曰うは、則ち不可なり」と。王曰く、「善《よ》し」と。

【原文】

客謂梁王曰、恵子之言事也善譬、王使無譬、則不能言矣。王曰、諾。明日見、謂恵子曰、願先生言事、則直言耳、無譬也。恵子曰、今有人於此而不知弾者、曰、弾之状何若。応曰、弾之状如弾、則諭乎。王曰、未諭也。於是更応曰、弾之状如弓、而以竹為弦、則知乎。王曰、可知矣。恵子曰、夫説者、固以其所知諭其所不知、而使人知之。今王曰無譬、則不可矣。王曰、善。

【注釈】

◉梁王—恵王を指すと思われる。梁は魏《ぎ》の別称で、恵王が都を大梁《たいりょう》（今の河南省《かなん》開封市《かいほう》）に移したのでそう呼ばれる。◉恵子—戦国時代の思想家、名は施《し》。生没年は不詳だが、荘《そう》周《しゅう》と親交があり、梁の恵王の宰相となったと伝えられる。弁舌に巧みで名家《めいか》（名と実の関係を考究する論理学）に列せられる。

57 施しを受ける側の理屈

【現代語訳】

荘周《そうしゅう》は貧乏人で、三度の食事もままならず、魏の文侯《ぶんこう》のところへ米を借りに出かけていった。頼みを聞いた文侯は、「もうすぐ領地の米が入るはずだから、届いたらそれを進ぜよう」と返事した。荘周はいった、「私がいまこちらへ参ります途中、道端《みちばた》の牛の蹄《ひづめ》の跡《あと》にできた水たまりの中に鮒《ふな》が一匹おるのをみかけました。その鮒が喘《あえ》ぎながら私に声をかけ、『おれはまだ生きられるのだ』といいました。そこで私が、「よし、ではおまえのために南に行って楚王《そおう》に会い、長江《ちょうこう》と淮水《わいすい》の水を引いておまえに注《そそ》ぎかけるよう計らってやろう、待っておれ』と申しますと、鮒はこういいました、『おれの命はいまはちかかめ一杯の水さえあれば助かるのだ。なのにおまえときたら、おれのために南にいって楚王に会い、長江・淮水の水を引いてきておれに注ぎかけてやるなどとほざきおる。おまえが帰ってきたなら、干物屋ですぐおれを買えばいいさ』と。いま私は赤貧《せきひん》の故に米を借りにうかがったのです。ところが殿は『領地の米が届いたら差し上げよう』とおっしゃる。届いたならば、私を奴隷市場でお探しください」。文侯はそこですぐに米百鍾《しょう》を倉より取り出し、荘周の家に届けさせたのであった。

【読み下し】
荘周貧者《ひんじゃ》にして、往《ゆ》きて粟《ぞく》を魏の文侯に貸りんとす。文侯曰く、「吾が邑粟《ゆうぞく》の来《きた》るを待ちてこれを献ぜん」と。周曰く、「乃今者《いま》周の来《きた》れるとき、道傍の牛蹄《てい》中に鮒魚《ふぎょ》有るを見き。大息して周に謂いて曰く、『我尚《な》お活《い》くべきなり』と。周曰く、『我の汝《なんじ》の為に南のかた楚王に見《まみ》え、江《こう》・淮《わい》を決して以て汝に漑《そそ》ぐを須《ま》て』と。鮒魚曰く、『今吾が命　盆甕《ぼんよう》の中に在るのみ。乃ち我の為に楚王に見え、江・淮を決して以て我に漑がんとす。汝即ち我を枯魚《こぎょ》の肆《し》に求めよ』と。今《いま》周は貧を以ての故に来り粟を貸りんとす。而るに『我が邑粟の来るを須《ま》ちて臣に賜わん』と曰う。即《も》し来らば、亦た臣を傭肆《ようし》に求めよ」と。文侯是に於て乃ち粟百鍾を発し、これを荘周の室に送らしむ。

【原文】

荘周貧者、往貸粟於魏文侯。※文侯曰、待吾邑粟之来而献之。周曰、乃今者周之来、見道傍牛蹄中有鮒魚焉。大息謂周曰、我尚可活也。周曰、須我為汝南見楚王、決江淮以漑汝。鮒魚曰、今吾命在盆甕之中耳。乃為我見楚王、決江淮以漑我、汝即求我枯魚之肆矣。今周以貧故来貸粟、而曰須我邑粟来也而賜臣。即来、亦求臣傭肆矣。文侯於是乃発粟百鍾、送之荘周之室。

【注釈】

⦿『荘子《そうし》』外物篇《がいぶつ》にみえるが、文章にはすこぶる異同がある。⦿荘周―荘子の姓名。戦国宋《そう》の蒙《もう》（今の河南省商丘《しょうきゅう》県の東北）の人。生卒年は不詳だが、おおよそ孟子《もうし》と同時代とされる。したがって、魏の文侯とは時期が合わず、この説話が寓言《ぐうげん》であることは明らかである。⦿我尚お活くべきなり―水さえあれば、まだ死なずにすむ。だから、水を汲んできて命を救ってくれ、の意。なお「我尚お活くべしや」と疑問形に読むことも可。⦿淮―川の名。河南省桐泊《とうはく》山に源を発し、安徽《あんき》・江蘇《こうそ》二省を経て黄海に注ぐ（現在は下流はふさがり、大運河につながっている）。長江・黄河につぐ大河。

58　仲尼の賢

【現代語訳】

斉《せい》の景公《けいこう》が子貢《しこう》にたずねた、「あなたは誰を師としているか」。子貢が答えた、「私は仲尼《ちゅうじ》を師としております」。景公「仲尼は賢者であるか」。子貢「賢者でございます」。景公「どのように賢なのか」。子貢「存じません」。景公「あなたは仲尼が賢者であると知りながら、どのように賢なのかはわからぬという、それでもよいのか」。子貢「いま天が高いといえば、若者・老人・愚か者・智者の区別なくみなその高いことを知っておりましょう。しかし、どのくらい高いのかは、みな知らないといいます。だから、仲尼の賢は知っていても、どのように賢なのかはわからないのです」。

【読み下し】

斉の景公　子貢に謂《い》いて曰く、「子《し》　誰をか師とする」と。曰く、「臣　仲尼を師とす」

と。公曰く、「仲尼賢なるか」と。対えて曰く、「賢なり」と。公曰く、「其の賢なること何若《いかん》」と。対えて曰く、「知らざるなり」と。公曰く、「子其の賢なるを知りて、而して其の奚若《いか》なるかを知らず、可なるか」と。対えて曰く、「今 天を高しと謂わば、少長愚智と無く皆《みな》高きを知る。高さ幾何《いくばく》かは、皆『知らず』と曰う。是を以て仲尼の賢なるを知りて、而して其の奚若なるかを知らず」と。

【原文】
斉景公謂子貢曰、子誰師。曰、臣師仲尼。公曰、仲尼賢乎。対曰、賢。公曰、其賢何若。対曰、不知也。公曰、子知其賢、而不知其奚若、可乎。対曰、今謂天高、無少長愚智皆知高。高幾何、皆曰不知也。是以知仲尼之賢、而不知其奚若。

【注釈】
◉『韓詩外伝《かんしがいでん》』巻八に類似の説話がみえる。また本章の前に同類譚《じざん》を二章収めている。◉仲尼―孔子の字《あざな》。仲は次男であることを示す。尼は両親が郷里の尼山の神に祈って孔子が生まれたからという。

第十二篇　奉使《ほうし》（使者の心得）

「奉使」とは、君命《くんめい》を奉じて他国に使いすることをいう。本国と綿密な打合せをしながら相手と交渉できる、通信施設の発達した現在とは違い、当時にあっては、いったん国を出たからには、外交の成否は使者一人の力量にすべてがかかっていた。文字どおりの全権大使である。したがって、使者たる者には、慎重な考慮、臨機応変《りんきおうへん》の判断、相手の威圧に負けぬ度胸《どきょう》、説得力あふれる弁舌、一国の代表にふさわしい威厳と風格、そのいずれもが要求される。さらに接見の儀式と宴会のために、十分な礼の知識と古典の教養が不可欠であった。本篇にはそのような大任を見事に果たした者たちの故事《こじ》を収める。

59　臨機応変

【現代語訳】

趙王《ちょうおう》が楚《そ》に使者を派遣するにあたり、瑟《しつ》を奏《かな》でながら、「わしのことばどおりにせよ」と戒告した。使者が「王の瑟を弾《ひ》かれまするに、今日はまたとりわけ悲愴《ひそう》な調べでございます」というと、王は「ちょうど絃の調子を合わせたところじゃから」と答えた。「調子を合わせたなら、なぜ瑟の柱《じ》の位置に印をおつけになりませぬ」と使者がいえば、王は「天候には乾湿があり、絃《げん》には緩急があって、調子は移ろうものじゃ。だから印はつけないのだ」という。そこで使者がいった、「私は、明君《めいくん》が人を使いにやるときは任務を与えるだけで、ことばまでは制約せず、行ってみて吉事に出あえば祝い、凶事であったならば弔《とむら》わせる、と聞いております。いま楚と趙とは千里あまりも離れており、吉凶や憂《うれ》い事は前もって知ることはできません。それはちょうど瑟の柱の位置を記しておくことができぬのと同じでございます。だから『詩経《しきょう》』にもこう詠《うた》っております、『数多遣《あまたつかわ》す使者たちは、お上《かみ》のことばに縛られて、それを守らんことばかり、いつも心に掛けいたり』と」。

【読み下し】

趙王　使者を遣《つか》わして楚に之《ゆ》かしむ。方《まさ》に瑟を鼓《こ》してこれを遣わし、これを誡《いまし》めて曰く、「必ず吾が言の如くせよ」と。使者曰く、「王の瑟を鼓するに、未だ嘗《かつ》て悲しきこと此《か》くの若《ごと》きあらざるなり」と。王曰く、「宮商《きゅうしょう》固《まこと》に方《まさ》に調《ととの》えり」と。使者曰く、「調うれば則ち何ぞ其の柱《じ》を書《しょ》せざるや」と。王曰く、「天に燥湿《そうしつ》有り、絃に緩急有り、宮商移徙《いし》して知るべからず。是《ここ》を以て書せず」と。使者曰く、「臣聞く、明君の人を使《つか》わすや、これに任ずるに事を以てし、制するに辞を以てせず、吉に遇えば則ちこれを賀《が》し、凶なれば則ちこれを弔う、と。今《いま》楚・趙相去ること千有余里、吉凶憂患《ゆうかん》、予《あらかじ》め知るべからず。猶お柱の書すべからざるがごときなり。詩に云う、『莘莘《しんしん》たる征夫《せいふ》、毎《つね》に及ぶ靡《な》きを懐《おそ》る』と」。

【原文】

趙王遣使者之楚。方鼓瑟而遣之、誡之曰、必如吾言。使者曰、王之鼓瑟、未嘗悲若此也。王曰、宮商固方調矣。使者曰、調則何不書其柱耶。王曰、天有燥湿、絃有緩急、宮商移徙不可知、是以不書。使者曰、※臣聞、明君之使人也、任之以事、不制以辞、遇吉則賀之、凶則弔之。今楚趙相去千有餘里、吉凶憂患、不可豫知、猶柱之不可書也。詩云、莘莘征夫、毎懐靡及。

【注釈】

◉『韓詩外伝《かんしがいでん》』巻七にもとづく。◉宮・商―音階の名、宮はド、商はレにあたる。なおこれに角《かく》・徴《ち》・羽《う》を加えて五音という。◉詩に云う―小雅《しょうが》・皇皇者華《こうこうしゃか》篇。◉莘莘―多いさま。『毛詩《もうし》』は「駪駪《しんしん》」に作る。◉毎に及ぶ靡きを懐る―普通は「毎に懐《おも》いて及ぶ靡《な》し」(皆、私事ばかり心にかけて使命を全《まっと》うしない)と読むが、いまは『韓詩外伝』に「詩に曰く、『征夫捷 捷《しょうしょう》、毎に及ぶ靡きを懐《おそ》る』(大雅《たいが》・烝民《じょうみん》。使者は急ぎゆきつつ、いつも間に合わないことを懼《おそ》れる)と。蓋《けだ》し上よりして下を御するを傷《いた》むなり」とあるにより解しておく。

60　命に代えても使命を果たす

【現代語訳】

楚《そ》の荘王《そうおう》が兵を起こして宋《そう》を征服しにかかった。宋は緊急事態を晋《しん》に知らせた。晋の景公は兵を送って宋を救おうとしたが、伯宗《はくそう》が、「天が今まさに楚を大きくしようとしているのです。天の加護がある楚を伐《う》ってはなりませぬ」と諫《いさ》めた。そこで壮士を探すこととし、霍《かく》の人解揚《かいよう》、字は子虎《しこ》という者を選び出して、彼を宋に遣わし、降服せぬよう伝えさせることとなった。解揚は宋へ行くのに鄭《てい》を通過したが、鄭は楚と友好を結んだばかりであったので、解揚を捕え楚に身柄を送った。楚王は厚く彼に贈り物をし、晋よりの命令を逆《ぎやく》にして、宋にすぐ降服するようにいう約束をさせようとした。三たび要求して、解揚はやっと承知した。そこで楚は解揚を楼車《ろうしや》に乗せ、宋に降服を呼びかけさせようとしたところ、彼は楚との約束を破り、晋君の命令をもとどおり伝えて、「晋は今まさに国中の兵を集めて宋を救おうとしている。宋は危急であっても、決して楚に降服してはなりません。晋の兵がすぐに参りますぞ」と叫んだ。楚の荘王は激怒して、解揚を釜《かま》ゆでにしようとした。解揚がいった、「君主は正しき命令を定めるのを義とし、臣下は命令に忠実なのを信とします。我が君の命を受けて国を出たからには、たとえ死んでも、二心《ふたごころ》はありません」。楚王がいう、「おまえはわしと約束しておきながら、それに背《そむ》いた。おまえのいう信義などどこにあろう」。解揚がいう、「わたしは死を覚悟で王と約束したのです。嘘をついてでも我が君の命を遂行《すいこう》したく願ったのであり、それができた以上、死んでも恨《うら》みはありません」。そして楚の軍隊のほうをふり返って、「人臣たる者、忠を尽くして死にゆく者を忘れるでないぞ」と叫んだ。楚王の弟たちはみな、彼を許すようとりなした。そこで荘王もついに解揚を許して帰国させた。晋は彼に上卿《じようけい》の爵位《しやくい》を与えた。後世、解揚のことを霍《かく》虎《こ》と称して、その名を今に伝える。

【読み下し】

楚の荘王　兵を挙げて宋を伐《う》つ。宋　急を晋に告ぐ。晋の景公　兵を発して宋を救わんと欲す。伯宗諫めて曰く、「天方《まさ》に楚を開く。未だ伐つべからざるなり」と。乃ち壮士を求め、霍の人解揚、字は子虎なるを得、往きて宋に命じて降ること毋《な》からしむ。道　鄭を過ぐ。鄭新《あら》たに楚と親しむ。乃ち解揚を執《とら》えてこれを楚に献ず。楚王厚く賜《たま》いて、与《とも》に約して其の言を反《はん》せしめ、宋をして趣《すみやか》に降らしめんとす。三たび要《もと》めて、解揚乃ち許す。是に於て楚　揚を乗するに楼車を以てし、宋に呼ばわりて降らしめんとせしむ。遂に楚の約に倍《そむ》きて、其の晋君の命を致《いた》して曰く、「晋方《まさ》に国兵を悉《つく》して以て宋を救わんとす。宋急なりと雖《いえど》も、慎しんで楚に降る毋かれ。晋兵今《いま》至らん」と。楚の荘王大いに怒り、将《まさ》にこれを烹《に》んとす。解揚曰く、「君は能く命《めい》を制するを義と為し、臣は能く命を承《う》くるを信と為す。吾が君命を受けて以て出づれば、死すと雖も二無し」と。王曰く、「汝　我に許し、已《すで》にしてこれに倍《そむ》く。其の信安《いずく》にか在る」と。解揚曰く、「死以て王に許し、以て吾が君命を成さんと欲す。臣恨《うら》みざるなり」と。顧《かえり》みて楚軍に謂いて曰く、「人臣為《た》れば、忠を尽くして死を得たる者を忘るる無かれ」と。楚王の諸弟《しょてい》、皆王を諫めてこれを赦《ゆる》さしむ。是に於て荘王卒《つい》に解揚を赦してこれを帰す。晋これに爵して上卿と為す。故に後世霍虎《かくこ》と言う。

【原文】

楚荘王挙兵伐宋、宋告急晋。晋景公欲発兵救宋。伯宗諫曰、天方開楚、未可伐也。乃求壮士、得霍人解揚字子虎、往命宋毋降。道過鄭、鄭新与楚親、乃執解揚而献之楚。楚王厚賜、与約使反其言、令宋趣降。三要、解揚乃許。於是楚乗揚以楼車、令呼宋使降。遂倍楚約、而致其晋君命曰、晋方悉国兵以救宋、宋雖急、慎毋降楚、晋兵今至矣。楚荘王大怒、将烹之。解揚曰、君能制命為義、臣能承命為信。受吾君命以出、雖死無二。王曰、汝之許我、已而倍之、其信安在。解揚曰、死以許王、欲以成吾君命、臣不恨也。顧謂楚軍曰、為人臣無忘尽忠而得死者。楚王諸弟皆諫王赦之、於是荘王卒赦解揚而帰之。晋爵之為上卿、故後世言霍虎。

【注釈】

◉『左伝《さでん》』宣公《せんこう》十五年・『史記』鄭世家《ていせいか》にもとづく。◉晋の景公―名は拠《きょ》（一に獳《じゅ》とする）、在位前五九九～前五八一。楚・斉と争い、六軍を作った。◉壮士―気力旺盛なる勇士。◉霍―春秋時代の小国の名。今の山西省霍県。◉楼車―物見台のついた馬車。雲車《うんしゃ》ともいう。

61 晏子の使者ぶり（一）

【現代語訳】

晏子《あんし》が楚《そ》に使いすることとなった。それを聞いた楚王は、側近の者に向かい、「晏子は賢人である。まもなく使者に来るとのこと、ひとつ恥をかかしてやりたいが、どうしたものだろう」とたずねた。側近の者は「彼がまいります折を見計《みはか》らい、わたくしめが一人を縛《しば》って王の横を通りかかります。そこでかくかくしかじか」と策を授けた。かくしてある日、楚王は晏子と立ち話をしていた。すると、役人が一人の人間を縛って王の横を通りすぎようとした。王が「何者だ」ときくと、「斉《せい》の国の者です」と答えた。王がさらに「何の罪か」ときくと、「窃盗罪《せっとうざい》でございます」と答えた。そこで王はいった、「斉の国の者はもともと窃盗に長《た》けておるのかな」。晏子は振り返り、その者をみていった、「江南《こうなん》に橘《たちばな》の樹があります。斉王が人にその樹を持って来させ、それを江北の地に植えましたところ、橘にはならず枳《からたち》になりました。なぜ変ったかというと、土地の違いがそうさせたのです。この斉の者も、斉にいるときは盗みなど致しませんのに、楚に来たら盗みを働きました。何と土地の違いがこのようにさせたのではございますまいか」。楚王がいった、「あなたを侮辱しようとして、かえって自分が恥をかいたわい」。

【読み下し】

晏子将《まさ》に荊《けい》に使いせんとす。荊王これを聞き、左右に謂いて曰く、「晏子は賢人なり。今方《まさ》に来《きた》らんとす。これを辱しめんと欲す、何を以てせん」と。左右対えて曰く、「其の来るに為《おい》て、臣請う、一人を縛りて、王を過ぎて行かん」と。是に於て荊王　晏子と立ちて語るに、一人を縛りて、王を過ぎて行くもの有り。王曰く、「何為《なんす》る者ぞや」と。対えて曰く、「斉人《せいひと》なり」と。王曰く、「何にか坐《ざ》する」と。曰く、「盗《とう》に坐す」と。王曰く、「斉人は固《もと》より善く盗《ぬす》むか」と。晏子これを反顧《かえり》みて曰く、「江南に橘《きつ》有り。斉王　人をしてこれを取らしめ、これを江北に樹《う》うれば、生じて橘と為らずして、乃ち枳《き》と為れり。然る所以《ゆえん》の者は何ぞ。其の土地これをして然《しか》らしむるなり。今《いま》斉人、斉に居りては盗まず、これを荊に来らしめば而《すなわ》ち盗む。土地これをして然らしむること無きを得んや」と。荊王曰く、「吾れ子を傷《いた》めんと欲せしに、反って自《みずか》ら中《あた》れり」と。

【原文】

晏子将使荊。荊王聞之、謂左右曰、晏子賢人也。今方来、欲辱之、何以也。左右対曰、為其来也、臣請縛一人、過王而行。於是荊王与晏子立語、有縛一人、過王而行。王曰、何為者也。対曰、斉人也。王曰、何坐。曰、坐盗。王曰、斉人固善盗乎。晏子反顧之曰、江南有橘、斉王使人取之、而樹之於江北、生不為橘、乃為枳※。所以然者何、其土地使之然也。今斉人居斉不盗、来之荊而盗、得無土地使之然乎。荊王曰、吾欲傷子、而反自中也。

【注釈】

◉『晏子春秋《あんししゅんじゅう》』内篇雑下《ないへんざつげ》にもとづく（次条も同じ）。◉橘と為らずして、乃ち枳と為る——真偽のほどは知らないが、当時には有名な話であったらしく、『淮南子《えなんじ》』はじめ諸書に多くの記載がある。一説には、長江ではなく、淮水《わいすい》の南北で変るという。なお枳《からたち》は橘《たちばな》に似て少し小さく、トゲの多い木。

62 晏子の使者ぶり（二）

【現代語訳】

晏子が楚に使いした。晏子の背が低いので、楚の人は宮殿の大門の脇にわざと小さな門を作り、晏子を導いてそこから入らせようとした。晏子は入ろうとせずいった、「犬の国に使いに来た者は犬の門から入りますが、私はいま楚の国に使いにまいったのです。この門から入るわけにはいきません」。案内役はやむを得ず、改めて大門から入らせた。楚王に目通りすると、王は「斉国には人はいないのか」という。晏子が「斉の都、臨淄《りんし》には三百閭《りよ》の家があり、人々が衣《ころも》の袖《そで》を広げれば幕《まく》ができ、汗を振るうと雨が降るようであり、みな肩を並べかかとをくっつけあって暮しております。どうして人がいないなどといえましょうか」と答えると、王は「そのように人が多いなら、なぜあなたが使者となったのか」とたたみかけた。晏子は答えていった、「斉国には使者を送るに定めがありまして、賢者は賢主に使いし、不肖《ふしよう》の者は不肖の君に使い致します。私は最も不肖の者ですので、それで当然のこととして楚に使いすることになったのです」。

【読み下し】

晏子楚に使いす。晏子短《たん》なれば、楚人《そひと》小門を大門の側に為《つく》りて晏子を延《ひ》く。晏子入《い》らずして曰く、「使いして狗国《くこく》に至る者は狗門より入る。今《いま》臣は楚に使いすれば、当《まさ》に此の門より入るべからず」と。儐者《ひんじゃ》更《あらた》めて大門より入らしむ。楚王に見《まみ》ゆ。楚王曰く、「斉に人無きか」と。晏子対えて曰く、「斉の臨淄三百閭あり。袂《たもと》を張れば帷《い》を成し、汗を揮《ふる》えば雨を成し、肩を比《なら》べ踵《きびす》を継《つ》ぎて在《あ》り。何為《なんす》れぞ人無からん」と。王曰く、「然《しか》らば則ち何為れぞ子を使わす」と。晏子対えて曰く、「斉 使《し》を命ずるに各《おの》おの主《しゅ》とする所有り。其の賢者は賢主に使いし、不肖者は不肖の主に使いす。嬰《えい》最も不肖なり。故に宜しく楚に使いすべきのみ」と。

【原文】

晏子使楚。晏子短、楚人為小門於大門之側而延晏子。晏子不入曰、使至狗国者、従狗門入。今臣使楚、不当従此門入※。儐者更従大門入。見楚王。楚王曰、斉無人耶。晏子対曰、斉之臨淄三百閭、張袂成帷、揮汗成雨、比肩継踵而在、何為無人。王曰、然則何為使子。晏子対曰、斉命使各有所主、其賢者使賢主、不肖者使不肖主。嬰最不肖、故宜使楚耳。

【注釈】

⊙斉に人無きか―あなたを使わすほどだから、斉には立派な人物はいないのだろうの意。晏子はそれを受けて、人の数は多いといなしたのである。⊙臨淄―斉の都。当時最も先進的な大都市であった。今の山東省臨淄県。⊙閭―周の制度では、二十五家を閭とする。したがって三百閭は七千五百家となるが、もちろん実数を挙げたものではなく、極めて多数の人口があることをいうにすぎない。◉袂を張れば帷を成し──通行人のたもとを挙げると、それが連なって幕となる。人の多い喩《たと》え。「袖幕《しゅうばく》」という語もある。なお、以下も同様の喩え。◉不肖──愚か者。

第十三篇　権謀《けんぼう》（時宜に応じたはかりごと）

権謀術数は君子のとるべき方法ではない。君子たる者、常に正々堂々と正面から事《こと》に当るべきである。しかしこの世の中、いつも正論だけでうまく事が運ぶわけではない。時には、計略や取引きも必要なのである。劉向は聖人の道を信奉する儒家《じゅか》の徒《と》であるが、融通のきかぬカチコチの道学《どうがく》の先生ではない。そういった計略の必要性は十分に認識していたのである。彼が権謀術数を弄《ろう》した戦国時代の遊説家《ゆうぜいか》たち、すなわち、いわゆる従横家《じゅうおうか》をかなり高く評価していたことは「善説」篇などに蘇秦《そしん》や鬼谷子《きこくし》を取り上げていることからもうかがわれる。いや劉向ばかりではない、道学以前の儒教はおおむね同様であったのであり、いわゆる「宋襄《そうじょう》の仁《じん》」（宋の襄公が、奇襲は君子の戦いではないとして、相手の陣立《じんだ》てが整うのを待っていたため敗れた故事）はむしろ時宜《じぎ》を知らぬ迂遠《うえん》な者と嘲笑されたのである。

しかし、むろん権謀を無条件に賛美するわけではない。「夫《そ》れ権謀に正《せい》有り、邪《じゃ》有り。君子の権謀は正しく、小人の権謀は邪なり。夫れ正なる者は其の権謀公なり、故に其の百姓《ひゃくせい》の為《ため》に心を尽くすや誠なり。彼の邪なる者は、私を好み利を尚《とうと》ぶ、故に其の百姓の為にするや詐《いつわ》る。夫れ詐れば則ち乱れ、誠なれば則ち平らかなり」（第一章）とあるように、権謀は私利私欲のために用いられてはならず、あくまで天下万民のための正義あるものでなければならない。では、正しい権謀とはいかなるものであり、またいかにして達成されるのか、その答は次の章を見ていただくこととしよう。

63　正しい権謀

【現代語訳】

聖王が何か事業を行おうとするときには、必ずまず慎重精密に考慮し、そのうえで結論の是非を占卜《うらない》で判断する。卑賤《ひせん》の士《し》もみな相談にあずかり、いやしい庶民までもすべてその心を尽くして意見を述べる。それゆえ、いくら多くの事業を行っても、万に一つの遺漏失策《いろうしっさく》はないのである。古えの書物にも「多くの人々の智恵を集めれば、天のことさえうかがい知ることができる。多くの意見を聴いて最後に自分の考えで判断する、それは君主一人の責任である」という。これが大いなる謀《はか》りごとの方法である。謀りごとには二つの種類がある。すぐれた謀りごとは天命を知るものであり、それにつぐ謀りごとは事の真相を見抜くものである。天命を知る者は、存亡禍福《そんぼうかふく》の原因を事前に予見し、いち早く盛衰興廃の端緒を知って、事件がまだ起こらないうちに防ぎ、災難がまだ現れないうちにそれを避ける。このような人は、乱れた世にあってもその身をそこなうことはなく、太平《たいへい》の世にいれば必ず天下の実権を握るのである。事の真相を知る者もまた尊ぶに値《あたい》する。事がらをみてその成功・失敗の区別を見定め、その究極の結果を見極める。だからこのような者には、事業に失敗し成果を失うということがない。孔子は「ともに道に進むことのできる者でも、まだ一緒に時宜《じぎ》を権《はか》り変に応じることはできない」といわれた。いったい天命を知り事の真相を知る者でなければ、誰がよく権謀を執行し得ようか。

【読み下し】

聖王の事を挙ぐるは、必ず先ずこれを謀慮に諦《つまびら》かにし、而る後にこれを蓍亀《しき》に考う。白《はく》屋《おく》の士《し》皆《みな》其の謀に関わり、芻蕘《すうじょう》の役《えき》咸《みな》其の心を尽くす。故に万挙するも遺籌《いちゆう》失策無し。伝《でん》に曰く、「衆人の智《ち》以て天を測《はか》るべし。兼聴《けんちょう》して独断するは、惟《た》だ一人に在り」と。此れ大謀の術なり。謀に二端《にたん》有り。上謀は命《めい》を知り、其の次は事を知る。命を知る者は、預《あらかじ》め存亡禍福の原《もと》を見、早《つと》に盛衰廃興の始めを知り、事を未だ萌《きざ》さざるに防ぎ、難《なん》を無形に避く。此《か》くの若《ごと》き人は、乱世に居れば、則ち其の身を害せず、太平の世に在れば、則ち必ず天下の権を得《う》。彼の事を知る者も亦た尚し。事を見て得失《とくしつ》成敗の分《ぶん》を知りて、其の終極する所を究《きわ》む。故に業を敗《やぶ》り功を廃すること無し。孔子曰く、「与《とも》に道に適《ゆ》くべし、未だ与に権るべからず」と。夫れ命を知り事を知る者に非ずんば、孰《たれ》か能く権謀の術を行わん。

【原文】

聖王之挙事、必先諦之於謀慮、而後考之於著亀。白屋之士、皆関其謀、芻蕘之役、咸尽其心。故万挙而無遺籌失策。伝曰、衆人之智、可以測天。兼聴独断、惟在一人。此大謀之術也。謀有二端、上謀知命、其次知事。知命者、預見存亡禍福之原、早知盛衰廃興之始、防事之未萌、避難於無形。若此人者、居乱世、則不害於其身、在乎太平之世、則必得天下之権。彼知事者亦尚矣。見事而知得失成敗之分、而究其所終極。故無敗業廃功。孔子曰、可与適道、未可与権也。夫非知命知事者、孰能行権謀之術。

【注釈】

◉著亀―蓍はめどぎ、易筮《えきぜい》に用いる。亀は亀の腹甲《ふくこう》。焼いてそのヒビ割れの形で占う。古くは亀卜《きぼく》が重んじられたが、しだいに簡便な易筮が中心となった。◉白屋の士―貧窮だが学徳ある人物。白屋《はくおく》は彩色の施してない粗末な家。◉mobile—尊賢論42を参照。◉孔子曰く—『論語』子罕《しかん》篇の文。

【解説】

第一章の前半部分である。ここでいう「命《めい》」とは天命の意味であるが、現代風に解釈すれば時代の趨勢《すうせい》ということである。時流を先取りし適確に対処してゆくこと、それが最上の権謀である。そもそも権の原義ははかりの分銅《ふんどう》であり、はかる物の重さに応じて随時《ずいじ》位置を変えてバランスをとらねばならないし、あるいは錘《おもり》を替える必要もある。権とはつまり計量してバランスをとることであり、そのバランス感覚こそが権の神髄なのであるが、そのバランス感覚はまたいわゆる「中庸《ちゅうよう》」の精神を成り立たせているものでもある。ここにおいて権は中国倫理学においても最も重要な特質の一つとなった（「経《けい》に反して道に合う」、すなわち、常法にはそむくが、時宜に適するがゆえにかえって道義に合うもの、と定義される）。儒教は保守的な教えではあるが、この権の思想にみられるように、実は非常な柔軟性・融通性を一面で有していたのである。そしてそれを支えていたバランス感覚は、中国人の国民性と呼んでもよいものであった。それゆえに儒教は、二千年の長きにわたって存続し得たのである。

64　孔子の眼力

【現代語訳】

孔子が斉《せい》の景公《けいこう》と坐談をしていると、用人《ようにん》が「周《しゅう》からの使者がまいりまして、周の廟《みたまや》が焼けたとのことにございます」と伝えた。景公は用人をつかわして、「誰の廟が焼けたのか」とたずねさせた。そのやりとりを聞いていた孔子は「きっと釐王《きおう》の廟でございましょう」といった。景公が「どうしてそれがわかるのか」ときくと、孔子はいった、「『詩経《しきょう》』に『煌々《こうこう》と輝ける天津神《あまつかみ》、民との約を信《まこと》にす、天の下民を見そなわす、必ず有徳《うとく》に幸いあり』とあります。禍《わざわ》いもまた同じことです。そもそも釐王は文王・武王の制度を勝手に変え、黒と黄色で飾ったきらびやかな宮殿を作り、車や馬は贅沢《ぜいたく》をつくし、それは改め正しようもないほどでした。だから天はその廟に罰として災害を下したのです。こういうわけでそれとわかるのです」。景公が問う、「天はどうして当人自身に災害を与えず、その廟に与えるのか」。孔子の答、「天は文王のことを考慮されたのです。もし自身に災害を下せば、かえって文王の祀《まつ》りが絶えてしまうことになりましょう。それでその廟に災害を下して、釐王の罪過《ざいか》を明らかにしたのです」。そこへ用人が再び入ってきて、「焼けたのは釐王の廟でございます」と告げた。景公は大いに驚き、立ち上がって二度孔子を拝して、「なるほどなあ。聖人の知恵は何と偉大なものではないか」と感嘆した。

【読み下し】

孔子 斉の景公と坐す。左右白《もう》して曰く、「周使来《きた》りて『周廟《びょう》燔《や》けり』と言う」と。斉の景公出でて問わしめて曰く、「何《いずれ》の廟ぞや」と。孔子曰く、「是れ釐《き》王《おう》の廟なり」と。景公曰く、「何を以てこれを知る」と。孔子曰く、「詩に云う、『皇皇《こうこう》たる上帝《じょうてい》、其の命忒《たが》わず。天の人に与《お》けるや、必ず有徳《ゆうとく》に報ゆ』と。禍も亦たかくの如し。夫れ釐王は文・武の制を変じて玄黄《げんこう》の宮室を作り、輿馬《よば》奢侈《しゃし》にして、振《すく》うべからざるなり。故に天 其の廟に殃《わざわい》せり。是を以てこれを知る」と。景公曰く、「天何ぞ其の身に殃せずして、其の廟に殃せしか」と。子曰く、「天 文王の故を以てなり。若《も》し其の身に殃せば、文王の祀《し》乃ち絶ゆること無からんや。故に其の廟に殃して以て其の過を章《あらわ》せしなり」と。左右入りて報じて曰く、「周の釐王の廟なり」と。景公大いに驚き、起ちて再拝して曰く、「善きかな。聖人の智は豈《あ》に大ならずや」と。

【原文】

孔子与斉景公坐。左右白曰、周使来言、周廟燔。斉景公出問曰、何廟也。孔子曰、是釐王廟也。景公曰、何以知之。孔子曰、詩云、皇皇上帝、其命不忒、天之与人、必報有徳。禍亦如之。夫釐王変文武之制、而作玄黄宮室、輿馬奢侈、不可振也。故天殃其廟。是以知之。景公曰、天何不殃其身、而殃其廟乎。子曰、天以文王之故也。若殃其身、文王之祀、無乃絶乎。故殃其廟以章其過也。左右入報曰、周釐王廟也。景公大驚、起再拝曰、善哉、聖人之智、豈不大乎。

【注釈】

◉『孔子《こうし》家語《けご》』六本《りくほん》篇に引く。◉出でて問わしめて曰く—普通に読めば、景公自《みずか》ら部屋を出て問うたことになるが、それだと下文とつながらないので、左右をして出でて問わしめたものと解しておく（桃源蔵《とうげんぞう》の説）。◉釐王—僖《き》王《おう》胡《こ》斉《せい》のこと。在位前六八一〜前六七八、斉《せい》の桓公《かんこう》の覇《は》者《しゃ》の初めにあたる。◉詩に云う—今の『詩経』にはみえない（「逸詩《いっし》」という）。◉皇皇—美麗に輝くさま、上帝に対する常用の形容詞。◉上帝—天と同義、万物を創造し主宰する最高神。◉玄黄の宮室を作り—『孔子家語』は「玄黄華麗の飾を作り、宮室崇峻、輿馬奢侈にして」に作るから、それに照らすと「宮室・輿馬奢侈にして」と読むほうがよいが、原文のままだと右のように読むのが自然と思う。

【解説】

天は善人に福を与え、悪人に禍を下すという一種の因果《いんが》応報《おうほう》思想は、儒教倫理の根幹をなす観念である。もっとも実際には必ずしもそうはいかないから、そこに苦悩も生まれ、様々な解決案が模索されることになる。孔子からしてすでに運命の非情に嘆息していたし、「人事を尽くして天命を待つ」式の孟子《もうし》の態度も、そういった模索の中から産み出された一つの境地であった。しかし儒教は結局、大すじでは福善《ふくぜん》禍淫《かいん》の楽観論をとり続けた（そこに輪廻《りんね》を説く仏教のつけ入る隙があった）。劉向ももちろん因果応報観の立場に立っている。そもそも災異思想は、その信仰がなければ成り立たないものなのである。なお廟の火災が極めて重大な災異であることは、『漢書《かんじょ》』五《ご》行志《ぎょうし》に詳しい説がみえる。

65　後悔先に立たず

【現代語訳】

孝宣《こうせん》皇帝の御宇《ぎょう》、霍氏《かくし》は傲《おご》り高ぶり、贅沢のかぎりを尽くしていた。茂陵《もりょう》の徐《じょ》先生という者がそのことを憂えて予言した、「霍氏はきっと滅亡するだろう。そもそも人の上に立って傲り高ぶるのは滅亡に至る道である。孔子は『傲り高ぶれば、人間は必ず不遜《ふそん》になる』といわれた。いったい不遜な者は必ず上を侮《あなど》るが、上を侮ることは反逆に連なる道である。人の上に立てば、人は必ず妬《そね》み憎むものである。いま霍氏は権勢を一手に握っているが、それゆえに天下の人々の多くが霍氏を憎み嫌っている。天下の人々がこぞって憎み嫌っているのに、なお重ねて反逆の道によってことを行おうとするとは、滅亡するほかはあるまい」。そこで徐先生は書を奏上し、「霍氏は傲り高ぶって贅沢三昧《ざんまい》をしております。陛下がもし霍氏を愛しておられるなら、然《しか》るべき時々に彼を抑制し、滅亡に至らぬようになされますよう」と天子に忠告した。書は三たび奏上されたが、いつも「奏上の趣き聞き置く」との返事ばかりであった。その後、はたせるかな、霍氏は滅亡して、董忠《とうちゅう》らが霍氏を平《たい》げた功により諸侯に封ぜられた。ある人が徐先生のために上書してこういった、「私はこんな話を聞いております。ある客人がとある家を訪ねた際、竈《かまど》の煙突《えんとつ》がまっすぐで、そのすぐ側に薪《たきぎ》が積んであるのをみかけました。それで客人がその家の主人に『煙突を曲げて、積んである薪を遠ざけなさい。そうでないと、きっと火事になりますよ』と注意しましたが、主人は知らぬ顔で返答しませんでした。すると間もなく、予想どおりその家から火が出ました。村中の人が心配してかけつけてくれたので、火は幸いにおさまりました。そこで主人は牛を殺して酒を用意し、村人をもてなしました。髪をこがし火傷《やけど》した者が上座《かみざ》に坐《ざ》し、あとはその消火の折の働きによって順番にすわりましたが、はじめに煙突を曲げるよう注意した者はなんと招かれませんでした。もしはじめに主人が客人の注意に耳を傾けていたなら、牛や酒の費用を使うこともなく、火事の患《うれ》いもそもそもなかったはずです。いま茂陵の徐福《じよふく》はしばしば上書して『霍氏は変事を起こそうとしております。あらかじめ防いでその根《ね》を絶《た》たれまするよう』と申し上げておりました。もし徐福の説のとおりにしていたならば、地を裂《さ》いて爵位《しやくい》を与える無駄もなく、国はずっと平安であったのです。事件はもう片づいたわけですが、ところが徐福のみはその功を認められておりません。願わくは陛下におかせられては、客人の薪を遠ざけ煙突を曲げるという策を明察あそばして、髪をこがし火傷せし者の上位につけていただきとう存じます」。この書が奏上されるや、天子は使者を遣《つかわ》して徐福に帛《きぬ》十匹を賜い、彼を郎《ろう》に任命した。

【読み下し】

孝宣皇帝の時、霍氏奢靡《しやび》なり。茂陵の徐先生曰く、「霍氏必ず亡びん。夫れ人の右に在りて奢《おご》るは亡《ぼう》の道なり。孔子曰く、『奢《おご》れば則ち不遜《ふそん》なり』と。夫れ不遜なる者は必ず上を侮《あなど》り、上を侮る者は逆の道なり。人の右に出づれば、人必ずこれを害す。今《いま》霍氏権《けん》を秉《と》れば、天下の人これを疾害《しつがい》する者多し。夫れ天下これを害するに、而《しか》も又た逆道を以てこれを行う、亡びずして何をか待たん」と。乃ち上書《じょうしょ》して言わく、「霍氏奢靡なり。陛下即《も》しこれを愛せば、宜しく時を以て抑制し、亡に至らしむること無かるべし」と。書三たび上《たてまつ》るも、輒《すなわ》ち聞《ぶん》を報ずるのみ。其の後霍氏果《は》たして滅びぬ。董忠ら其の功を以て封ぜらる。人　徐先生の為《ため》に上書するもの有り、曰く、「臣聞く、客　主人に過《よぎ》るもの有り。竈《そう》直堗《ちょくとつ》にして、傍《かたわら》に積薪《せきしん》有るを見る。客　主人に謂いて曰く、『其の堗を曲げ、其の積薪を遠ざけよ。不《しからず》ば将《まさ》に火患《かかん》有らんとす』と。主人黙然《もくぜん》として応ぜず。居ること幾何《いくばく》も無くして、家果たして失火あり。郷聚里中《りちゅう》の人哀《あわれ》みてこれを救い、火幸いに息《や》みぬ。是に於て牛を殺して置酒《ちしゅ》し、髪を燔《や》き灼爛《しゃくらん》たる者　上行に在り、余は各おの功の次《じ》を用《もっ》て坐す。而して反って堗を曲げよと言いし者を録せず。向《さき》に使《も》し主人　客の言を聴きしかば、牛酒を費さずして、終《つい》に火患無かりしならん。今茂陵の徐福数《しば》しば上書して「霍氏且《まさ》に変《へん》有らんとす、宜しくこれを防絶すべし」と言う。向《さき》に福の説をして行わるるを得しめば、則ち地を裂《さ》き爵を出だすの費《ついえ》無くして、国安平自如《あんぺいじじょ》たり。今往事《おうじ》既に已《や》むに、福独《ひと》り其の功に与《あずか》るを得ず。惟《た》だ陛下　客の薪《たきぎ》を徙し堗を曲ぐるの策を察し、髪を燔き灼爛たるものの右に居らしめよ」と。書《しょ》奏せらるるや、上人《しょうじん》をして徐福に帛《はく》十匹を賜わしめ、拝して郎と為す。

【原文】

孝宣皇帝之時、霍氏奢靡。茂陵徐先生曰、霍氏必亡。夫在人之右而奢、亡之道也。孔子曰、奢則不遜。夫不遜者必侮上、侮上者、逆之道也。出人之右、人必害之。今霍氏秉権、天下之人、疾害之者多矣。夫天下害之、而又以逆道行之、不亡何待。乃上書言、霍氏奢靡。陛下即愛之、宜以時抑制、無使至於亡。書三上、輒報聞。其後霍氏果滅、董忠等以其功封。人有為徐先生上書曰、臣聞客有過主人、見竈直埃、傍有積薪。客謂主人曰、曲其埃、遠其積薪、不者、将有火患。主人黙然不応。居無幾何、家果失火、郷聚里中人哀而救之、火幸息。於是殺牛置酒、燔髪灼爛者在上行、餘各用功次坐、而反不録言曲埃者。向使主人聴客之言、不費牛酒、終無火患。今茂陵徐福数上書言、霍氏且有変、宜防絶之。向使福説得行、則無裂地出爵之費、而国安平自如。今往事既已、而福独不得与其功。惟陛下察客徙薪曲埃之策、而使居燔髪灼爛之右。書奏、上使人賜徐福帛十四、拝為郎。

【注釈】

⊙『漢書』霍光《かくこう》伝にもみえる。⊙孝宣皇帝―前漢の宣帝《せんてい》、諱《いみな》は詢《じゅん》(初名病已《へいい》)、在位前七三～前四九。法術によって統治を建て直し、「中興の英主」と称せられる。⊙霍氏―霍光とその一族。大将軍霍光は昭帝《しょうてい》の死後立った昌邑王《しょうゆうおう》を廃し、民間に育った武帝の曾孫たる宣帝を迎えて位に即《つ》けた。その功により絶大な実権を有し、一族の者はみな貴顕の位についた。⦿茂陵―武帝の陵、またその陵のある県の名。今の陝西《せんせい》省興平《こうへい》県の東北。⦿孔子曰く―『論語』述而《じゅつじ》篇の文。⦿霍氏果たして滅びぬ―霍光の死後、その一族は謀反をおこして誅滅《ちゅうめつ》された。⦿郎―宮中の宿衛侍従《しゅくえいじじゅう》の官。

第十四篇　至公《しこう》（最高の公平）

政治は公平でなければならない。これは古今東西を問わず常に真理であるし、また不断に主張されてきたことである。儒教もむろんまた、政治の要諦《ようてい》として公平を説く。孔子のことばにも、「寡《すく》なきを患《うれ》えず、均《ひと》しからざるを患う」（『論語』季氏《きし》篇）とある。

ところがまた一方で、儒教には家族的身びいき（ネポティスム）を許容するところがあった。恩蔭《おんいん》（父が高級官僚であると、その子も役人になることができる）を公然と制度化したし、「父は子のために隠し、子は父のために隠す」（『論語』子路《しろ》篇）ことも法律上、認められていた。これは儒教が肉親愛を道徳の基本とするかぎり、必然の帰結であるが、そのために種々の弊害が生じてくることもまた避けられないのは当然である。極言すれば、中国が最近まで近代的法治国家になれなかったのは（現在でもなっていないかもしれぬが）、この家族的身びいきの許容によるものといってよい。劉向が本篇を設《もう》けたのは、そういった弊害を痛感していたからに違いない。彼の政治活動は、前半生は宦官《かんがん》、後半は外戚《がいせき》という権貴《けんき》寵臣との戦いであった。彼らを斥《しりぞ》けるためには、無私の公平を皇帝に要求しなければならなかったのである（もっともこれには危険な要素もないではなかった。というのは、至公の形態の一つである禅譲《ぜんじょう》こそ王氏の望むところであったからである）。

66　君臣ともに公平たれ

【現代語訳】

『書経《しょきょう》』に「一方にかたよらず、えこひいきせず、王道は広大である」とあるが、これは極めて公平であるという意味である。古代には偉大な公平さを実行した者がいた。帝堯《ぎょう》がその人である。身分の貴さは天子であり、富は天下を保有する身でありながら、舜《しゅん》を見出してこれに天子の位《くらい》を譲り渡し、自分の子孫のために天下を私物化しなかった。まるでボロ靴を脱ぎ捨てるように、未練なく天下を捨て去ったのである。天下でさえそうなのだから、ましてや天下より小さいものはいうまでもない。帝堯でなければ、いったい誰がこの公平さを実行できようか。孔子のことばにもある、「高遠であることよ、偉大なること天に過ぎるはないが、ただ堯のみは天の偉大さを体得している」と。また『易経《えききょう》』に「先頭にたつことがなければ吉《きち》である」という。思うにこれは人の君主たる者の公平さのことをいうのである。そもそも公平な心をもって聖人に天下を伝えるとは、その徳はまことに偉大である。いかなる時所《ときところ》でも、この公平さに則《のっと》り推《お》し広めよ。この君主の公平こそ、まさに万民のともに仰ぎ戴くところであり、後世の模範である。次に、人臣の公平とは以下のようである。官職の事務を処理するときには、自分の家の利益を考えず、役所にいるときは金儲けのことなど口にせず、法律の執行にあたっては親戚にえこひいきせず、公務のために賢人を推挙するときには仇敵《きゅうてき》でも嫌わない。忠節に君に仕え、愛情をもって下々の利益をはかり、思いやりの心で事業を計画し、中立の立場でそれを実施する。このような人臣の公平を行ったのが伊尹《いいん》と呂尚《りょしょう》である。故に令名は今に伝わり、その公平さを称えられている。『詩経《しきょう》』に「周の大道広々と、砥石《といし》のように平《たい》らかで、まっすぐなること矢のごとし。君子はその道履《ふ》み進み、庶民《たみ》はその道望み見る」と詠《うた》うのは、このことを指すのである。いったい公平は明るさのもとであり、かたよった不公平は暗さのもとであり、正直は開通し、詐欺《さぎ》は行きづまり、誠実さは心の自由な働きを生み、大げさな出たらめは惑《まど》いを生ずる。この六つのことがらは君子の慎しむところであり、禹《う》と桀《けつ》、すなわち聖人と悪人とが分かれる分岐点である。『詩経』に「猛々しき上帝は、その命令僻《かたよ》れり」とあるが、これは不公平のことをいっているのである。

【読み下し】

書に曰く、「偏《へん》せず党《とう》せず、王道蕩蕩《とうとう》たり」と。至公《しこう》を言うなり。古《いにし》えに大公を行いし者有り、帝堯是《こ》れなり。貴きこと天子為《た》り、富は天下を有《たも》ちて、舜を得てこれに伝え、其の子孫に私《わたくし》せざるなり。天下を去ること、躧《し》を遺《す》つるが若《ごと》し。天下に於てすら猶《な》お然《しか》り、況《いわ》んや其の天下より細《さい》なるをや。帝堯に非ずんば、孰《たれ》か能くこれを行わん。孔子曰く、「巍巍乎《ぎぎこ》として惟《た》だ天を大と為す。惟だ堯のみこれに則《のっと》る」と。易に曰く、「首《しゅ》無くして吉」と。此れ蓋《けだ》し人君の公なり。夫れ公を以て天下を与う、其の徳大《だい》なり。これを此《ここ》に推し、これに彼《かしこ》に刑《のっと》る。万姓《ばんせい》の戴く所、後世の則る所なり。彼の人臣の公は、官事《かんじ》を治むれば則ち私家を営まず、公門に在れば則ち貨利を言わず、公法に当れば則ち親戚に阿《おもね》らず、公を奉じて賢を挙ぐれば則ち仇讐《きゅうしゅう》を避けず。君に事《つか》うるに忠に、下を利《り》するに仁にして、これを推すに恕道《じょどう》を以てし、これを行うに不党を以てす。伊《い》・呂《りょ》是れなり。故に顕名《けんめい》今に存し、是れをこれ公と謂う。詩に云う、「周道砥《と》の如く、其の直《なお》きこと矢の如し。君子の履《ふ》む所、小人の視《み》る所」と。此の謂《いい》なり。夫れ公は明を生じ、偏は暗を生じ、端愨《たんかく》は達《たつ》を生じ、詐偽は塞《そく》を生じ、誠信は神《しん》を生じ、夸誕《こたん》は惑《わく》を生ず。此の六者は君子の慎しむ所にして、禹《う》・桀《けつ》の分かるる所以なり。詩に云う、「疾威《しつい》ある上帝、其の命僻《へき》多し」と。不公を言うなり。

【原文】

書曰、不偏不党、王道蕩蕩。言至公也。古有行大公者、帝堯是也。貴為天子、富有天下、得舜而伝之、不私於其子孫也。去天下若遺躧、於天下猶然、況其細於天下乎。非帝堯、孰能行之。孔子曰、巍巍乎惟天為大、惟堯則之。易曰、無首、吉。此蓋人君之公也。夫以公与天下、其徳大矣。推之於此、刑之於彼、万姓之所戴、後世之所則也。彼人臣之公、治官事則不営私家、在公門則不言貨利、当公法則不阿親戚、奉公挙賢、則不避仇讐。忠於事君、仁於利下、推之以恕道、行之以不党、伊呂是也。故顕名存於今、是之謂公。詩云、周道如砥、其直如矢。君子所履、小人所視。此之謂也。夫公生明、偏生暗、端慤生達、詐偽生塞、誠信生神、夸誕生惑。此六者、君子之所慎也、而禹桀之所以分也。詩云、疾威上帝、其命多僻。言不公也。

【注釈】

◉書に曰く——周書《しゅうじょ》・洪範《こうはん》篇の文。今本は「無偏無党」に作る。◉蕩蕩——水が豊かに勢いよく流れるさま。転じて王道の広大なるを喩《たと》える。◉其の子孫に私せず——堯には丹朱《たんしゅ》という子がいたが、不肖《ふしょう》であったので天子を世襲させず、舜に禅譲した。◎躧—屣《し》に同じ、皮靴。「弊履《へいり》を捨つるが若《ごと》し」は未練なく捨てることを喩える常用句。◎孔子曰く—『論語』泰伯《たいはく》篇の文。原文は「大なるかな堯の君《きみ》たるや、魏魏乎として、惟《た》だ天を大と為す」とある。「魏魏乎」は広大なるを称える讃辞。◎易に曰く—乾卦《けんか》用九《ようきゅう》の文。◎詩に云う—小雅・大東《だいとう》篇。「周道」は周の都へ通じる大道のことで、引伸して周の道徳をも含めいう。◎公は明を生じ—以下『荀子《じゅんし》』不苟《ふこう》篇にみえる。◎詩に云う—大雅・蕩《とう》篇。天が公明正大なるを称賛する前文と矛盾するようだが、『詩経』には天の偉大さを讃仰する詩と同時に、天が気紛れでしょっちゅう災禍を下すことを恐れ怨《うら》んだ詩も多数収められている。なおここにいう「上帝」には、暴虐《ぼうぎゃく》な君王の意味も仮託されている。

67　人が忘れて人が拾う

【現代語訳】

楚《そ》の共王《きょうおう》が狩猟に出かけたが、弓を忘れてきてしまった。お側《そば》の者たちが「探してまいりましょう」というと、共王はそれを止《とど》めていった、「行かずともよい。楚の人が弓を忘れ、別の楚の人が拾うのだ、探しにゆくまでもないことだ」。その話を聞いた孔子は次のように評した、「惜しいことだ、共王の狭量《きょうりょう》さは。『人が弓を忘れて、別の人が拾う』といえばすむこと。どうして楚と限る必要があろうか」。この孔子の態度こそ「偉大な公平さ」と称せられるものである。

【読み下し】

楚の共王　出でて猟し、其の弓を遺《わす》る。左右これを求めんことを請う。共王曰く、「止めよ。楚人《そひと》弓を遺れ、楚人これを得《う》、又た何ぞ求めん」と。仲尼《ちゅうじ》これを聞きて曰く、「惜しきかな其の大ならざること。亦た『人　弓を遺れ、人　これを得』と曰《い》わんのみ、何ぞ必ずしも楚のみならんや」と。仲尼は所謂《いわゆる》大公なり。

【原文】

楚共王出猟、而遺其弓。左右請求之。共王曰、止。楚人遺弓、楚人得之、又何求焉。仲尼聞之曰、惜乎其不大。亦曰人遺弓、人得之而已。何必楚也。仲尼所謂大公也。

【注釈】

◉『公孫竜子《こうそんりゅうし》』跡府《せきふ》篇にもとづく。『呂氏春秋《りょししゅんじゅう》』貴公《きこう》篇にもみえるが、そこには孔子のことばを聞いた老子が「其の人を去りて可なり」と批判したという一段がさらに加わっている。◉楚の共王—荘王の子で名は審、在位前五九〇～前五六〇。

68　仇敵を推薦する

【現代語訳】

晋《しん》の文公が咎犯《きゅうはん》にたずねた、「誰なら西河《せいが》の守護がつとまるだろうか」。咎犯が答えた、「虞子羔《ぐしこう》がよろしゅうございます」。文公「虞子羔はおまえの仇敵《きゅうてき》ではないか」。咎犯「主君は守護のつとまる者をおたずねあそばされたのであって、私の仇敵が誰かをおたずねになったのではございますまい」。虞子羔は咎犯のもとに挨拶にいき、謝辞を陳《の》べた、「ありがたいことに私の罪過《ざいか》をお許しになり、君へ御推挙下さいましたおかげで西河の守護となることができました」。すると咎犯はこう答えた、「あなたを推挙したのは公義であり、あなたを怨んでいるのは私事《しじ》であります。私は私事のために公義を曲げたりは致しません。どうかすぐ立ち去っていただきたい。もし振り返られたら、射殺《いころ》しまするぞ」。

【読み下し】
晋の文公 咎犯に問いて曰く、「誰《たれ》か西河の守為《しゅた》らしむべき者ぞ」と。咎犯対えて曰く、「虞子羔可《か》なり」と。公曰く、「子羔は汝の讐に非ずや」と。対えて曰く、「君 守為るべき者を問えり、臣の讐を問うに非ざるなり」と。子羔 咎犯に見《まみ》え、これに謝して曰く、「幸いに臣の過を赦《ゆる》し、これを君に薦《すす》むれば、西河の守と為《な》るを得たり」と。咎犯曰く、「子《し》を薦めし者は公なり。子を怨む者は私なり。吾れ私事を以て公義を害さず。子其れ去れ。顧《かえり》みば、吾れ子を射《い》ん」と。

【原文】
晋文公問於咎犯曰、誰可使為西河守者。咎犯対曰、虞子羔可也。公曰、※子羔非汝之讐也。対曰、君問可為守者、非問臣之讐也。※子羔見咎犯而謝之曰、幸赦臣之過、薦之於君、得為西河守。咎犯曰、薦子者公也、怨子者私也。吾不以私事害公義。子其去矣、顧吾射子也。

【注釈】
◉『韓詩《かんし》外伝《がいでん》』巻九にもとづくであろうが、そこでは魏《ぎ》の文侯《ぶんこう》が解狐《かいこ》に問い、解狐が荊伯《けいはく》柳《りゅう》を挙げたことになっている。この他、『韓非《かんぴ》子《し》』外儲説《がいちょせつ》左下《さげ》（三例）・『呂氏春秋』去私篇・『新序《しんじょ》』雑事第一等に類話がみえるが、人物は、解狐が推挙される側に回っていたりして、それぞれ異なっている。◉晋の文公―名は重耳《ちょうじ》（立節篇22に既出）。お家騒動を逃れて諸国を流浪後、帰国して位に即《つ》く。斉《せい》の桓公《かんこう》と並ぶ春秋時代の覇者。在位前六三六～前六二八。◉咎犯―晋の大夫、名は偃《えん》、字は子犯《しはん》。晋の文公の舅父《おじ》にあたるので舅犯と称する。咎は舅《きゅう》の仮借《かしゃ》。

第十五篇　指武《しぶ》（武力について）

本篇は軍備や戦略を論ずるもので、全体の傾向としては兵家《へいか》に分類されるが、その戦争論の根底にあるのは、政理篇と同様の徳刑並用《とくけいへいよう》主義である。平和的外交はむろん大事だが、それだけでは不十分で、常に武力の用意を怠《おこた》ってはならぬというのである。また悪虐非道《あくぎゃくひどう》を伐《う》つ聖戦も当然のこととして肯定されている。どこかの国の大統領や首相が聞けば、躍りあがって喜びそうだが、それはともかく、漢代では匈奴《きょうど》を始めとする異民族の侵寇《しんこう》が絶えなかったことは念頭に置いておく必要があろう。

69　武力の必要性

【現代語訳】

『司馬法《しばほう》』にいう、「国が強大であっても、好戦的であれば必ず滅亡するし、逆に天下が平和であっても、戦争のことを忘れると必ず危険になる」と。また『易経《えききょう》』にもいう、「立派な君主は武器を手入れして不慮《ふりょ》の出来事に備える」と。そもそも兵戦のことは気軽に用いてはならない。気易く用いれば威力がなくなる。といって、兵戦のことは廃止してもいけない。廃止すれば外敵の侵寇《しんこう》を招く。かつて呉王《ごおう》の夫差《ふさ》は戦争を好んで滅亡し、また徐《じょ》の偃王《えんおう》は軍備なくしてやはり滅亡した。だから英明なる王が国を治めるには、兵戦のことを気易く用いないし、また一方、軍備を廃止はしない。『易経』にいう、「生存しているうちにいつも滅亡のことを心にかけている。それゆえに身は安泰《あんたい》で国家も永続できる」と。

【読み下し】

司馬法に曰く、「国大《だい》なりと雖《いえど》も、戦いを好めば必ず亡び、天下安しと雖も、戦いを忘るれば必ず危し」と。易に曰く、「君子以て戎器《じゅうき》を除《おさ》め不虞《ふぐ》を戒《いまし》む」と。夫《そ》れ兵は玩《もてあそ》ぶべからず、玩べば則ち威《い》無し。兵は廃《はい》すべからず、廃すれば則ち寇《こう》を召《まね》く。昔　呉王夫差、戦いを好んで亡び、徐の偃王も武《ぶ》無くして亦た滅びき。故に明王の国を制するや、上は兵を玩ばず、下は武を廃せず。易に曰く、「存に亡を忘れず。是を以て身《み》安くして国家保つべきなり」と。

【原文】

司馬法曰、国雖大、好戦必亡、天下雖安、忘戦必危。易曰、君子以除戎器、戒不虞。夫兵不可玩、玩則無威。兵不可廃、廃則召寇。昔呉王夫差好戦而亡、徐偃王無武亦滅。故明王之制国也、上不玩兵、下不廃武。易曰、存不忘亡。是以身安而国家可保也。

【注釈】

◉司馬法—兵法書の名。斉の威王《いおう》が古代の司馬《しば》（軍事大臣）の兵法を整理させ、それに司馬穰苴《じょうしょ》（春秋時代の斉の将軍）の兵法をあわせて編集したものという。とくに軍制について述べたところが多く、経書の注釈にもよく引用される。ここの引用文は仁本《じんほん》篇にみえる。◉易に曰く—萃卦《すいか》䷬大象《たいしょう》の文。この卦は人が萃《あつ》まる象《かたち》であるが、人が集まるともめごとが起りやすいから、武器を修めて備えるのだと解説されている。◉夫差—呉王闔閭《こうりょ》の子。父が越王句践《えつおうこうせん》に敗れて死んだため、臥薪《がしん》（まきの上で寝る、ただし実話ではないともいう）して復讐を誓い、伍子胥《ごししょ》を重用して越に勝ち覇者となった。のち伍子胥を疎《うと》んじて自殺させたため、句践に再び敗れ滅亡した。在位前四九六～前四七三。◉徐の偃王—伝記不詳。卵から生まれたという伝説もある。徐は下《か》邳《ひ》僮《とう》県（今の江蘇《こうそ》省邳県）にあった夷狄《いてき》の国名。◉易に曰く—繋辞《けいじ》下《か》伝《でん》の文。原典では、「存而不忘亡」の上下に、それぞれ「君子は安《やす》くして危を忘れず」「治にして乱を忘れず」の二句がある。

70　平和主義者の滅亡

【現代語訳】

王孫厲《おうそんれい》が楚の文王にいった、「徐の偃王は仁義を好んで行いまして、漢水《かんすい》より東の諸侯三十二国はすべて彼に帰服しております。王がもしこのまま討伐なさらなければ、楚はきっと徐に服従することになりましょう」。楚王が「もし本当に道徳ある者ならば、討伐することはできぬ」というと、王孫厲はそれに答えていった、「大国が小国を伐《う》ち、強者が弱者を伐つのは、あたかも大魚が小魚を呑み、虎が豚を食うようなものであります。どうしてうまくいかないわけがありましょう」。文王はそこで軍隊を発動して徐を討伐し、これを完全に滅ぼした。徐の偃王は自殺する間際にこういって嘆いた、「わたしは学問道徳にばかり頼って武力の備えをおろそかにし、仁義の道を行うことを好んでばかりいて、詐《いつわ》り多き人の心はわからなかった。かくしてかかる事態を招いてしまった。いったい古代の王者には、きっと武力の備えがあっただろうに」。

【読み下し】

王孫厲　楚の文王に謂いて曰く、「徐の偃王　好んで仁義の道を行い、漢東《かんとう》の諸侯三十二国尽《ことごと》く服せり。王若《も》し伐たずんば、楚必ず徐に事《つか》えん」と。王曰く、「若し信《まこと》に道《みち》有らば、伐つべからざるなり」と。対《こた》えて曰く、「大の小を伐ち、強の弱を伐つは、猶お大魚の小魚を呑むがごとく、虎の豚を食《くら》うが若《ごと》し。悪《いずく》んぞ其の得ざるの理《り》有らん」と。文王遂《つい》に師を興《おこ》して徐を伐ちこれを残《ざん》す。徐の偃王将《まさ》に死せんとして曰く、「吾れ文徳に頼りて武備《ぶび》に明らかならず、好んで仁義の道を行いて、詐《さ》人《じん》の心を知らず、以て此《ここ》に至りぬ。夫れ古《いにし》えの王者、其れ備え有りしか」と。

【原文】

王孫厲謂楚文王曰、徐偃王好行仁義之道、漢東諸侯三十二国尽服矣。王若不伐、楚必事徐。王曰、若信有道、不可伐也。対曰、大之伐小、強之伐弱、猶大魚之呑小魚也、若虎之食豚也。悪有其不得理。文王遂興師伐徐、残之。徐偃王将死曰、吾頼於文徳、而不明武備、好行仁義之道、而不知詐人之心、以至於此。夫古之王者、其有備乎。

【注釈】

◉『淮南子《えなんじ》』人間訓《じんかんくん》にもとづくが、文王を荘王に作るなど文章が少し異なる。また『韓非《かんぴ》子《し》』五蠹《ごと》篇・『淮南子』氾論訓《はんろんくん》などに徐の偃王滅亡のことが記されている。周の穆王《ぼくおう》が楚に徐を伐たせたとする書もあるが、それは時代がまったく合わない。⦿王孫厲―楚の臣。詳細は不明。⦿楚の文王―正諫篇47参照。⦿漢―川の名。陝西《せんせい》省に源を発し、漢口《かんこう》で長江《ちょうこう》に注ぐ。⦿夫れ古えの王者―この二句は地の文ともとれるが、いまは最後まですべて偃王のことばと解しておく。

第十六篇　談叢《だんそう》（話のタネ帳）

「説叢《せっそう》」に作るテキストもあるが、意味は同じことで談説のくさむら、すなわち説《せっ》諭《ゆ》・説得のための材料集である。いわば『説苑』の中の「説苑」である。話をしたり、相手を説得する場合、正面きって理屈ばかりいっているだけでは巧《うま》くいかないことが多い。譬《たと》え話や寸鉄《すんてつ》人を刺す格言をおりまぜたほうが効果があり、また相手の心に深い感銘を与えるものである。そしてそういった話術は、中国人の最も得意とするところでまたあったのだ。

本篇にはあまり長文のものはなく、ほとんどが短い断片的文章である。よってまた、一種の名言集として読むこともできよう。それらの名言から何を汲み取られるかは読者の自由である。

71　物事は両立しない

【現代語訳】

精神は二つのことに同時に集中はできないし、物事は同時に盛大になることもできない。あちらを立てればこちらが立たず、左が長ければ右が短い。宵《よい》っぱりは朝寝坊である。


【読み下し】

意は並びに鋭《するど》からず、事は両《ふたつ》ながら隆《さかん》ならず。彼《かしこ》に盛んなる者は必ず此《ここ》に衰え、左に長き者は必ず右に短し。夜《や》居《きょ》を喜ぶ者は蚤《つと》に起くる能わず。


【原文】

意不並鋭、事不両隆。盛於彼者、必衰於此。長於左者、必短於右。喜夜居者※、不能蚤起也。

72 人の心は金しだい

【現代語訳】

富裕にしてやらなければ大衆を治めることはできず、物を分《わか》ち与えなければ親戚をまとめることはできない。親戚が疏遠《そえん》になれば害を受けるし、大衆の支持を失えば事業は失敗する。

【読み下し】

富まさずんば以て人を為《おさ》むる無く、予《あた》えずんば以て親《しん》を合する無し。親疏なれば則ち害あり、衆を失えば則ち敗る。

【原文】

不富無以為人※、不予無以合親。親疏則害、失衆則敗。

【注釈】

◉『六韜《りくとう》』文韜《ぶんとう》・守土《しゅど》篇にもとづく。なお人と親、害と敗はそれぞれ韻《いん》をふんでいる。

73　始めをみて終りを知る

【現代語訳】

そもそも水は山から出て海に入り、穀物は田《た》から出て倉に入る。聖人はその生ずるところをみて、おさまるところを知るのである。


【読み下し】

夫れ水は山より出でて海に入《い》り、稼《か》は田《でん》より生じて廩《りん》に蔵《ぞう》せらる。聖人　生ずる所を見れば、則ち帰する所を知る。


【原文】

夫水出於山而入於海、稼生於田而蔵於廩。聖人見所生、則知所帰矣。


【注釈】

◉『淮《え》南《なん》子《じ》』繆《びゅう》称《しょう》訓《くん》および泰《たい》族《ぞく》訓《くん》にもとづく。

74　急所をつかめ

【現代語訳】

一かかえ程度の太さの木でも千鈞《せんきん》の重さの家を支えるし、たった五寸の鍵《かぎ》が門の開閉をつかさどる。これは木や鍵に本来それだけの力があるのではない。ひとえに緊要の位置を占めているからなのである。

【読み下し】

一囲の木、千鈞の屋《おく》を持《じ》し、五寸の鍵《けんよ》而く開闔《かいこう》を制す。豈《あ》に材任《にん》ずるに足《た》らんや。蓋《けだ》し居る所《ところ》要なればなり。

【原文】

一囲之木、持千鈞之屋、五寸之鍵、而制開闔。豈材足任哉。蓋所居要也。

【注釈】

◉『淮南子』主術訓《しゆじゆつくん》にもとづく。◉一囲―五寸・三寸・八尺・一尺の円周などの諸説があるが、いまは一かかえの意味にとっておく。◉千鈞―非常に重いこと。正味は七千六百八十キログラム。

75　時節を待て

【現代語訳】

時節が到来しないうちは、いくら力んでみても物は生まれない。物事は段階をふんでしだいに醸成していくもの、機が熟しきらねば無理やり完成させることはできない。


【読み下し】

時《とき》至らざれば、強《し》いて生ずべからざるなり。事究《きわ》まらざれば、強いて成すべからざるなり。

【原文】

時不至、不可強生也。事不究、不可強成也。


【注釈】

◉『国語』越語下《えつごげ》にみえる范蠡《はんれい》のことば。

76 チャンスを逃すな

【現代語訳】

天が与えようとしているのに、それを受け取らなければ、かえって罰《ばつ》を受ける。時機が到来しているのに、それを迎えて実行しなければ、かえって禍《わざわ》いを受ける。


【読み下し】

天の与うるに取らざるは、反《かえ》って其の咎《とが》を受け、時の至れるに迎えざるは、反って其の殃《わざわい》を受く。

【原文】

天与不取、反受其咎。時至不迎、反受其殃。

【注釈】
◎『史記』越王句践世家《えつおうこうせんせいか》・淮陰侯伝《わいいんこう》・張耳《ちょうじ》・陳餘伝《ちんよ》（前二句のみ）・『国語』越語下等にみえるが、古い諺《ことわざ》であるらしい。なお取と咎、迎と殃は上古音《じょうこおん》では押韻する。

77　鏡と秤は正直なもの

【現代語訳】

鏡はくもりなく万物を映《うつ》し出すものだから、美醜《びしゅう》はおのずから隠せない。秤《はかり》は公平無私なものだから、物の軽重《けいちょう》はそのままあらわれる。

【読み下し】

鏡は清明なるを以て、美悪自《おのずか》ら服し、衡《こう》は平らかにして私《し》なければ、軽重自ら得《う》。

【原文】

鏡以清明、美悪自服、衡平無私、軽重自得。

【注釈】

◎『中子《しんし》』(戦国時代の法家申不害《しんふがい》の著)にもとづく。また類似の文が『韓非子《かんぴし》』飾邪《しょくじゃ》篇・『新書《しんじょ》』道術《どうじゅつ》篇にみえる。

78 朱にまじわれば赤くなる

【現代語訳】

曲がりくねった蓬《よもぎ》でも、まっすぐな麻《あさ》の中に生《は》えれば、何も手助けしなくともまっすぐに成長し、白い砂でも泥の中に入《い》れれば、泥に染って黒くなる。

【読み下し】

蓬《ほう》 枲《し》の中に生ずれば、扶《たす》けずして直く、白沙《はくしゃ》 泥に入れれば、これと与《とも》に皆黒し。

【原文】

蓬生枲中、不扶而直、白沙入泥、与之皆黒。


【注釈】

◉『荀子《じゅんし》』勧学《かんがく》篇・『大戴礼《だたいれい》』曾子《そうし》制言《せいげん》篇にもとづく。また『論衡《ろんこう》』の率性《そっせい》篇および程材《ていざい》篇にもみえる。なお旧本では、本章は77とあわせ一章となっている。内容が異なるので分けておいたが、服・得・直・黒と韻をふんでいるから、あるいはもとから一組の諺かもしれない。

79　得意の時こそ心せよ

【現代語訳】

チャンスをつかんだ君子は水のように振舞い、チャンスをつかんだ小人は火のように振舞う。

【読み下し】
君子時《とき》を得れば水の如く、小人時を得れば火の如し。

【原文】
君子得時如水、小人得時如火。

80 明けぬ夜はない

【現代語訳】
長江や黄河《こうが》の氾濫《はんらん》でも三日たてばおさまり、激しいつむじ風や暴雨もしばらくすれば通りすぎる。

【読み下し】
江河の溢《いつ》も三日を過ぎず、飄風《ひょうふう》暴雨も須臾《しゅゆ》にして畢《おわ》る。

【原文】

江河之溢、不過三日、飄風暴雨、須臾而畢。

【注釈】

◎『呂氏春秋《りょししゅんじゅう》』慎大《しんだい》篇・『淮南子』道応訓《どうおうくん》などによるが、さらにその本《もと》となっているのは『老子』第二三章「飄風は朝《あした》を終えず、驟雨《しゅうう》は日を終えず」である。また『文子《ぶんし》』微明《びめい》篇・『列子《れっし》』説符《せっぷ》篇にもみえる。

81　友情のありさま

【現代語訳】

生死の転変《てんぺん》を経てはじめて人の友情の深浅がわかり、貧富の変遷に遭ってはじめて人の交際の実態がわかる。貴賤《きせん》の推移によってはじめて真の友情かどうかがあらわになり、人生の浮き沈みにおいてはじめて友情の中味が明らかになる。

【読み下し】

一死《いっし》一生《いっせい》、乃ち交情《こうじょう》を知り、一貧一富、乃ち交態《こうたい》を知る。一貴一賤、交情乃ち見《あらわ》れ、一浮一没、交情乃ち出づ。

【原文】

一死一生、乃知交情、一貧一富、乃知交態。一貴一賤、交情乃見、一浮一没、交情乃出。

【注釈】

◉『史記』汲黯《きゆうあん》・鄭当時《ていとうじ》伝の賛《さん》にもとづく（ただし末二句がない）。なお後半は、貴賤・浮沈の両方を経験してこそ、真実の友情・交誼《こうぎ》が出現するという方向で読みたいところだが、それだと「交情」の意味が前半と異なってしまう。

82　相手変れど主《ぬし》変らず

【現代語訳】

梟《ふくろう》が鳩《はと》と出会った。鳩が「あなたはどこへお出かけですか」とたずねると、梟は「私は東のほうに引越すところです」と答えた。鳩が「なぜですか」とたずねると、梟は「村の人たちはみな私の鳴き声をいやがるのです。それで東のほうに引越すのです」と答えた。そこで鳩はいった、「あなたが鳴き声を変えられるならば、それで結構です。もし鳴き声を変えることができないのなら、東のほうに引越したとて、またそこで嫌われるに決まっていますよ」。

【読み下し】
梟　鳩に逢う。鳩曰く、「子《し》将《まさ》に安《いず》くに之《ゆ》かんとする」と。梟曰く、「我将《まさ》に東に徙《うつ》らんとす」と。鳩曰く、「何の故《ゆえ》ぞ」と。梟曰く、「郷人皆《みな》我が鳴《めい》を悪《にく》む、故を以て東に徙る」と。鳩曰く、「子能《よ》く鳴を更《あらた》めば可なり。鳴を更むる能《あた》わずんば、東に徙るも猶《な》お子の声を悪まん」と。

【原文】
梟逢鳩。鳩曰、子将安之。梟曰、我将東徙。鳩曰、何故。梟曰、郷人皆悪我鳴、以故東徙。鳩曰、子能更鳴可矣。不能更鳴、東徙、猶悪子之声。

83　高山に美木なし

【現代語訳】

高い山の頂《いただき》では美しい木は育たない、日差《ひざ》しが強すぎるからである。大きな樹《き》の下では美しい草は育たない。光が届かず冷く暗すぎるからである。


【読み下し】

高山の巓《いただき》に美木《びもく》無し、多陽に傷《やぶ》らるればなり。大樹の下《もと》に美草《びそう》無し、多陰《たいん》に傷らるればなり。


【原文】

高山之巓無美木、傷於多陽也。大樹之下無美草、傷於多陰也。

84　木を見て森を見ず

【現代語訳】

一寸ずつ測《はか》っていけば、一丈《じょう》の長さになると必ずくるう。一銖《しゅ》ずつ量《はか》っていけば、一石《せき》の重さになると必ず合わない。一石一丈を直接にはかるほうが手間もかからず、誤差も少ない。糸や米を調べるにも、一本一本選び、一粒《つぶ》一粒数《かぞ》えたのでは、わずらわしいうえに、またかえって不正確になってしまう。だから全体を大づかみにするほうが知恵を用いやすいので、こまごまとした分析によっては真の知恵は働かない。

【読み下し】
寸にしてこれを度《はか》れば、丈に至りて必ず差《たが》う。銖にしてこれを称《はか》れば、石に至りて必ず過《あやま》つ。石もて称り丈もて量らば、径《ただち》にして失寡《すく》なし。糸《し》を簡《えら》び米を数うるは、煩《はん》にして察せず。故に大較《たいこう》は智を為し易く、曲弁《きょくべん》は慧《けい》を為し難し。

【原文】
寸而度之、至丈必差、銖而称之、至石必過。石称丈量、径而寡失。簡絲数米、煩而不察。故大較易為智、曲辯難為慧。

【注釈】

◉『淮南子』泰族訓《たいぞくくん》にもとづく。また枚乗《ばいじょう》「呉王に上《たてまつ》るの書」（『文選《もんぜん》』巻三九、また本書正諫篇に収む）や『文子』上仁《じょうじん》篇にもみえる。◉寸―長さの単位、前漢までは二・二五センチメートル。一丈は百寸。◉銖―重さの単位、一両の二十四分の一で〇・六七グラム。一石は四万六千八十銖。◉糸を簡び米を数う―『荘子』庚桑楚《こうそうそ》篇に「髪を簡《えら》んで櫛《くし》けずり、米を数えて炊《かし》ぐ。窃窃乎《せっせつこ》として又た何ぞ以て世を済《すく》うに足らんや」とある。

第十七篇　雑言《ざつげん》（よもやま話）

「雑」とは種々様々なものがいりまじっていることである。つまり本篇は、いろいろなことば・故事《こじ》をよせ集めたものであり、換言すれば、一篇を貫く主題をもたない篇ということである。したがって性格的には前の「談叢」と同じであるが、「談叢」が極めて短い断片の集成であるのに対し、本篇はもう少し長いまとまった説話を主としている。

ただし、統一された主題をもたないことは、ただちに本篇が他篇にくらべて内容的に劣る、あるいは価値が低いということを意味しない。思想内容からみて他の諸篇には入れにくいが、といって捨てるには惜しい興趣ある話と感じたものを本篇に輯《あつ》めたに違いないからである。そもそも「雑」という概念自体、決して悪《あ》しき意味ではないし、また劉向自身の学問もはなはだ雑なるものであったのである。そしてその雑学ぶりは偶然の所産《しょさん》ではなく、劉向が自《みずか》ら意図して選び取ったものであったのである。彼が学問の「雑」の価値と必要性を認めていたことは、『呂氏春秋《りょししゅんじゅう》』『淮南子《えなんじ》』等の「雑《ざっ》家《か》」に対する高い評価と、『新序《しんじょ》』に「雑事」数篇を設けていることからも明らかであろう。本書に「雑言」篇のあるはなんら怪しむに足りない。いや、『説苑』そのものが、ある意味では全体で一つの「雑言」なのである。

なお、本篇では、孔子もしくは孔子の弟子の言行・事迹《じせき》が四分の三ほどを占めていることが注目される。劉向の、さらには漢代における孔子像を考察するには欠かせぬ資料かと思われる。従来あまり取り上げられていないので、一言つけ加えておきたい。

85 愛憎の変

【現代語訳】

弥子瑕《びしか》は衛《えい》の君《きみ》に寵愛されていた。衛国の法律では、無断で君の車に乗った者は足切りの刑に処せられる定めであった。あるとき弥子瑕の母が病気になり、それを聞きつけた人が夜中に弥子瑕を訪《たず》ねて知らせた。弥子瑕は許しも得ず、勝手に君の車を走らせて見舞いに出かけた。のち君はそのことを聞いて弥子瑕を誉《ほ》めていった、「何と孝行者であることよ。母のためなら、足切りの刑さえいとわないのだ」。また君におともして果樹園を散策していたときのこと、弥子瑕が桃を一つとって食べてみると、とても甘く美味だったので、食べつくさず残りを君に差し上げた。君はいった、「私を愛するあまり、美味を自分の口で一人占めにしなかったのだ」。時流れて、弥子瑕の容色が衰え、寵愛も薄れるようになると、昔の罪をとがめだてされた。君はいった、「こやつは昔、わしの命令といつわってわしの車を乗りまわしおった。また食いさしの桃をわしに食わせたこともある」。つまり弥子瑕の行いそのものは何もはじめと変っているわけではない。それがはじめは誉められ、後には罪とされたのは、君の愛憎の変化によるのである。

【読み下し】
弥子瑕　衛君《えいくん》に愛せらる。衛国の法、窃《ひそ》かに君の車に駕《が》すれば罪刖《つみげつ》なり。弥子瑕の母疾《しつ》あり。人聞き、夜に往《ゆ》きてこれに告《つ》ぐ。弥子瑕　擅《ほしいまま》に君の車に駕して出づ。君これを聞き、これを賢として曰く、「孝なるかな、母の為《ため》の故に刖罪《げつざい》を犯せるかな」と。君　果園に遊ぶに、弥子瑕桃を食《くら》いて甘ければ、尽くさずして君に奉《ささ》ぐ。君曰く、「我を愛して其の口味を忘れり」と。弥子瑕　色衰《おとろ》え愛弛《ゆる》むに及んで、罪を君に得たり。君曰く、「是れ故《もと》嘗て矯《た》めて吾が車に駕し、又た嘗て我に食《くら》わすに余桃を以てしき」と。故に子瑕の行は、未だ必ずしも初めに変ぜざるなり。前《さき》には賢とせられ、後には罪を獲《え》し者は、愛憎の変を生ずればなり。

【原文】

彌子瑕愛於衛君。衛国之法、竊駕君車、罪刖。彌子瑕之母疾、人聞、夜往告之。彌子瑕擅駕君車而出。君聞之、賢之曰、孝哉。為母之故、犯刖罪哉。君遊果園、彌子瑕食桃而甘、不尽而奉君。君曰、愛我而忘其口味。及彌子瑕色衰而愛弛、得罪於君。君曰、是故嘗矯駕※吾車、又嘗食我以餘桃。故子瑕之行、未必変初也。前見賢、後獲罪者、愛憎之生変也。

【注釈】

◎『韓非《かんぴ》子《し》』説難《ぜいなん》篇にもとづく。また『史記』韓非《かんぴ》伝にも採録されている。◎弥子瑕―衛の霊公の小姓。『左伝《さでん》』定公《ていこう》六年にみえる。

86 適材適所

【現代語訳】

西閭過《せいりよか》が東に行き黄河を渡ろうとしたとき、河の半ばで溺れてしまった。船人《ふなびと》が舟を寄せて助け上げてくれた。船人が「いまあなたはどこへ行こうとしているのか」とたずねると、西閭過は「東へ行って諸侯に遊説《ゆうぜい》しようと思っているのだ」と答えた。それを聞いた船人はぷっと吹き出し、口を抑えていった、「あなたは河を渡るのでさえ、途中で溺れて自力で舟にはい上がれぬ有様《ありさま》。それでどうして諸侯に遊説できましょうか」。すると西閭過はこういった、「あなた、自分の得意なことで人をあざけるのはおよしなさい。あなたはかの和氏《かし》の璧《へき》のことを聞いたことがないのですか。価《あたい》は千金もしますが、これを紡錘《つむ》の中に置けば瓦《かわら》で作った糸まきの役目すら果《は》たせません。また随侯《ずいこう》の珠玉は国の宝ですが、これをはじき弓の弾《たま》として用いれば、泥《どろ》で作った弾にはかないません。騏驥《きき》や騄駬《ろくじ》は車をつけて走らせれば、一日に千里を馳けるまことに足の速いものですが、鼠《ねずみ》を捕ることでは百銭の猫の足元にも及びません。干将《かんしょう》・鏌鎁《ばくや》は鐘に触れると音もたてず切れ、生き物を切っても切れ味がよすぎて、その生き物は切られたことさえわかりませんが、その刃をひとたび振《ふる》えば、金を断《た》ち羽根を斬《き》り鉄斧《てっぷ》を割《さ》く、またとない鋭利な剣です。が、履《くつ》を修繕することでは二束三文の錐《きり》にさえ勝てません。いまあなたは楫《かじ》をとり小舟をあやつり、広い川の中にいて陽侯《ようこう》のおこす波に向かい、深淵激流に臨《のぞ》んでいるが、それはまさしくあなたの能力にかなったことなのです。もし私があなたと一緒に東に行って諸侯王に遊説し、一国の主に面会するとしたら、あなたはきっとわけもわからず、あのまだ目も開《あ》かぬ小犬と同様おろおろするだけのことでしょう」。

【読み下し】

西閭過東《ひがし》して河《か》を渡るに、中流にして溺《おぼ》る。船人《せんじん》接してこれを出だし、問いて曰《い》く、「今者子《まし》安《いずく》に之《ゆ》かんと欲する」と。西閭過曰く、「東して諸侯王に説かんと欲す」と。船人口《くち》を掩《おお》いて笑いて曰く、「子　河を渡るに中流にして溺れ、自《みずか》ら救う能わず。安《いずく》んぞ能く諸侯に説かんや」と。西閭過曰く、「子の能くする所を以て相傷《あいやぶ》ること無からんか。子独《ひと》り和氏《し》の璧を聞かずや。価千金を重ぬるも、然れどもこれを以て紡《ぼう》に間《まじ》うれば、曾《すなわ》ち瓦《が》磚《せん》にも如かず。随侯の珠は国の宝なり。然れどもこれを弾に用うれば、曾ち泥丸にも如かず。騏驥・騄駬は、衡《こう》に倚《よ》り軛《やく》を負いて趨《はし》れば、一日に千里、此れ至りて疾《はや》きなり。然れども鼠《そ》を捕えしむれば、曾ち百銭の狸《り》にも如かず。干将・鏌鋣は、鐘《しょう》を払えば錚《そう》せず、物を試むれば知らず、刃を揚《あ》ぐれば金を離し羽を斬り鉄斧《てつぷ》を契《た》つ。此れ至りて利《と》きなり。然れどもこれを以て履《り》を補えば、曾ち両銭の錐《すい》にも如かず。今子楫《いましゅう》を持《じ》して扁舟《へんしゅう》に乗り、広水の中に処り、陽侯の波に当たり、淵流に臨《のぞ》むは、適《まさ》に子の能くする所なるのみ、若《も》し誠に子と東して諸侯王に説き、一国の主に見《まみ》えなば、子の蒙々《もうもう》たること夫《か》の未だ視《み》ざるの狗《く》に異《こと》なる無きのみ。

【原文】

西閭過東渡河、中流而溺。船人接而出之、問曰、今者子欲安之。西閭過曰、欲東説諸侯王。船人掩口而笑、曰、子渡河、中流而溺、不能自救、安能説諸侯乎。西閭過曰、無以子之所能相傷為也。子独不聞和氏之璧乎。価重千金、然以之間紡、曾不如瓦磚。随侯之珠、国之寳也。然用之弾、曾不如泥丸。騏驥騄駬、倚衡負軛而趨、一日千里、此至疾也。然使捕鼠、曾不如百銭之狸。干将鏌鋣、拂鐘不錚、試物不知、揚刃離金、斬羽契鉄斧、此至利也。然以之補履、曾不如両銭之錐。今子持楫乗扁舟、処広水之中、当陽侯之波、而臨淵流、適子所能耳。若誠与子東説諸侯王、見一国之主、子之蒙蒙、無異夫未視之狗耳。

【注釈】

⦿西閭過―明らかではないが、東して河《か》（一般名詞ともとれるが、今は黄河を指すものと解しておく）を渡るとあれば、おそらくは秦《しん》の人であろう。⦿中流にして溺る―自分で舟を操って転覆《てんぷく》したとも考えられるが、今は渡し舟から誤って転落したものとみておく。⦿無以子之所能相傷為也―「無以……為」は禁止ないし反語（「何以……為」の形が普通）

を表す用法。「為」の解釈については諸説あるが、今は語助とみて訓読しないでおく。なお「相」は、互いにの意味ではなく、相手に動作が及ぶことを示す副詞。◎和氏の璧—楚《そ》の和氏（卞和《べんか》）が山中より得た宝玉（『韓非子』和氏篇にみえる）。◎曾ち—否定を強める働きをもつ助字、同時に驚き・意外の気持も含む。◎随侯の珠—随侯（今の湖北省随県あたりを領した諸侯）が身を切断されて苦しむ大蛇を薬を塗ってくっつけ、助けてやったところ、その大蛇が恩返しに濮水《ぼくすい》よりくわえてきたという真珠で、明月のごとき輝きをもつ。宝玉の代表として、先の和氏の璧とよく並称される。◎これを弾に用うれば—『荘子』譲王篇に「今且《いま》ここに人有り、随侯の珠を以て千仞の雀を弾《う》たば、世必ずこれを笑わん」とある。なお『記纂淵海《きさんえんかい》』巻五七は引いて「これを用《もっ》て鵲《かささぎ》を弾《う》てば」に作る。そのほうがよいようだが、今しばらく旧に従う。◎騏驥・騄駬—ともに名馬の名。騄駬は周の穆王《ぼくおう》が天下を周遊したとき用いた八駿馬《しゅんめ》の一つという。◎衡—馬車の横木。◎軛—くびき。轅《ながえ》の端《はし》につけ、馬の頸《くび》を押さえるもの。衡と同物とする説もある。◎干将・鏌鋣—一対の名剣の名。干将は呉《ご》の名刀工の名で、鏌鋣（莫耶あるいは莫邪とも書く）はその妻。夫婦で雌雄の名剣を作り、自《みずか》らの名をつけたという。◎物を試むれば知らず—以下三句、はなはだ難解だが、今は『説苑考』の説に従い、右のように解釈しておく。『纂註《さんちゅう》』は、物を切っても手ごたえがなく、刃を振り上げると物が二つに分《わか》れるので、はじめて切れたと知れる、という意味にとっているが、少し無理な解釈と思われる。なお、「羽を斬る」

こと、『説苑考』も疑うように至利の例証とするのはおかしいが、あるいは羽毛のような柔いものはかえって切りにくいのかもしれない。博雅の示教を俟《ま》ちたい。◉陽侯―古《いにし》えの陽陵侯《ようりようこう》のこと。溺死《できし》して水神となり、その怨《うら》みから常に風波をおこして船を覆《くつがえ》すという。ただし異説も多い。◉蒙蒙―暗いさま、あるいはおろかなさま。

【解説】

本章の前後に同類の説話が一つずつ載せられている。本来一つの説話であったものが、それぞれ伝承を異《こと》にしたのであろうと思われるが、このように同類説話を重複をいとわず収録するのが『説苑』の一つの特色である。それがどのような意図からなされたかすべて明晰ではないが、劉向が我が意を得た話は何度でも伝えて自らの意のあるところを示したい、すなわち繰返しによる印象づけの効果を狙おうとしたことは確かであろう。

第十八篇　弁物《べんぶつ》（怪異の弁証）

「弁（辨）物」とは『易《えき》』の未済《びせい》の卦《か》にみえることばで、もとはひろく事物の性質を弁別する意味であるが、第一章に「成人《せいじん》の行は、情性の理に達し、物類の変に通じ、幽明の故《こと》を知り、遊気の源を睹《み》る（完成した知恵をもつ君子の行いは、人間の本性と情について透徹した理解をもち、万物の変化のあり方に通暁《つうぎよう》し、生死の道理をわきまえ、浮遊せる魂気《こんき》の源を見定めてなされる――『易』繫辞《けいじ》伝に拠《よ》る――）」とあるように、ここでは変異の物の本質を考察することを主としている。つまり「物」はいわゆる鬼物《もののけ》を指していうのであるが、そのオカルト的な物に対しておびえたり動じたりすることなく、あくまで「躬《み》を行うに仁義《じんぎ》を以てし、身を飾《かざ》るに礼楽《れいがく》を以てし」（同上）ようとするのが本篇の立場である。この道徳重視の立場こそ孔子以来の儒教の伝統・本道であり、それゆえに儒教は人道あるいは人文主義の思想と称されるのである。そしてその人道主義は、同時にまた「神を窮《きわ》め化を知るは、徳の盛んなるなり（神秘を究めつくし、変化の道理を知るのは道徳の極致である――『易』繫辞伝の文おいてほしい──）」（同上）という合理主義にほかならないのである（ただし念のために注意しておけば、この合理主義は鬼神や怪異の存在を全面的に否定するものでは決してない。本訳では取り上げなかったが、本篇には怪異現象を怪異現象としてそのまま肯定する説話も多いのである。すなわち鬼神や怪異の存在をひとまず認めたうえで、その原因を経験や知識に照《てら》しあわせてできるだけ合理的に解明しようとする、またその解明ができない場合は、不可知なものは不可知として棚《たな》上げし、現実的立場から理性的に対処しようとする、そういう意味での合理主義なのである）。

近来、儒教の宗教性が再び注目されてきている。いや、再評価という段階をすでに超え、宗教性こそが儒教の本質であるとする意見がむしろ有力になりつつあるといってよいかもしれない。儒教が「宗教」（宗教とは何か、ということが実はまず問題なのであるが、今は超越神・霊魂等に対する信仰の意味で用いる）であるかないかは古くて新しい問題であり、簡単に結論の出る話ではないのだが、ただ、葬喪《そうそう》儀礼や天地《てんち》宗廟《そうびょう》の祭祀《さいし》が儒教教学において占めている意義を考えれば、その宗教的側面を重視しなければならないことは明白である。従来、その一面を不当に軽視する、換言すれば、儒教の政治・倫理思想としての側面にのみ光をあて、合理主義的に把《と》えすぎてきた嫌いのあることは否めない。しかし、だからといって、儒教をただちに宗教と断定することにもまた、私は双手《もろて》を挙げて賛成することはできないのである。それは、本篇のごとき文献が存在するからである。本篇を読めば、誰しも儒教に合理主義はもとより、さらには無神論さえ許容する傾向の厳然としてあることを認めざるを得ないであろう。しかも最も宗教性の濃いといわれる漢代儒教の、災異思想の鼓吹《こすい》者たる劉向の作品においてなのである。したがって儒教が宗教であるか否かについては、結局のところ、私としてはニュートラルコーナーへ逃げこむほかはないのだが、実をいえば、かかる設問自体がナンセンスではあるまいかとこのごろ思い始めているのである。しょせん儒教とはそういう矛盾をかかえた曖昧《あいまい》な思想なのである。だが、その曖昧さこそが儒教の儒教たる所以《ゆえん》、秘訣なのである。神がいるともいないともいわず、「神在《いま》すが如くす」(『論語』八佾《はちいつ》篇)といった孔子のことばに文字どおり儒教の神髄《しんずい》がある。

87 国の妖とは何か

【現代語訳】

趙簡子《ちょうかんし》が翟《てき》の封荼《ほうと》にたずねた、「私は翟で三日間、穀物が雨のように降ったと聞いたが、本当か」。封茶が答えた、「本当でございます」。趙簡子「血の雨が三日降ったとも聞いたが、それもまことのことか」。封茶「まことのことにございます」。趙簡子「また馬が牛を生み、牛が馬を生んだとの話もあるが、それも事実であるか」。封茶「しかと事実にございます」。趙簡子「何と甚《はなはだ》しい妖孽《わざわい》だな、かほどの妖孽がおこるようでは国は滅亡せずにはすむまい」。封茶「穀物が三日間降ったのは、つむじ風が穀物を空に捲《ま》き上げたからです。血の雨が三日降ったのは、猛鳥《あらどり》同士が上空で戦ったためです。馬が牛を生み、牛が馬を生んだのは、馬と牛を一緒に放牧した結果にすぎません。こんなものは翟の妖孽ではございません」。趙簡子「では、翟の妖孽とは何をいうのだ」。封茶「その国家がたびたびちりぢりに乱れ、その君は幼く、その卿たちは賄賂を収め、その大夫たちは党派を作って大臣になって高禄を得ることばかり考え、その官僚たちは上司に報告もなく勝手に専断し、その政令は朝令暮改《ちょうれいぼかい》、その士たちは狡猾貪欲《こうかつどんよく》で不平ばかり、かかる状況こそ翟の妖孽なのでございます」。

【読み下し】
趙簡子　翟の封茶に問いて曰く、「吾れ聞く、翟に穀雨《ふ》ること三日《さんじつ》と、信《まこと》なるか」と。曰く、「信なり」と。（曰く、）「又た聞く、血雨ること三日と、信なるか」と。曰く、「信なり」と。（曰く、）「又た聞く、馬　牛を生み、牛　馬を生むと、信なるか」と。曰く、「信なり」と。簡子曰く、「大なるかな、妖《よう》亦た以て国を亡《ほろ》ぼすに足れり」と。対えて曰く、「穀雨ること三日なるは、䖟風《ぼうふう》の飄《ひるがえ》す所たればなり。血雨ること三日なるは、鷙鳥《しちょう》上に撃《う》てばなり。馬　牛を生み、牛　馬を生むは、雑《まじ》え牧《ぼく》すればなり。此れ翟の妖に非ざるなり」と。簡子曰く、「然《しか》らば則ち翟の妖は奚《なん》ぞや」と。対えて曰く、「其の国は数《しば》しば散じ、其の君は幼弱に、其の諸卿は貨し、其の大夫は比党して以て禄爵《ろくしゃく》を求め、其の百官は肆断《しだん》して告《つ》ぐる無く、其の政令は竟《お》えずして数《しば》しば化し、其の士は巧貪《こうたん》にして怨《うら》み有り。此れ其の妖なり」と。

【原文】

趙簡子問於翟封荼曰、吾聞翟雨穀三日、信乎。曰、信。又聞雨血三日、信乎。曰、信。又聞馬生牛、牛生馬、信乎。曰、信。簡子曰、大哉、妖亦足以亡國矣。対曰、雨穀三日、䖟風之所飄也。雨血三日、鷙鳥撃於上也。馬生牛、牛生馬、雑牧也。此非翟之妖也。簡子曰、然則翟之妖奚也。対曰、其國数散、其君幼弱、其諸卿貨、其大夫比党以求禄爵、其百官肆断而無告、其政令不竟而数化、其士巧貪而有怨、此其妖也。

【注釈】

◉翟―狄《てき》に通ず、えびすの国、鮮虞《せんぐ》。◉穀雨る―「雨穀」が妖異とされたことは、『論《ろん》衡《こう》』感虚《かんきょ》篇および『孔叢子《くぞうし》』執節《しっせつ》篇にもみえる。◉妖―災禍《さいか》のしるし（前兆）たるあやかし。◉宝風―疾風・旋風。◉鷙鳥―猛禽、たか・はやぶさの類。◉国は数しば散じ―散は散乱・散漫の意。部族の抗争をいうか。◉告ぐる無し―『太平御覧《たいへいぎょらん》』巻八七四および『記《き》纂淵海《さんえんかい》』巻五に引くは「告」を「常」に作る。それだと、行きあたりばったりに好き勝手する意味になる。

88　人に祟《たた》らば穴二つ

【現代語訳】

斉《せい》の国に大旱魃《かんばつ》がおこった。憂慮した景公《けいこう》は群臣を召集し、はかっていった、「長らく一滴の雨も降らぬ。民衆の間には早《は》や飢饉《ききん》の気配が漂《ただ》うておる。人に占《うらな》わせたところ、高い山と大きな川が祟りをなしているとのこと。そこで私としては、少し民から費用を徴収し、その金で霊山《れいざん》を祭りたいと思うのだが、どうであろうかな」。並《なみ》居《い》る群臣はみな顔を伏せたまま、誰ひとり答える者とてない。と、座《ざ》より晏子《あんし》が進み出て、こういった、「それはなりません。さようなもの、祭ったとてせんないことにございます。いったい霊山なるものは、人に喩《たと》えれば当然、石が体で草木が髪にあたりましょう。長らく雨が降らなければ、自《みずか》らの髪は焦《こ》げ、体は焼けつくことになりまする。霊山のみが雨を望まぬわけがござりましょうや。霊山を祭っても無駄でございます」。そこで景公が「霊山を祭らぬとすれば、河伯《かはく》を祭ろうと思うが、それではどうじゃ」とたずねると、晏子はまたこう答えた、「それもいけません。やはり無益のことにございます。そもそも河伯は水を国とし、魚や鼈《すっぽん》を民《たみ》とするもの。もし長らく雨が降らねば、水脈は断たれ、河川はすべて干《ひ》あがりましょう。すなわち河伯にとって、自《みずか》らの国と民が滅亡することになります。どうして河伯のみが雨なしですませられましょう。河伯を祭っても無駄でございます」。景公がいった、「しからば、いかがすればよいのじゃ」。晏子がいった、「主君がもしまことに宮殿より出《い》でて御身《おんみ》を野に曝《さら》し、心より霊山・河伯とともに憂《うれ》いて雨を望みたまわば、きっと幸いに雨が降りましょう」。そこで景公は野に出でて身を曝した。かくすること三日、はたして大雨が降り、民衆はみな穀物をまき、木を植えることができた。景公はいった、「大したものだ、晏子のことばは。用いないでよいものか。まったく有徳者ならではだ」。

【読み下し】

斉　大いに旱《かん》するの時、景公　群臣を召し、問いて曰く、「天雨ふらざること久し、民に且《まさ》に饑《う》うる色有らんとす。吾れ人をしてこれを卜《うらな》わしむるに、祟り高山広水に在《あ》り。寡人《かじん》少しく賦斂《ふれん》して以て霊山を祠《まつ》らんと欲す、可《か》なるか」と。群臣対《こた》うる莫《な》し。晏子《あんし》進みて曰く、「可ならず、此れを祠るも益《えき》無きなり。夫れ霊山は固《もと》より石を以て身と為し、草木を以て髪と為す。天久しく雨ふらずんば、髪将《まさ》に焦げ、身将に熱せんとす。彼独り雨を欲せざらんや。これを祠るも益無し」と。景公曰く、「然《しか》らずんば、吾れ河伯《かはく》を祠らんと欲す、可なるか」と。晏子曰く、「可ならず、此れを祠るも益無きなり。夫れ河伯は水を以て国と為し、魚鼈《べつ》を以て民と為す。天久しく雨ふらずんば、水泉《すいせん》将に下《か》れ、百川将に竭《つ》き、国将に亡《ほろ》び、民《たみ》将に滅びんとす。彼独り雨を用いざらんや。これを祠るも何ぞ益あらん」と。景公曰く、「今これを為すこと奈何《いかん》」と。晏子曰く、「君誠に宮殿を避けて暴露《ばくろ》し、霊山・河伯と憂いを共にせば、其れ幸いにして雨ふらんか」と。是に於て景公　野《や》に出でて暴露すること三日、天果たして大いに雨ふり、民尽《ことごと》く種樹《しゅじゅ》するを得たり。景公曰く、「善《よ》きかな、晏子の言、用うる無かるべけんや。其れ惟《た》だ徳有《あ》ればなり」と。

【原文】

斉大旱之時、景公召群臣、問曰、天不雨久矣、民且有饑色。吾使人卜之、祟在高山広水。寡人欲少賦斂以祠霊山、可乎。群臣莫対。晏子進曰、不可、祠此無益也。夫霊山固以石為身、以草木為髪。天久不雨、髪将焦、身将熱、彼独不欲雨乎。祠之無益。景公曰、不然、吾欲祠河伯、可乎。晏子曰、不可、祠此無益也。夫河伯以水為国、以魚鼈為民。天久不雨、水泉将下、百川将竭※、国将亡、民将滅矣。彼独不用雨乎。祠之何益。景公曰、今為之奈何。晏子曰、君誠避宮殿暴露、与霊山河伯共憂、其幸而雨乎。於是景公出野暴露三日、天果大雨、民尽得種樹。景公曰、善哉、晏子之言、可無用乎、其惟有徳也。

【注釈】

◎『晏子春秋《あんししゅんじゅう》』内篇諫上《ないへんかんじょう》にもとづく。◎天久しく雨ふらず―「天」を上帝とみて「天久しく雨ふらさず」とも読めるが、今はより抽象的な自然・天候の意味にとっておく。したがって英語のItと同様、訳文には出ない。◎少しく賦斂して―人民から少しばかり祭祠《さいし》の費用を徴収して、の意。「賦斂を少なくし（税金を軽減する）」と読むのは誤り。◎霊山―山名、山東省臨朐《りんく》県の東北にある。あるいは一般的に神霊なる山をいうのかもしれない。もしそうだとすれば、おそらくは沂山《きざん》の神を指すか。◎河伯―黄河の神、水神。◎暴露―野宿する。

【解説】

最近、水子の霊だの先祖の霊だの、やたら霊の祟りがあるらしい。どうやら、古代中国なみに悪霊が跳梁跋扈《ちょうりょうばっこ》しているようであるが、そんな話を見聞するたびに、私はこの晏子のことばを想いおこす。

89　死人に知有りや無しや

【現代語訳】

子《し》貢《こう》が孔子にたずねた、「死人には知覚があるものでしょうか、それともないのでしょうか」。孔子が答えた、「もし死者に知覚があると答えれば、おそらく孝順な子や孫は自分たちの生活をそこなってでも死者の送葬を過度に手厚くするであろう。逆に死者には知覚がないといえば、おそらく不孝な子孫どもは亡親を遺棄して埋葬しないであろう。賜《し》よ、死人に知覚があるものかないものか知りたければ、死後ゆっくり自分で知ればよい。それからでも遅くはあるまい」。

【読み下し】

子貢　孔子に問う、「死人に知有りや、将《は》た知無しや」と。孔子曰く、「吾れ死者に知有りと言わんと欲するや、孝子順孫《こうしじゅんそん》の生を妨《さまた》げて以て死を送るを恐るるなり。知無しと言わんと欲するや、不孝の子孫の棄てて葬《ほうむ》らざるを恐るるなり。賜よ、死人に知有りや将た知無しやを知らんと欲せば、死して徐《おもむ》ろに自《みずか》らこれを知るも、猶お未だ晩《おそ》からざるなり」と。

【原文】

子貢問孔子、死人有知、将無知也。※孔子曰、吾欲言死者有知也、恐孝子順孫妨生以送死也。欲言無知、恐不孝子孫棄不葬也。賜欲知死人有知将無知也、死徐自知之、猶未晩也。

【注釈】

◉『孔子家語《こうしけご》』致思《ちし》篇に引く。

【解説】

この説話が、『論語』先進《せんしん》篇の「未だ生《せい》を知らず、焉《いずく》んぞ死を知らん」の章を踏まえていることは疑いを容《い》れない。この一条が雍也《ようや》篇「鬼神《きしん》は敬してこれを遠ざく」や述而《じゅつじ》篇「子は怪力乱神を語らず」などとともに、孔子ないしは儒教の合理主義を示す根拠として扱われてきたことはいうまでもない。もっとも、これらの条はむしろ逆に孔子の篤《あつ》い鬼神信仰を表すものだとする解釈もある。今はその当否に立ち入らないが、すべてとはいわないまでも、漢代の普通の解釈が合理主義的方向であったことは本条によって明らかである。孔子が怪力乱神を語らなかったことは、漢代儒家はみんなわかっていたのである。わかっていて、そ知らぬ顔で怪異を語っていたのである（その典型として張禹《ちょうう》なる人物が挙げられる。興味のある方は『漢書《かんじょ》』巻八一の伝記をみられるとよい）。なかなか一筋縄《ひとすじなわ》ではいかぬはずである。

第十九篇　修文《しゅうぶん》（礼楽《れいがく》の振興）

「文」とは「礼文」、すなわち国家・社会の制度・文物《ぶんぶつ》をいう。儒教の政治・倫理思想における礼楽の重要性は読者のすでによく承知しておられることであろうし、また次の90でも取り上げているので、今は贅言《ぜいげん》を費やさないでおく。ただここで一言述べておきたいのは、中国思想・文化における礼学の意義とその重要性についてである。「礼」という語の概念内容は極めて広汎《こうはん》かつ多様である。灑掃《さいそう》（水まきと掃除）応対や食事のマナーも礼なら、国家の官制・典範も礼である。さらに大にしては、礼は「天経地義《てんけいちぎ》」（『左伝《さでん》』昭公《しょうこう》二十五年）なる自然および社会の法則・原理にまで高められる。だが、この礼の高次化・極大化は、細かな日常の作法、すなわち「儀《ぎ》」との分裂乖離《かいり》を意味しない。抽象的ないしは形而上的なる礼と比較して儀を表面的末節的なるものとして蔑視《べっし》する見方もなくはないが、大半の儒者は逆に、あくまで具体的な儀を通じてはじめて礼の原理的意義が顕現する（礼学において、動作や規定の一つ一つについてその原理的意義を解釈あるいは賦与《ふよ》するのはそれがためである）、すなわち儀あってこその礼だと考えたのである。このように、礼の精神性を最終目的としつつも、外面的形式を決してなおざりにしない、いやむしろ、道に入《い》るにはまず形より、というのが儒教の一貫して揺《ゆる》がぬ立場であったのである。このような礼に対する態度は、中国人の地に足のついた堅実性の現れとして高く評価すべきものと、私は思う。

ただ問題は、その儀の典範として、古典礼書が絶対視されたことである。社会的制度や儀式あるいは慣習は、いうまでもなく、時代とともに移り変っていくものである。現代の儀礼は古《いにし》えの儀礼そのままではあり得ない。しかるに、もし古典的儀礼が絶対正しいものとすれば、現代の儀礼は改廃《かいはい》をよぎなくされる。そして実際、そのような改廃は歴史上いく度も試みられた。が、社会的状況がそんなアナクロニズムをいつも全面的に許すわけではもちろんない。とすれば、現実と古典を妥協させ、その矛盾を弥縫《びほう》する理論をなんとか案出するよりほかはない。ところがまた加えて厄介なことに、その典拠たるべき礼の古典の間にも、相互に厖大《ぼうだい》な矛盾相違が存していたのであって、現代と古典の妥協の前に、まず古典と古典とを整合統一する必要があったのである。ここに礼の解釈学が要請され登場したのである。現存の礼学の諸書はこのような整合統一と妥協を求めての模索彷徨《もさくほうこう》の迹《あと》にほかならない。が、その懸命の模索にもかかわらず、礼学はついに終着駅に着くことができず、ただ肥大化する一方であった。それも無理からぬことで、一つの矛盾の辻褄をあわすと、そのとたん、別の縫目がさけ、その縫目をくっつけると、さらにまた別のところがほころびたからである。しかし、学者たちの努力が無駄であったわけでは決してない。古典に対する解釈が精確さを増したことはもとよりその成果であるが、より重要なのは、かかる模索の中で中国人の思考が錬磨《れんま》され、独自の思考様式が形成されていったことである。その意味で、礼学は中国思想・文化の精髄《せいずい》といえるのである。

本篇には冠婚葬祭をはじめとする礼学の主要問題が列挙されており、また後半は音楽論になっている。本篇を読めば、礼学についての一通りの知識が得られるであろうが、実はもとから礼学の素養がなければ、本篇はそう簡単には読めないのである。説話的なおもしろさには乏しいから、一般読者にはおすすめしにくいのだが、しかし、先にも述べたように、中国思想・文化の精髄は、少なくともその不可欠の一部分は間違いなくここにあるのである。礼学の煩瑣《はんさ》な議論こそ中国知識人の最も得意とするところであり、かつまた終始こだわりつづけたことがらである。そのこだわりを理解することなくしては、中国思想の理解もまたないことだけは、読者の記憶に留めておいていただきたい。

90　礼楽こそ治政のもと

【現代語訳】

天下に道義が行われていれば、礼楽や征伐のことはすべて天子によって決められる。そもそも天下統一の功績が成就してのち礼儀を定め、治安が確立してから音楽を作る。礼楽こそは教化を行うにおいて最も力のあるものである。孔子はこういわれた、「風俗を匡正《きょうせい》するには音楽よりすぐれたものはなく、上《かみ》に在る者を安泰にし民を治めるには、礼儀よりすぐれたものはない」と。だから聖王は国の制度・典章を整え、学校を設立し、楽器をそこに陳列して、礼儀・音楽を講習させる。天子の辟雍《へきよう》・諸侯の泮宮《はんきゆう》は、徳による教化を行うためのものなのである。『詩経《しきょう》』に「鎬京《みやこ》の辟雍には、西からも東からも、南からも北からも、集《つど》い来《きた》りて心服せぬ者なし」とあるが、それはこのことをいうのである。

【読み下し】

天下に道《みち》有れば、則ち礼楽征伐、天子より出《い》づ。夫れ功成りて礼を制し、治《ち》定まりて楽を作《な》す。礼楽なる者は、化を行うの大なる者なり。孔子曰く、「風を移し俗を易《か》うるは楽より善きは莫《な》く、上を安んじ民を治むるは礼より善きは莫し」と。是の故に聖王は礼文を修《おさ》め、庠序《しょうじょ》を設け、鍾鼓《しょうこ》を陳《つら》ぬ。天子の辟雍、諸侯の泮宮は、徳化を行う所以なり。詩に云う、「鎬京《こうけい》辟雍、西よりし東よりし、南よりし北よりして、思いて服せざる無し」と。此の謂《いい》なり。

【原文】
天下有道、則礼楽征伐自天子出。夫功成制礼、治定作楽。礼楽者、行化之大者也。孔子曰、移風易俗、莫善於楽、安上治民、莫善於礼。是故聖王脩礼文、設庠序、陳鍾鼓。天子辟雍、諸侯泮宮、所以行徳化。詩云、鎬京辟雍、自西自東、自南自北、無思不服。此之謂也。

【注釈】
⦿天下に道有れば──『論語』季氏《きし》篇にあることば。⦿功成りて礼を制し──『礼記《らいき》』楽記《がっき》篇に「王者功《こう》成りて楽を作《な》し、治定まりて礼を制す」とある。「制礼作楽」の代表として常に挙げられるのが周公《しゅうこう》である。⦿孔子曰く──『孝経《こうきょう》』広要道《こうようどう》章の文。⦿庠序──学校。『孟子』滕文公《とうぶんこう》上篇に「庠序学校を設け為して以てこれを教う。庠《しょう》とは養なり、校とは教なり、序とは射なり。夏には校と曰い、殷には序と曰い、周には庠と曰う。学は則ち三代これをともにす」とある。◉鍾鼓─鍾は鐘と同じ、かね。鼓はつづみ。転じて音楽をいう。◉辟雍─天子の大学。璧《へき》玉のような円形で、周囲に水を雍する（囲う）からその名があるという。◉泮宮─諸侯の大学。周囲の水が半月形であるので、このように名づけるという。◉詩に云う─大雅・文王有声《ぶんおうゆうせい》篇。◉鎬京─周の都の名、のちの長安。◉思いて服せざる無し─「思」は本来は語助で、意味はないが、今は旧訓に従い「おもう」と読んでおく。

【解説】
『漢書《かんじょ》』礼楽志《れいがくし》に、劉向が成帝に「宜しく辟雍を興《おこ》し、庠序を設け、礼楽を陳《つら》ね、雅頌の声を隆《さか》んにし、揖譲《ゆうじょう》の容を盛んにして、以て天下を風化すべし」と説いたことが載せられている。このような思想はひとり劉向のみならず、漢儒に共通のものであって、同志には他に董仲舒《とうちゅうじょ》や王吉《おうきつ》の説も収められている。

91　三年の喪

【現代語訳】

子夏《しか》が三年の喪《も》を服し卒《お》え、孔子のもとに挨拶にうかがった。孔子は子夏に琴を与え、弾《ひ》くように命じた。子夏は琴を引き寄せかなで始めたが、その様子はまことに楽しげであった。演奏し終えた子夏は立ち上がり、「先王の定められた礼は、尽くさないわけにはまいりません」といった。それを聞いた孔子は「君子である」と称讃した。閔子騫《びんしけん》もまた三年の喪を卒え、孔子にお目通りした。孔子は子夏のときと同様、琴を与えて弾かせたが、閔子騫の弾くさまはまことに悲しげであった。弾き終えた閔子騫は立ち上がっていった、「先王の定められた礼は、踏み越えるわけにはまいりません」。孔子はいった、「君子である」。その一部始終をみていた子貢《しこう》がたずねた、「閔子騫は哀《かな》しみの情が尽きておりませんが、先生は『君子である』と評されました。子夏は哀しみの情がすでに消えておりましたのに、先生はやはり『君子である』と称讃されました。私にはわけがわかりません、どういうことかお教え賜りとうございます」。孔子は答えていった、「閔子騫は哀しみの情がなお尽きていないのに、その情を礼によって抑え区切りをつけた。だから『君子である』といったのだ。子夏はもう哀しみの情が消え去っていたのに、よく礼に従って喪を服しおおせた、だから『君子である』といったのである。三年の喪というものは、このように情厚き者が自《みずか》らを抑制し、心劣りし者が自らを勉励すべき規準なのである」。

【読み下し】

子夏　三年の喪畢《そうおわ》り、孔子に見《まみ》ゆ。孔子これに琴を与え、これをして弦《げん》せしむ。琴を援《ひ》きて弦するに、衎衎《かんかん》として楽しむ。作《た》ちて曰く、「先王　礼を制するに、敢て及ばずんばあらざるなり」と。子曰く、「君子なり」と。閔子騫　三年の喪畢り、孔子に見ゆ。孔子これに琴を与え、これをして弦せしむ。琴を援きて弦するに、切切《せつせつ》として悲しむ。作ちて曰く、「先王　礼を制するに、敢て過ぎざるなり」と。孔子曰く、「君子なり」と。子貢問いて曰く、「閔子哀《あい》尽きざるに、子『君子なり』と曰う。子夏哀已《すで》に尽きたるに、子『君子なり』と曰う。賜《し》や惑《まど》う、敢て問う、何の謂《いい》ぞや」と。孔子曰く、「閔子哀未だ尽きざるに、能くこれを断ずるに礼を以てす、故に『君子なり』と曰う。子夏哀已に尽きたるに、能く引きてこれを致す、故に『君子なり』と曰う。夫れ三年の喪は、固《もと》より優者の屈する所、劣者の勉むる所なり」と。

【原文】

子夏三年之喪畢、見於孔子。孔子与之琴、使之絃。援琴而絃、衎衎而楽、作而曰、先王制礼、不敢不及也。子曰、君子也。閔子騫三年之喪畢、見於孔子。孔子与之琴、使之絃。援琴而絃、切切而悲、作而曰、先王制礼、不敢過也。孔子曰、君子也。子貢問曰、閔子哀不尽、子曰、君子也。子夏哀已尽、子曰、君子也。賜也惑、敢問、何謂。孔子曰、閔子哀未尽、能断之以礼、故曰君子也。子夏哀已尽、能引而致之、故曰君子也。夫三年之喪、固優者之所屈、劣者之所勉。

【注釈】

⦿『詩経』檜風《かいふう》・素冠《そかん》篇の毛伝《もうでん》（前漢初めの毛亨《もうこう》（大毛公）が作り、毛萇《もうちょう》（小毛公）が伝えたとされる『詩経』の注釈、古文学《こぶんがく》に属する。現存の『詩経』はこの系統をひくもので、正式には『毛詩《もうし》』という）にみえる。ただし、直接に毛伝から採録したのかどうかは不明。おそらくはなお別の種本があったのであろう。『礼記《らいき》』檀弓《だんぐう》上篇に類話があり、あるいはそれがもとかと思われるが、文章にはかなり違いがある。また『孔子家語《こうしけご》』六本《りくほん》篇に引く。⦿子夏―孔子の弟子、姓は卜《ぼく》、名は商。学問に秀で、後の経学の端緒を開く。⦿三年の喪―親のために服する喪《も》の期間、満三年ではなく足掛けで二十五ヵ月（一説に二十七ヵ月）。ただし父と母とでは軽重の差があり、父には最も重い斬衰《ざんさい》（裁断したままで、ふちを縫っていない粗麻の喪服《も》）を着け、母には一段軽い斉衰《しさい》（布の端をかがってある）を着用する。また父の在世中に母が死んだときは、三年ではなく一年の喪となる。服喪期間中は住居を変え、食事も粗末なものとし、音楽をはじめとする娯楽はもとより、公私にわたるすべての事業を止める。それら諸規定の詳細は、『儀礼《ぎらい》』喪服《そうふく》篇ならびに『礼記』の喪服関係諸篇にみえる。もっとも、孔子の時代にこのように細かな規定があったとは考えがたいが……。◉衎衎―和《なご》やかに楽しむさま。◉閔子騫―孔子の弟子、名は損。徳行を称せらる。◉切切―ひしひしと悲しみに沈むさま。またその音の胸に迫るをいう。

【解説】

なぜ親に対する喪《も》が三年なのかというと、本章の一つ前の章に「子生まれて三年、然る後に父母の懐《ふところ》を免《まぬか》る。故に喪を制すること三年、父母の恩に報ゆる所以なり」（『論語』陽貨《ようか》篇にもとづく。また『礼記』三年問《さんねんもん》篇にもみえる）とあるとおり、報恩《ほうおん》の行為と説明されている。報恩は礼の説明として最もよく用いられる観念であるが、それは決して強制さるべき義務なのではない。それは人情より発する自然の行為なのである。「子生まれて三年云云」という孔子のことばは、喪は一年で十分で三年は長すぎると主張する宰我《さいが》を批判して発せられたものである。一年たてば、稲を食い錦を着ても平気だという宰我は、孔子にとってまさしくエイリアンであった。孔子や孟子の孝道や礼説は、すべてこの人情の自然という楽観論にもとづいている。ところが、荀子《じゅんし》や漢代儒学においては、孝や礼を外から与える規範とみる傾向が強くなってくる。「女安《なんじ》ければ則ちこれを為せ（おまえが平気ならば、勝手に思うとおりにすればよい）」という孔子のことばと、本章の「劣者の勉むる所」という言い方に、原始儒家思想と漢代儒教との微妙な相違が現れているのである。

しかし、漢代ならびにそれ以降の儒教が人情自然の楽観論を逸脱してしまったわけではもとよりない。後世では、要職に在る者が三年喪を完全に実行すると、政務上いろいろと支障が出てくるので、月を以て年に代えるとか、服喪中に復職するとかするようになるが、儒教の正統を自任する者たちはそれをあくまで非礼（「奪情起復《だつじょうきふく》」と称する）と批判している。

三年の喪に関して、本篇にもう一条採録されている。それは「儒者は親に喪すること三年、君に喪すること（同じく）三年、君と父と孰《いず》れが重き」という問題についてである。その答は「殆《ほと》ど父の重きに如《し》かず」であり、その理由は、「君の土地に非ざれば、以て吾が親を処《お》らしむる無く、君の禄に非ざれば、以て吾が親を養う無く、君の爵位に非ざれば、以て吾が親を尊び顕す無し。これを君に受け、これを親に致す。凡そ君に事《つか》うるは、親の為《ため》にする所以なり」である。これは父子の「親親《しんしん》」の情を君臣の「尊尊《そんそん》」の義に優先させるものであり、ここにも、一方で君権の強化を図りつつ、一方で儒家本来の立場を堅持せんとする本書の特色がみられる。

92　宗廟《そうびょう》の祭り

【現代語訳】

春に行う祭りを「祠《し》」といい、夏の祭りを「禴《やく》」といい、秋の祭りを「嘗《しょう》」といい、冬の祭りを「烝《じょう》」という。春祭のお供えには韮《にら》と卵を用い、夏祭には麦と魚を用い、秋祭には黍《きび》と豚を用い、冬祭には稲と雁《かり》を用いる。三年に一度「祫《こう》」の祭りを行い、五年に一度「禘《てい》」の祭りを行う。「祫」とは合の意味であり、「禘」とは「諦」の意味である。すなわち、「祫」は祖先の諸霊を始祖の廟《みたまや》に合祭することであり、「禘」はその諸霊の功徳を審諦《つまびら》かにして優劣を与えるものである。天子が祭祀を挙行するときには、その前にまず必ず精進潔斎《しょうじんけっさい》して心思をこらし、亡親がそこにいるかのごとく敬慎する。祭りが始まると祭主は廟に入って侍立《じりつ》するが、すぐには堂に昇らず、亡親を慕い仰いで、ひたすらその容貌をありありと思い浮かべる。これこそが孝子の誠の情である。四方より祭りを助けに来た諸侯たちもその光景をみて感動し、身も心も満ち足りて帰ってゆく。みなこの誠の孝を模範とするようになるのである。

【読み下し】

春祭を祠と曰い、夏祭を禴と曰い、秋祭を嘗と曰い、冬祭を烝と曰う。春には韭《ひ》・卵《らん》を薦《すす》め、夏には麦《ばく》・魚《ぎょ》を薦め、秋には黍《しょ》・豚《とん》を薦め、冬には稲《とう》・鴈《がん》を薦む。三歳に一たび祫《こう》し、五年に一たび禘《てい》す。祫とは合なり、禘とは諦なり。祫なる者は大いに祖廟に合祭するなり、禘なる者は其の徳を諦して優劣を差《さ》するなり。聖主の将《まさ》に祭らんとするや、必ず潔斎精思し、親《しん》の在《いま》すが若くす。方《まさ》に興《た》ちて未だ登らず、慎慎憧憧《ぐぐしょうしょう》として専一に親の容貌彷《ほう》彿《ふつ》たるを想う。此れ孝子の誠なり。四方の祭りを助くるもの、空しくして来《きた》る者は満ちて反《かえ》り、虚《むな》しくして至る者は実《み》ちて還る。皆《みな》法則を焉《ここ》に取れり。

【原文】

春祭曰祠、夏祭曰禴、秋祭曰嘗、冬祭曰烝。春薦韭卵、夏薦麦魚、秋薦黍豚、冬薦稲鴈。三歳一祫、五年一禘。祫者合也、禘者諦也。祫者大合祭於祖廟也、禘者諦其徳而差優劣也。聖主将祭、必潔斎精思、若親之在。方興未登、慎慎憧憧、専一想親之容貌彷彿。此孝子之誠也。四方之助祭、空而来者満而反、虚而至者実而還。皆取法則焉。

【注釈】

◉春祭を祠と曰う―以下の四時の祭を「時祭《じさい》」あるいは「時享《じきょう》」という。時享の名称については異説があるが（『礼記《らいき》』王制《おうせい》・祭統《さいとう》篇に「春礿《やく》夏禘」といい、同じく郊特牲《こうとくせい》・祭義《さいぎ》篇に「春禘」という）、『周礼《しゅらい》』（春官《しゅんかん》・大宗伯《だいそうはく》および司尊彝《しそんい》）・『公羊伝《くようでん》』桓公《かんこう》八年・『爾《じ》雅《が》』釈天・『春秋繁露《しゅんじゅうはんろ》』（深察名号《しんさつめいごう》・四祭《しさい》および祭義篇）・『詩経』小雅・天保《てんほ》の毛伝・『白《びゃっ》虎通義《こつうぎ》』宗廟《そうびょう》篇などは、みなここと同じである。鄭玄《じょうげん》は、『周礼』等の所説が周制で、王制や祭統は夏・殷の祭名と解釈しているが、『周礼』に合わないものを夏・殷の制とするのは彼の常套手段で、もちろん史実ではない。なお各祭名の由来については、『春秋繁露』四祭篇・『白虎通義』・『公羊伝』何休《かきゅう》注・『爾雅』郭璞《かくはく》注などに説明がある。それぞれ小異はあるものの、大体の趣旨はほぼ同じで、春は万物が生まれたばかりでまだ微弱で、それを司《つかさ》どり食《やしな》（音シ、食と司の合成が飼）うから祠《し》、夏は麦が熟して汋《やく》（煮る）することができるから禴《やく》（礿）、秋は新穀の成れるをまず祖先に薦《すす》めて嘗《な》めさせる（出来具合を試す）から嘗《しょう》、冬は衆物が熟成し、それら衆物を廟に進めるから烝《じょう》（烝は衆多の意味）という。◉春には韭・卵を薦め―『礼記』王制篇に、「庶人は、春には韭《にら》を薦め、夏には麦を薦め、秋には黍《きび》を薦め、冬には稲を薦む。韭には卵を（ともに）以《もち》い、麦には魚を以い、黍には豚を以い、稲には鴈《かり》を以う」とある（『公羊伝』桓公八年何休注も同じ。また『春秋繁露』祭義篇も韭・麦・黍・稲については同じ）。いわゆる「薦新《せんしん》」である。ただし、前後からみて、ここは天子の祭りについていうものと思われる。『春秋繁露』や何休注も庶人の制といわないから、これは公羊学の説なのであろう。しかし、そうすると、何休注に「牲《せい》無くして祭る、これを薦《せん》と謂う」（もっとも厳密にいえば、豚を用いているから、牲無しではないが、何休の趣意は牛・羊という正式の牲を用いないことにあるのであろう）とあるように、簡素な神饌《しんせん》のみということになり、ここの書き方だけだと、天子の時享には犠牲ありとする通説と齟齬《そご》することになってしまう。そこのところを劉向がどのように疏通させていたかはよくわからないが、おそらく鄭玄と同様、牲を具える祭と新を薦《すす》める薦《せん》とを区別して考えていたのであろう。なお、鴈《かり》について、王念孫《おうねんそん》は庶人の薦だから鴻鴈《こうがん》ではなく、民家に常有の鵝鳥《がちょう》を指すとするが（もともと雁はかり、鴈は鵝鳥で、二字は別字とする説もある）、天子の薦であるとすれば、鴻鴈とみてさしつかえない。◉祫—大祭の名、祖先を親近遠疏の別なく合祭するもの。三年の喪が終ったときに行い、のち三年目ごとに行う。◉禘—大祭の名、祫の翌春に行い、爾後《じご》、五年目ごとに行う。したがって祫禘《こうてい》を合わせると、「五年にして再び殷《いん》祭す（殷は盛の意、すなわち宗廟の大祭）」（『公羊伝』文公《ぶんこう》二年、また「王制」鄭玄注）ることになる。なお祫と禘とでは禘のほうが重いとするのが通説だが、鄭玄は逆の意見である。◉三歳に一たび祫し、五年に一たび禘す—『礼緯《れいい》・稽命徴《けいめいちょう》』や『説文解字《せつもんかいじ》』・『後漢書《ごかんじょ》』張純《ちょうじゅん》伝・『駁五経異義《ばくごきょういぎ》』・何休注などにもみえるが、ここの用例が最も早いようである。⦿祫とは合なり—祫は示（神）と合の会意文字、この訓詁《くんこ》は『白虎通義』や鄭玄注にみえ、以下常用される。⦿禘とは諦なり—声訓（同音の文字により解釈すること）、この訓詁も常訓である。⦿祫なる者は大いに祖廟に合祭するなり—『公羊伝』文公二年に「大事ありとは何ぞ。大祫なり。大祫とは何ぞ。合祭なり。其の合祭すること奈何《いかん》。毀廟《きびょう》の主《しゅ》は大祖に陳す、未毀廟《みきびょう》の主は皆升《のぼ》して大祖に合食す」とある。「毀廟の主」とは現在の君主の高祖（五世）以前の祖の位牌で、今君との親縁が尽《つ》きたとしてその廟を毀《こぼ》ち、主のみを大祖《たいそ》（始祖《しそ》あるいは始封《しほう》の君、周では后《こう》稷《しょく》）の廟（大祖の廟は最も尊いので永久に毀たない）に遷《うつ》すのである。未毀廟とは高祖以下の四親《ししん》廟で（大祖の廟と合わせて五廟、ただし周制では文武二王の祧《ちょう》があるので、天子は七廟とされる）、これを二組に分け、左すなわち東にあるのを昭《しょう》、右すなわち西にあるのを穆《ぼく》という（昭は始祖の偶数世の孫、穆は奇数世の孫である。なお大祖廟は中央の北にある）。この二昭二穆（一説に、周の天子は三昭三穆）の神位を大祖の廟に昇せ、蔵されている毀廟の主と合せ祭るのである。⦿禘なる者は其の徳を諦して優劣を差するなり—禘は、普通には「宗廟の礼は昭穆を序する所以《ゆえん》なり」（『礼記』中庸篇）、「禘の言たる諦なり。昭穆尊卑の義を諦諟《ていし》するなり」（『後漢書』祭祀志《さいしし》中）とあるように、昭穆の次序を正すこととされ、徳については云々されないが、文公二年の何休注に「禘の祫に異なる所以の者は、功臣皆祭らるるなり。……禘は猶お諦のごときなり。審諦《しんてい》して遺失する所無し」とあることからみれば、あるいはこれも公羊学説かもしれない。◉聖主―聖王に同じ、天子の尊称。◉必ず潔斎精思し―祭祀の前に潔斎することについては、本篇の前章に「斎とは其の居処を思うなり、其の笑語を思うなり、其の為《な》す所を思うなり。斎すること三日、乃《すなわ》ち其の為《ため》に斎する所の者を見る。祭りの日、将《まさ》に戸《こ》に入らんとするに、僾然《あいぜん》として其の容を見ること有るが若《ごと》し、盤旋《はんせん》して戸を出づるに喟然《きぜん》として嘆息の声を聞くこと有るが若し云云」（『礼記』祭義篇にもとづく）とある。この三日を「致斎《ちさい》」といい、さらにその前の七日間の斎を「散斎《さんさい》」といって娯楽や外出を控える。◉方に興ちて―「興」は（祭りを）「おこす」とも読めるが、今は廟庭に立つ意味に解しておく（『礼記』祭統篇《さいとう》に「君・夫人　大廟に会し、君は純冕《じゅんべん》〔くろぎぬの祭服を着、冕冠をかむる〕して阼《そ》〔堂に昇る東側の階段〕に立つ」とある）。◉偶偶―本義は懽《よろこ》ぶことであるが（『纂註《さんちゅう》』はその意味にとる）、今は盧文弨《ろぶんしょう》が「顒顒《ぎょうぎょう》」と同じとするに従い、仰ぎ慕《した》うさまと解する。あるいは厳粛なさまとも解せる。◉憧憧―意の定まらぬさま、あるいは行ったり来たりするさまが普通の用法で、それで通じないこともないが（『纂註』は「行きて絶えざる貌《かたち》」と解する）、今は偶偶と同じくあこがれ慕うさまとみておく。◉祭りを助くるもの―四方の諸侯は王の禘祭を助ける。『詩経』周頌《しゅうしょう》・雝《よう》篇（毛序に「雝は大祖を禘するなり」）に「来るもの有りて雝雝、至りて粛粛、相《たす》くるは維《こ》れ辟公《へきこう》」とあり、鄭玄の箋《せん》に「雝雝は和《わ》するなり、粛粛は敬するなり。是れ来りし時《とき》は雝雝然として、既に至りては粛粛然たる者有り、乃ち王の禘祭を助く。百辟《ひやくへき》と諸侯となり」とある（三家詩《さんかし》も同説）。◉空しくして来る者は満ちて反り——胙《ひもろぎ》（祭肉）等の賜配品を持ち帰る意味にとれなくもないが、上文はすべて精神的なことがらを論じているので、ここも内面のこととして解しておく。

【解説】

注釈の量にうんざりされたことであろう。誠に申し訳ないこととは思うが、あえてくどく、しかも専門的な注釈をつけてみた。だが、最低これだけのことを知っておかなければ、本章は理解できたことにはならないのである。実はこれでもぎりぎり削ったのであって、本当はこの何倍かの注をつけたいところなのである。まったく煩瑣《はんさ》な考証でおもしろくないと感じられたかもしれない。おもしろい、おもしろくないは別として、煩瑣な考証であることは、実際まさにそのとおりである。が、よくも悪くも、これが礼学《れいがく》というものなのであり、そしてそれがまた、「解説」にも述べたように、中国思想の一つの中心部分なのである。

第二十篇　反質《はんしつ》（質朴に反《かえ》れ）

いよいよ最終篇である。「反質」とは、虚飾《きょしょく》を去って質実・素朴に復帰する意味である。本篇は前の修文篇と対《つい》をなすが、また前半の終結部である敬慎篇とも相応じている。敬慎篇に道家《どうか》的色彩が濃いごとく、本篇もまた道家に強く傾斜している。全篇の締めくくりにこのような道家を主とする篇を置いたところに、劉向の道家に対する高い評価と親近感をうかがうことができよう。

といっても、本篇の内容が儒教の教義に真向《まっこう》から相対立しているということではない。「質」は文化・制度のあり方を示すメルクマールとして「文」と一対の概念であり、また「王者の制は一商一夏《いっしょういっか》、一質一文（夏の文化の特色は文、商《しょう》すなわち殷《いん》のそれは質であって、それが王朝ごとに交代するということ、したがって周《しゅう》は文ということになる）」（『春秋繁露《しゅんじゅうはんろ》』三代改制質文篇《さんだいかいせいしつぶん》。本書修文篇にも「王者は一商一夏、再にして復する者なり」とある）とあるごとく、歴史の循環理論としても用いられる。儒教は基本的に文を尊ぶ思想であるが、質を決して排斥《はいせき》するものではない。周の文を最上の文化とした孔子も、「巧言令色、鮮《すく》なきかな仁《じん》」（『論語』学而《がくじ》篇）、「剛毅《ごうき》木訥《ぼくとつ》、仁に近し」（同、子路《しろ》篇）というごとく、人間のタイプとしてはむしろ質朴なのを好んでいたし、また「質　文に勝てば則ち野、文　質に勝てば則ち史（文書係、すなわち外面ばかり飾るもの）、文質彬彬《ひんぴん》として然る後に君子なり」（同、雍《よう》也《や》篇）と、文質どちらにもかたよらず、両者がほどよく調和しているのを人間の理想としていた。このように、質朴は儒家にとっても好ましいことであったのだが、その質朴を人間の本来的なあり方とし、文飾を人間の本来性をそこなうものとみるならば、それはすでに儒家を離れ道家の領域に入ったことになる。本篇はその点において、やはり道家に属するといわなければならない。また「反《かえ》る」という言い方も道家的である。儒家が後天的修養を必須とし、性の拡充あるいは改造を志向するのに対し、道家、とくに老子は生来のままの人間を至上のものとし、道への復帰を説くからである。

なおまた質は質素、すなわち倹約・節制の意味にもつながり、節倹を説く墨家《ぼくか》の思想ともあい通ずる。よって本篇には墨家系の説話もいくつか含まれている。

93 生地《きじ》のままの美しさ

【現代語訳】

孔子が易占《えきせん》をしたところ、賁《ひ》の卦《か》が出た。孔子は天を仰いで深いため息をつき、心穏《おだや》かならざるようすであった。子張《しちょう》がこれをみて、進み出て手を挙げてたずねていった、「私は賁は良い卦と聞いております。それなのにお嘆きになるのですか」。孔子は答えていった、「賁は混《まじ》り合った色で、正しい色ではない。だから嘆いたのだ。私はあの飾りを加えぬ素《もと》のままの質ということを大事に思うのだ。白は純白でなければいけないし、黒は真黒でなければいけない。いったい賁の卦がなんで良きものであろうぞ。私はまたこのように聞いている、赤い漆《うるし》には文様《もんよう》をつけず、白玉は彫刻せず、宝珠には飾りをつけない、と。なぜかといえば、素質が十二分に美しいものには余計な修飾を加える必要がないからである」。

【読み下し】

孔子卦して賁を得たり。喟《き》然《ぜん》として仰いで嘆息し、意平《たい》らかならず。子張進みて、手を挙げて問いて曰く、「師《し》聞く、賁は吉卦なりと。而《しか》るにこれを嘆ずるか」と。孔子曰く、「賁は正色《せいしょく》に非ざるなり。是《ここ》を以てこれを嘆ず。吾れ夫《か》の質素を思う。白は当《まさ》に正白なるべく、黒は当《まさ》に正黒なるべし。夫《そ》れ賁又た何ぞ好《よ》からんや。吾れ亦たこれを聞く、丹漆《たんしつ》は文《かざ》らず、白玉は彫《え》らず、宝珠は飾らず、と。何となれば、質《しつ》余り有る者は飾を受けざればなり」と。

【原文】

孔子卦得賁、喟然仰而歎息、意不平。子張進、挙手而問曰、師聞賁者吉卦、而歎之乎。孔子曰、賁非正色也、是以歎之。吾思夫質素、白当正白、黒当正黒。夫賁※又何好※也。吾亦聞之、丹漆不文、白玉不彫、寶珠不飾。何也、質有餘者、不受飾也。

【注釈】

◉『呂氏春秋《りょししゅんじゅう》』壹行篇《いっこう》にもとづく。また『孔子家語《こうしけご》』好生篇《こうせい》に引く。◉賁—『易《えき》』の卦の名。䷕。剛（陽爻《ようこう》）柔（陰爻）が入り混《まじ》ってあやをなす象。◉子張—孔子の弟子。姓は顓孫《せんそん》、名は師。◉正色—混りけのない純粋な色。青・赤・黄・白・黒の五つ。

94 機械を使う者は機械に使われる

【現代語訳】

衛《えい》の国に五人の男がいて、一緒に暮していた。彼らはともにかめを背負って井戸に入り、水を汲んでは畑の韮《にら》に水をやっていたが、一日かかってもわずか一区画を潤《うるお》すのがやっとだった。ある日のこと、鄧析《とうせき》がそばを通りかかって五人の仕事ぶりをみ、車から降りて教えていった、「機械をお作りなさい。後《うしろ》を重くし前を軽くしたもので、その名を橋《はねつるべ》と申します。これを使えば、一日で百区分の韮に灌漑《かんがい》でき、しかも疲れません」。すると五人の男たちはこう答えた、「我が師匠のおことばに『機械を用いる巧智《こうち》あるものは、必ずその巧智ゆえに失敗する』とある。我々ははねつるべのことを知らないわけではない、ただそんなものは使いたくないのだ。どうかお引き取り願いたい。我々は一心に水を注ぐだけのこと、この方法を変える気は毛頭《もうとう》ないのだ」。鄧析はその場を立ち去り、数十里進んだが、不機嫌な顔つきでしょげかえっていた。弟子がみかねて、「奴《やつ》らは何人《なにびと》ですか。我が師匠をかくも憂えさせるとは。どうか師匠のために奴らを殺させて下さい」というと、鄧析はいった、「放っておけ。彼らこそいわゆる真人《しんじん》である。国の守りとなるべき者なのだ」。

【読み下し】

衛に五丈夫《じょうふ》有り。倶《とも》に缶《ふ》を負いて井《せい》に入《い》り、韭《ひ》に灌《そそ》ぐこと終日一区なり。鄧析《とうせき》過ぎ、車より下りて為《ため》にこれに教えて曰く、「機を為《つく》れ。其の後《しりえ》を重くし、其の前を軽くす、命《な》づけて橋《きょう》と曰う。終日韭に漑《そそ》ぐこと百区にして倦《う》まず」と。五丈夫曰く、「吾が師の言に曰く、『機知の巧有れば、必ず機知の敗有り』と。我知らざるに非ざるなり、為《つく》るを欲せざるなり。子《し》其れ往け。我一心もてこれに漑ぐ、改むるを知らざるのみ」と。鄧析去りて行くこと数十里、顔色悦懌《がんしょくよろこ》ばずして自《みずか》ら病《や》む。弟子《ていし》曰く、「是れ何人ぞや、我が君を恨《うら》ましむるは。請う君の為《ため》にこれを殺さん」と。鄧析曰く、「これを釈《ゆる》せ。是れ所謂《いわゆる》真人なる者なり。国を守らしむべし」と。

【原文】

衛有五丈夫、倶負缶而入井、灌韭、終日一区。鄧析過、下車為教之曰、為機。重其後、軽其前、命曰橋。終日漑韭百区、不倦。五丈夫曰、吾師言曰、有機知之巧、必有機知之敗。我非不知也、不欲為也。子其往矣、我一心漑之、不知改已。鄧析去、行数十里、顔色不悦懌自病。弟子曰、是何人也、而恨我君。請為君殺之。鄧析曰、釈之。是所謂真人者也、可令守国。

【注釈】

⊙『荘子《そうし》』天地《てんち》篇に子貢《しこう》と漢陰《かんいん》の丈人《じょうじん》の対話として類似の話がみえる。⊙丈夫―成人男子。なお五人とあるのは疑問で一人ではないかと思うが、下文に「倶に」とあるので、今はしばらく旧に従っておく。⊙缶―水や酒を入れるかめ、もたい。⊙鄧析―鄭《てい》の大夫で前五〇一年に卒した。子産《しさん》と敵対したとも伝えられ、初期の名家に分類されるが、詳しい思想内容は不明。⊙橋―槔《こう》（桔槔《きっこう》）に同じ、はねつるべ。横木の中央を支えにした天秤《てんびん》状の仕掛の一端に石を懸《か》け、もう一端に釣瓶《つるべ》をつるして井戸水を汲むもの。⊙機知―機械《からくり》を用いる知恵、転じて作為的ないつわりの知略をいう。なお『荘子』には、「機械有《あ》る者は必ず機事有り、機事有る者は必ず機心有り。機心　胸中に存すれば、則ち純白備《そな》わらず」とある。⊙真人―道を体得した人。道家、とくに『荘子』においては最高の理想的人間の称として用いられる。

95　我が真に帰る

【現代語訳】

楊王孫《ようおうそん》が病気になった。余命いくばくもないと知るや、彼はその子に「私が死んだら、裸にして葬《ほうむ》り、真実のあり方に復帰できるようにしてくれ。私の意志に決してそむいてはならぬ」と遺言した。祁侯《きこう》がその話を耳にし、楊王孫のところへ、考えを改めるよう説得しに行った。「仄聞《そくぶん》するところでは、あなたは埋葬のときには必ず裸にして地中に入れよと仰せられたとか。もし聞いたとおりでありますならば、それは間違ったことだと私は思います。死んだ人間に知覚がないのならそれまでのことですが、もし死後にも知覚があるとしたら、裸にして埋めるのは死体を地下で辱《はずか》しめることになります。そんなことで、どうして御先祖の霊《れい》にお会いできましょうか。私はあなたのお考えは間違っていると思います」。楊王孫はそれに対して次のように答えた、「私は世の中の厚葬の風潮を矯正しようとしているのだ。いったい厚葬など死者にはまったく何の益もないものなのだ。それなのに世の人は競って厚葬を誇りあい、財宝を浪費しつくしてこれを地下に腐らせている。あるいは今日《きょう》副葬品を陵墓《りょうぼ》に入れて、翌日にはもう盗み出されるという始末だ。これではまったく死骸を野原にさらしているのと何の違いがあろう。そもそも死というものは生《せい》を終えるときの変化であり、物が本来のあり方に帰るということなのだ。帰る者がその場所に到達でき、変化する者が完全に変化し得てこそ、物がそれぞれ本来の真のあり方にもどったといえるのだ。その真のあり方は冥々《めいめい》として定かでなく、見ようとしても形なく、聞こうとしても声なきものだが、かくてこそ道の本態に合致できるのだ。いったい外面を飾って大衆に誇示し、厚葬して真のあり方と隔絶《かくぜつ》させて、帰る者はもとの場所に到達できず、変化する者はその変化を全《まっと》うし得なくさせるのは、物にそれぞれその本来のあり方を失わせることにほかならない。それに私はこうも聞いている、精神は天に属し、形骸《けいがい》は地に属している。精神が形体を離れてそれぞれその真のあり方に帰る、だから形体を離れた精神を『鬼《き》』というのだ、と。鬼のことばの意味は帰《き》だ。死骸はたんなる肉の塊《かたまり》として残っているだけのもの、どうして知覚などあろうか。幣《ぬさ》や絹で手厚くつつみ、多くの財貨を死者への送り物として副葬して、生きる者の生活の財を奪い取っている。古《いにし》えの聖人は、親を粗末に扱うに忍びないという人情を重んじて、葬喪の礼を定められたが、現在の葬喪のやり方はその礼の定めを越えてしまっている。だから私は裸で葬られることによって当世の誤りを正したく思うのだ。むかし堯《ぎょう》が葬られたときには、中空の木を棺《ひつぎ》にし、葛藟《かずら》のつるを縛りひもとして用い、墓穴の深さは地下の水泉を乱さず、また臭いのもれない程度の深さに掘ったのである。つまり聖人は、生きているうちはその質素さゆえに奉仕しやすく、死んでもまた葬儀は簡素ですんだのであって、無用のことに労力を注がず、無益なことに財貨を浪費しなかったのである。しかるにいま、世の人はみな財貨をつくして厚葬しているが、しょせん死者にはわからず、生者はその財貨を用いることができない。なんという過《あやま》ちであろうか、二重の惑《まど》いといわねばならない」。この反論を聞いた祁侯は「よく、わかりました」と同意し、かくて楊王孫は裸で葬られたのであった。

【読み下し】

楊王孫病《や》みて且《まさ》に死せんとするに、其の子に令して曰く、「吾れ死せば倮《ら》葬《そう》して以て吾が真に反《かえ》らんと欲す。必ず吾が意を易《か》うる無かれ」と。祁侯これを聞き、往きて諫めて曰く、「竊《ひそか》に聞く、王孫　葬には必ず倮にして地に入れよと令すと。必ず聞く所の若《ごと》くんば、愚《われ》以て不可と為す。令《も》し死人に知無くんば則ち已《や》みぬ。若《も》し死して知有らば、是れ尸《し》を地下に戮《りく》するなり。将《まさ》に何を以てか先人に見《まみ》えんとする。愚以て不可と為す」と。王孫曰く、「吾れ将に以て世を矯《た》めんとするなり。夫れ厚葬は誠に死者に益無きに、世競《きそ》いて以て相高《あいたか》ぶり、財を靡《さん》じ幣《へい》を殫《つく》してこれを地下に腐らす。或いは乃ち今日入りて明日出づ。此れ真《まこと》に骸を中野《ちゅうや》に暴《さら》すと何ぞ異ならん。且《か》つ夫れ死なる者は、生を終うるの化にして物の帰る者なり。帰る者至るを得《え》、化する者変ずるを得《う》、是れ物各おの其の真《しん》に反る。其の真冥々として、これを視《み》れども形無く、これを聴《き》けども声無く、乃ち道の情に合う。

夫れ外を飾りて以て衆に誇り、葬を厚うして以て真を鬲《へだ》て、帰る者をして至るを得ず、化する者をして変ずるを得ざらしむ。是れ物をして各おの其の然《しか》るを失わしむるなり。且つ吾れこれを聞く、精神は天の有《ゆう》なり、形骸は地の有なり。精神　形を離れ、各おの其の真に帰る、故にこれを鬼《き》と謂う、鬼の言為《げんた》る帰《き》なり、と。其の尸《し》は塊然《かいぜん》として独り処《お》る、豈《あ》に知有らんや。厚くこれを裹《つつ》むに幣帛《へいはく》を以てし、多くこれに送るに財貨を以てして、以て生者の財用を奪う。古《いにし》え聖人　人情の其の親に忍びざるに縁《よ》り、故にこれが為に礼を制せり。今は則ちこれを越ゆ。吾れ是《ここ》を以て倮葬して以てこれを矯めんと欲するなり。昔《むかし》堯の葬には、空木を櫝《とく》と為し、葛藟《かつるい》を緘《かん》と為し、其の地を穿《うが》つや、下は泉を乱さず、上は臭を泄《も》らさず。故に聖人は、生きては尚《とうと》び易《やす》く、死しては葬り易く、無用に加えず、無益に損せず。今　財を費やして厚葬するも、死者は知らず、生者は用を得ず。繆《あやま》てるかな、惑いを重《かさ》ぬと謂うべし」と。祁侯曰く、「善し」と。遂に倮葬せり。

【原文】

楊王孫病且死、令其子曰、吾死、欲倮葬以反吾真。必無易吾意。祁侯聞之、往諫曰、竊聞王孫令葬必倮而入地。必若所聞、愚以為不可。令死人無知則已矣、若死有知也、是戮尸於地下也。将何以見先人。愚以為不可。王孫曰、吾将以矯世也。夫厚葬誠無益於死者、而世競以相高、靡財殫幣、而腐之於地下。或乃今日入而明日出、此真与暴骸於中野何異。且夫死者、終生之化而物之帰者也※。帰者得至、而化者得変、是物各反其真。其真冥冥、視之無形、聴之無声、乃合道之情。夫飾外以誇衆、厚葬以※鬲真、使帰者不得至、化者不得変、是使物各失其然也。且吾聞之、精神者、天之有也、形骸者、地之有也。精神離形、而各帰其真、故謂之鬼、鬼之為言帰也。其尸塊然独処、豈有知哉。厚裹之以幣帛、多送之以財貨、以奪生者財用。古聖人縁人情不忍其親、故為之制礼。今則越之、吾是以欲倮葬以矯之也。昔堯之葬者、空木為櫝、葛藟為※緘、其穿地也、下不乱泉、上不泄臭。故聖人生易尚、死易葬、不加於無用、不損於無益。今費財而厚葬、死者不知、生者不得用。繆哉。可謂重惑矣。祁侯曰、善。遂倮葬也。

【注釈】
◉楊王孫―名は貴で王孫は字、京兆《けいちょう》（長安の東部）の人（『西京雑記《せいけいざつき》』にみえる）。また『漢書《かんじょ》』巻六七にある伝には「孝武《こうぶ》の時の人なり。黄老《こうろう》の術を学ぶ。家業千金あり、厚く自《みずか》ら奉じて生《せい》を養い、致さざる所亡《な》し」と記す。この裸葬《らそう》の話は、本伝にほぼそのままみえる。◉祁侯―『漢書』顔師古《がんしこ》注に「（開国の功臣）祁侯繒賀《そうが》の孫の承嗣者《あとつぎ》、名は它《た》」とある。なお本伝では、遺令どおりにすべきかどうか迷った楊王孫の子が祁侯のところへ相談に行き、祁侯が楊王孫に思い止まるよう書信を送り、王孫がまたその返事を書いたことになっている。◉生を終うるの化―王念孫《おうねんそん》は「終」は「衆」の仮借《かしゃ》、「化」は「死」の意味で、「終生の化」とはすべての生物が必ず死することをいうとする。王説でよいかとも思われるが、「生を終う」と読んでも一応通じるので、今しばらく旧来の訓読に従っておく。⦿冥冥―道を形容することばで暗いさま、また奥深いさま。『荘子』在宥《ざいゆう》篇に「至道の精は窈窈《ようよう》冥冥たり」とあり、また司馬談《しばだん》（司馬遷の父）「六家要旨《りくかようし》」に「乃ち大道に合い、混混冥冥」とある。⦿これを視れども形無く、これを聴けども声無し―『荘子』知北《ちほく》遊《ゆう》篇に同文があるほか、道家の書には同様の表現が数多くみえる。⦿精神は天の有なり、形骸は地の有なり―『淮南子《えなんじ》』精神訓に「精神は天の有なり、骨骸は地の有なり。精神は其の門に入り、骨骸は其の根に反《かえ》る。……精神なる者は天より受くる所なり、形体なる者は地より稟《う》くる所なり」とあり、また『文子《ぶんし》』九守《きゅうしゅ》篇にもほぼ同じ文がみえる。なお「精神」は「精」と「神」の連文で、ともに霊妙なる精気をいい、この精気が心の中にあって様々な精神活動を営むものと考えられた。なお、この二句のみを「聞く」の内容ととることもできる。⦿精神 形を離れ、各おの其の真に帰る―『礼記《らいき》』郊特牲《こうとくせい》篇に「魂気 天に帰り、形魄《けいはく》 地に帰る」とある。⦿鬼の言為る帰なり―『爾雅《じが》』釈言《しやくげん》の文。また『説文解《せつもんかい》字《じ》』に「人の帰る所を鬼と為す」、『韓詩外伝《かんしがいでん》』（『太平御覧《たいへいぎょらん》』巻八八三に引く）に「人の死するを鬼と曰う、鬼とは帰るなり」とある。⦿同音によって解釈する方法で声訓《せいくん》という。⦿昔堯の葬には―『墨子《ぼくし》』節葬《せっそう》篇に「昔者《むかし》堯北のかた八狄《はちてき》に教え、道に死して蛩《きよう》山の陰《きた》に葬らる。衣衾《いきん》三領、穀木《こうぞ》の棺、葛以てこれを緘《と》ず」とある。⦿下は泉を乱さず、上は臭を泄らさず―『墨子』節葬篇に「古えの聖王　葬埋の法を制して曰く、……其の葬るに及んでは、下は泉に及ぶこと毋《な》く、上は臭を通ずること毋し」とある。◉惑いを重ぬ―死者と生者双方に過ちを犯すことをいう。「重《おも》き惑い」と読むのは不可。

【解説】

楊王孫の裸葬《らそう》のことは漢代の書物によく出てくるから、有名な話であったのであろう。王孫の主張は主として二つの論点からなっている。その一つは、豪華な衣衾（死者をつつむ衣服）や棺椁《かんかく》・副葬品を無駄な奢侈《しゃし》、というよりむしろ生きてゆく人間の日用品を奪い取る罪悪として否定するもので、これは『墨子』節葬篇および『呂氏春秋《りょししゅんじゅう》』節喪《せっそう》篇に由来する墨家的思想である。もう一つは死を人間、さらにはあらゆる生物の本来的あり方＝「真」とみる見方であり、道家、とくに『荘子』（至楽《しらく》篇など）に基づく思想である。この二つの思想はもとは儒家を批判して発せられたものであるが、先秦《せんしん》諸子を吸収しその内実を豊富にした漢代儒教においては、必ずしも全面的に排除すべきものではなかった。短喪《たんそう》は儒者の原則として取るところではなかったが、節葬あるいは薄葬のほうは、実は両漢の儒士が繰返し主張したスローガンであったのである。劉向にも薄葬を説いた上奏文が残されている。「真《しん》に反《かえ》る」という見方もまた決して儒教礼学に背馳《はいち》しないことは、『礼記』檀弓《だんぐう》篇にみえる「骨肉の土に復帰するは命なり。魂気の若《ごと》きは則ち之《ゆ》かざるなきなり、之かざるなきなり」という季札《きさつ》のことば（本書修文篇に収める）からも明らかであろう。この「真に反る」という見方が後世の死生観に与えた影響はまことに多大なものがあったが、その詳細の解説は私の任務ではない。いまはただ、そういった死生観がさらに気の思想と結びついて、王《おう》充《じゅう》や張載《ちょうさい》のごとき偉大な思想家を生みだしたことのみ指摘して本訳の筆を擱《お》かせていただくこととする。

学術文庫版あとがき

本書は一九九一年に出版された拙著『説苑　知恵の花園』を講談社学術文庫として再刊するものである。

文庫本化にあたっては、誤植や誤記を訂正し、体例を整えたほかは基本的に旧版を踏襲している。ただ、かねてより不備が気になっていた解説については、この機会にかなりの訂正加筆を行い、また旧版以降に刊行された参考文献を追加した。本文については、訳語と訓読文を改正し、注釈を補充したところが若干あるが、さきに述べた基本方針のとおり、ほぼ旧版のままである。

ただ、そのことにつき、読者にお断りをしておかねばならぬことがある。それは、本書には新出土文献の研究成果がほとんど反映されていないということである。一九七〇年代より始まった新出土文献にもとづく中国古代思想史研究は、九〇年代以降、急速な発展を遂げ、旧来の定説の大半を覆しつづけて現在に至っている。その中で、二十世紀を通じて一貫して主流であった疑古派（古代の伝承伝説は後世の創作であり、史実ではないとする）に代わって学界主流の地位を確立したのが信古（古代の伝承伝説を史実と認める）的学風である。今日、この新出土文献研究を抜きにして先秦漢代の古典文献を語ることはできないのであり、わが『説苑』もまたその例に漏れない。

『説苑』と関わりの深い新出土文献は、一九七三年に河北省定県の西漢墓より発見された『儒家者言』であり、戦国期には成立していたと見なされている。その内容は、孔子と門弟の言行や対話を通して忠信礼孝等の儒家道徳を説くものだが、内容のみならず、文章まで『説苑』にすこぶる近い。ただ、発見された残存部分の絶対量はごくわずかで、この書が叙録にいう『説苑雑事』そのものであるかどうかは即断できないものの、『儒家者言』に類似した新出土文献は他にも二、三あることからすれば、少なくともそれらの書が『説苑』の原型であることは否定しがたい。となると問題は、従来、『説苑』との関係を指摘されてきた伝世文献の取り扱いである。本書では、『説苑』記載の説話が『韓詩外伝』等の先行文献に見える場合は、「某々書にもとづく」と注してある。そのことに間違いはないのであるが、『説苑』がその書物から直接に採取したとまでは言い切れない状況になっている。

もうひとつ、方向は逆なのだが、同様の事態が生じているのが『孔子家語』である。

『孔子家語』と『説苑』に類似の説話がある場合、これまでは『孔子家語』が『説苑』を踏襲したのだと見なされてきた。というのは、『孔子家語』は魏の王肅が『礼記』や『説苑』などの先行文献より採取して偽作したものだというのが定説であったからである。本書において「『孔子家語』に引く」と注記してあるのも、もとよりそれが故である。ところが、前述の『儒家者言』をはじめ、『孔子家語』と密接な関係を有すると認められる文献が複数出土してよりこのかた、『孔子家語』は偽作ではなく、先秦期にすでに存在していた書物との見方が有力となり、いまや定説と称しても不可はなくなっている。私自身はいまなお『孔子家語』偽作説を完全には放棄していないが、『孔子家語』が『説苑』より採取したのだと言い切る自信はもはやさすがにない。

よって、「某々書にもとづく」「『孔子家語』に引く」との注釈は、類似の説話がそれらの書に見えるという程度のこととしてとらえていただければ幸いである。

私はこれまで、専家以外の一般読書人に向けて中国古代の思想を語ったり、あるいは中国古典の紹介をしたりするときは、私個人の価値判断を加えず、出来る限りその実態をありのままに伝えることを心掛けてきたつもりである。中国古代の思想に今日なお学ぶ価値があるか否か、ないし中国古典に時間をかけて読むに足るだけの知恵が秘められているか否か、それは読者諸賢がお決めになればいいことである。著者が自らの評価を押し売りしてはならない。研究者の務めは、読者諸賢がそれぞれの答を出すために、能う限り客観的に正確な材料を提示することに尽きる、と私は考えている。本書においても、いささか饒舌にすぎたことに忸怩《じくじ》たる思いは拭えないものの、基本的には同じ信念で執筆したつもりである。

旧著は「中国の古典」シリーズの一環として著されたものであるが、そのシリーズの監修者であられた金谷治・荒木見悟の両先生は、監修者のことばの中で「『古典を読む』とか『古典を語る』とかいうのは、古典を向うにおいた遠まわしの言い方です。いまの人びとが求めているものは、単なる知識や教養でなく、もっと現実の人生を支えて生きて働く読み物でありましょう。そうだとすれば、執筆者自身がわが身に照して古典を生かし働かせ、内省を積みかさねていることが必要です。そして、それを率直に披瀝した『古典と語る』あるいは『古典と語りあう』という、古典と一つになった執筆があってよいのではないでしょうか」、「執筆者の尖鋭な現代の眼が古いものの中から新しい意味を発掘して、ダイレクトに読者に訴えかけることが期待されます」と述べておられる。

一見、古典自身に語らせるという私の基本的立場はこのおことばと矛盾するものであり、いまは泉下《せんか》におられる両先生のご期待に背いたのではないか、と長年恐れてきた。しかし、今回の再版に際し、両先生の本来の目的は、最終的に読者自身の尖鋭な現代の眼が古いものの中から新しい意味を発掘することにあり、私の目的と決して背《はい》馳《ち》するものではないと思えるようになった。いまはただ、その思いを読者諸賢が共にしてくださることを念ずるばかりである。

最後に、旧著の文庫本化を慫慂《しょうよう》してくださり、編集事務をはじめいろいろお世話いただいた講談社学芸クリエイトの林辺光慶氏に厚く感謝の意を表します。

二〇一九年九月

池田秀三　識

本書の原本『中国の古典　説苑　知恵の花園』は、
小社より一九九一年に刊行されました。

池田秀三（いけだ　しゅうぞう）

1948年，大阪市に生まれる。京都大学文学部卒業。同大学院修士課程修了。中国哲学史専攻。京都大学名誉教授。

主な著書に『自然宗教の力——儒教を中心に』『中国古典学のかたち』など，論文に「訓詁の虚と実」「緯書鄭氏学研究序説」「盧植とその『礼記解詁』」「劉向の学問と思想」などがある。

講談社学術文庫

定価はカバーに表示してあります。

説苑《ぜいえん》

劉向《りゅうきょう》／池田《いけだ》秀三《しゅうぞう》 訳注

2019年11月11日　第1刷発行

発行者　渡瀬昌彦
発行所　株式会社講談社
東京都文京区音羽 2-12-21 〒112-8001
電話　編集（03）5395-3512
販売（03）5395-4415
業務（03）5395-3615
装　幀　蟹江征治
印　刷　株式会社廣済堂
製　本　株式会社国宝社
本文データ制作　講談社デジタル製作

ISBN978-4-06-517917-8

「講談社学術文庫」の刊行に当たって

これは、学術をポケットに入れることをモットーとして生まれた文庫である。学術は少年の心を養い、成年の心を満たす。その学術がポケットにはいる形で、万人のものになることは、生涯教育をうたう現代の理想である。

こうした考え方は、学術を巨大な城のように見る世間の常識に反するかもしれない。また、一部の人たちからは、学術の権威をおとすものと非難されるかもしれない。しかし、それはいずれも学術の新しい在り方を解しないものといわざるをえない。

学術は、まず魔術への挑戦から始まった。やがて、いわゆる常識をつぎつぎに改めていった。学術の権威は、幾百年、幾千年にわたる、苦しい戦いの成果である。こうしてきずきあげられた城が、一見して近づきがたいものにうつるのは、そのためである。しかし、学術の権威を、その形の上だけで判断してはならない。その生成のあとをかえりみれば、その根は常に人々の生活の中にあった。学術が大きな力たりうるのはそのためであって、生活をはなれた学術は、どこにもない。

開かれた社会といわれる現代にとって、これはまったく自明である。生活と学術との間に、もし距離があるとすれば、何をおいてもこれを埋めねばならない。もしこの距離が形の上の迷信からきているとすれば、その迷信をうち破らねばならぬ。

学術文庫は、内外の迷信を打破し、学術のために新しい天地をひらく意図をもって生まれた。文庫という小さい形と、学術という壮大な城とが、完全に両立するためには、なおいくらかの時を必要とするであろう。しかし、学術をポケットにした社会が、人間の生活にとってより豊かな社会であることは、たしかである。そうした社会の実現のために、文庫の世界に新しいジャンルを加えることができれば幸いである。

一九七六年六月

野間省一

佐藤一斎著／川上正光全訳注
言《げん》志《し》四《し》録《ろく》（一）〜（四）

江戸時代後期の林家の儒者、佐藤一斎の語録集。変革期における人間の生き方に関する問題意識で貫かれた本書は、今日なお、精神修養の糧として、また処世の心得として得難き書と言えよう。（全四巻）

274〜277

吉田松陰《しょういん》著／近藤啓吾全訳注
講孟箚記《こうもうさっき》（上）（下）

本書は、下田渡海の挙に失敗した松陰が、幽囚の生活の中にあって同囚らに講義した『孟子』各章に対する彼自身の批判感想の筆録で、その片言隻句のうちに、変革者松陰の激烈な熱情が畳み込まれている。

442・443

宇野哲人《うのてつと》著（序文・宇野精一）
論語新釈

「宇宙第一の書」といわれる『論語』は、人生の知恵を滋味深く語ったイデオロギーに左右されない不滅の古典として、今なお光芒を放つ。本書は、中国哲学の権威が詳述した、近代注釈の先駆書である。

451

下村湖人《こじん》著（解説・永杉喜輔）
論語物語

『論語』を心の書として、物語に構成した書。人間味あふれる孔子と弟子たちが現代に躍り出す光景が、みずみずしい現代語で描かれている。『次郎物語』の著者の筆による、親しみやすい評判の名著である。

493

橋本左内《さない》著／伴　五十嗣郎全訳注
啓発録《けいはつろく》　付　書簡・意見書・漢詩

明治維新史を彩る橋本左内が、若くして著した『啓発録』は、自己規範・自己鞭撻の書であり、彼の思想や行動の根幹を成す。書簡・意見書は、世界の中の日本を自覚した気宇壮大な思想表白の雄篇である。

568

諸橋轍次著
孔子・老子・釈迦「三聖会談」

孔子・老子・釈迦の三聖が一堂に会し、自らの哲学を語り合うという奇想天外な空想鼎談。三聖の世界観や人間観、また根本思想や実際行動が、比較対照的に鮮やかに語られる。東洋思想のユニークな入門書。

574

孔子
金谷《かなや》 治《おさむ》著

人としての生き方を説いた孔子の教えと実践。二千年の歳月を超えて、今なお現代人の心に訴える孔子の魅力とは何か。多年の研究の成果をもとに、聖人ではない人間孔子の言行と思想を鮮明に描いた最良の書。

935

エコエティカ 生圏倫理学入門
今道友信著

人類の生息圏の規模で考える新倫理学の誕生。今日の高度技術社会の中で、生命倫理や医の倫理などすべての分野で倫理が問い直されている。今こそ人間の生き方に関わる倫理の復権が急務と説く注目の書き下し。

946

現代の哲学
木田 元著

現代哲学の基本的動向からさぐる人間存在。激動する二十世紀の知的状況の中で、フッサール、メルロ＝ポンティ、レヴィ＝ストロースら現代の哲学者達が負った共通の課題とは？ 人間の存在を問う現代哲学の書。

968

淮南子《えなんじ》の思想 老荘的世界
金谷 治著（解説・楠山春樹）

無為自然を道徳の規範とする老荘の説を中心に、周末以来の儒家、兵家などの思想をとり入れ、処世や政治、天文地理から神話伝説まで集合した淮南子の人生哲学の書。諸子から戦国時代までを網羅した中国思想史。

1014

探究Ⅰ・Ⅱ
柄谷行人著（解説・野家啓一）

闘争する思想家・柄谷行人の意欲的批評集。本書は《他者》あるいは《外部》に関する探究である。著者自身をふくむこれまでの思考に対する「態度の変更」を意味すると同時に知の領域の転回までも促す問題作。

1015・1120

精神としての身体
市川 浩著（解説・中村雄二郎）

人間の現実存在は、抽象的な身体でなく、生きた身体を離れてはありえない。身体をポジティブなものとして把え、心身合一の具体的身体の基底からの理解をめざす。身体は人間の現実存在と説く身体論の名著。

1019

浅野裕一著
墨子
博愛・非戦を唱え勢力を誇った墨子を読む。中国春秋末、墨子が創始した墨家は、戦国末まで儒家と思想界を二分する。兼愛説を掲げ独自の武装集団も抱えたが秦漢期に絶学、二千年後に脚光を浴びた思想の全容。

1319

鷲田清一著（解説・小林康夫）
顔の現象学　見られることの権利
曖昧微妙な〈顔〉への現象学的アプローチ。顔を思い描くことなしにその人について思いめぐらすことはできない。他人との共同的な時間現象として出現する〈顔〉を、現象学の視線によってとらえた思索の冒険。

1353

アリストテレス著／桑子敏雄訳
アリストテレス 心とは何か
心を論じた史上初の書物の新訳、文庫で登場。心についての先行諸研究を総括・批判し、独自の思考を縦横に展開した書。難解で鳴る原典を、気鋭の哲学者が分かり易さを主眼に訳出、詳細で懇切な注・解説を付す。

1363

E・レヴィナス著／合田正人訳
存在の彼方へ
現象学に新たな一歩を印した大著文庫化成る。平和とは何か。今まさに切実な問題を極限まで考察し、現代思想に決定的な転回点をもたらしたユダヤ人哲学者レヴィナス。独自の〈他者の思想〉の到達点を示す主著。

1383

内山俊彦著
荀子
戦国時代最後の儒家・荀子の思想とその系譜。秦帝国出現前夜の激動の時代を生きた荀子。性悪説で名高い人間観をはじめ自然観、国家観、歴史観等、異彩を放つその思想の全容と、思想史上の位置を明らかにする。

1394

木田　元著（解説・保坂和志）
反哲学史
新たな視点から問いなおす哲学の歴史と意味。哲学を西洋の特殊な知の様式と捉え、古代ギリシアから近代への歴史を批判的にたどる。学術文庫『現代の哲学』の姉妹篇。講義録をもとに平明に綴った刺激的哲学史。

1424

浅野裕一著
諸子百家
春秋・戦国を彩る思想家たちの才智と戦略。戦乱の世に自らの構想を実現すべく諸国を遊説した諸子百家。利己と快楽優先を説いた楊朱、精緻な論理で存在の実体を問う公孫龍から老子、孔子までその実像に迫る。

1684

町田三郎著
呂氏春秋
秦の宰相、呂不韋《りょふい》が作らせた人事教訓の書。始皇帝の宰相、呂不韋と賓客三千人が編集した『呂氏春秋』は天地万物古今の事を備えた大作。天道と自然に従い人間行動を指示した内容は中国の英知を今日に伝える。

1692

S・クマール著／尾関　修・尾関沢人訳
君あり、故に我あり　依存の宣言
平和への世界巡礼で名高い英国思想家の名著。懐疑・自我の確立・二元論的世界観。デカルト以降の近代思想は対立を助長した。分離する哲学から関係をみる哲学へ。ひたすら平和を願い、新しい世界観を提示する。

1706

近藤光男著
戦国策
前漢末、皇帝の書庫にあった国策、国事等の竹簡を校定し編まれた『戦国策』。陰謀渦巻く一方、壮士・将軍・能臣が活躍、賢后・寵姫が微笑む擾乱の世を、人物編・術策編・弁説編の三編百章にわけて描出。

1709

中村　元著
東洋のこころ
東洋人の心性を育み、支えてきたものとは？　人心の荒廃が叫ばれる今こそ、我々の精神生活の基盤＝東洋のこころを省みることが肝要である。比較思想的な観点を踏まえ、碩学が多角的に説く東洋の伝統的思想。

1741

マルクス・アウレリウス著／鈴木照雄訳
マルクス・アウレリウス「自省録」
ローマ皇帝マルクス・アウレリウスはストア派の哲学者でもあった。合理的存在論に与する精神構造を持つ一方、文章全体に漂う硬質の色を帯びる無常観。哲人皇帝マルクスの心の軋みに耳を澄ます。

1749